清代台湾研究丛书

清代台湾

陈捷先 阎崇年 主编

九州出版社
JIUZHOUPRESS

图书在版编目（CIP）数据

清代台湾／陈捷先，阎崇年主编．—北京：九州出版社，2009.10

（清代台湾研究丛书）

ISBN 978－7－5108－0224－9

Ⅰ．清…　Ⅱ．①陈…②阎…　Ⅲ．台湾省－地方史－研究－清代　Ⅳ．K295．8

中国版本图书馆 CIP 数据核字（2009）第 191658 号

清代台湾

作　　者	陈捷先　阎崇年　主编
出版发行	九州出版社
出 版 人	徐尚定
地　　址	北京市西城区阜外大街甲 35 号(100037)
发行电话	(010)68992190/2/3/5/6
网　　址	www. jiuzhoupress. com
电子信箱	jiuzhou@ jiuzhoupress. com
印　　刷	三河市东方印刷厂
开　　本	720×1020 毫米　　16 开
印　　张	16
字　　数	256 千字
版　　次	2009 年 11 月第 1 版
印　　次	2009 年 11 月第 1 次印刷
书　　号	ISBN 978－7－5108－0224－9
定　　价	48.00 元

目　录

第一章 通 纪

第一节 从地下发掘看远古台湾

在中国东南海滨有一个大岛，与福建省遥遥相对，最近处距离只有一百三十公里。大岛的面积约为三万六千平方公里，南北长约三百八十公里，宽约一百四十公里。由于地处要冲，是中国东南海疆重镇，清朝时就有人称它为“东南之锁钥”，“数省之屏障”，这个重要的海防前哨大岛就是本书要叙述的台湾。

有关台湾远古的历史，因为没有文字史料，我们不能确知；不过在专家学者的解释下，从地下陆续发掘出来的若干实物看，似乎可以得到一些了解。

1968 年，台湾大学考古系与地质系师生合组的考古队，在台东长滨乡八仙洞发现了旧石器时代的遗存，这就是所谓的“长滨文化”，长滨文化的遗物中共发现粗石制成的石锤与类似石刃的薄片以及细石制成的刮削器与尖器，数量有三千多件。其所经历的年代，约为距今五千年至一万五千年之间，也有人认为可以追溯到距今一万八千年或更早些。

1970 年，考古学家又在台南县左镇菜寮溪一带河床上发现了一块人类头顶骨的化石残片，根据其内壁脑回纹与运动神经可以鉴定出，这位男青年生活的时代应在距今约两万年至三万年前，这就是台湾发现的最早居民，学者们把他称作“左镇人”。又据学者推测，左镇人可能是长滨文化的主人，他们先由中国大陆来到台湾西海岸平地，然后再深入东台湾高山的，因为当时大陆与台湾是相连在一起的，台湾海峡还没有形成，人类经由华南进入台湾并非不可能。至于左镇人与长滨人的经济生活情形，应该尚在狩猎与采集食物阶段，还不知道种植农作物与饲养动物呢。

一万多年前，冰川融化，海面上升，台湾成了岛屿，与大陆相连的陆地成了海峡，台湾远古居民的生活也起了变化，新石器时代随之来临了。

经过台湾学者多年的发掘与研究，目前发现新石器时代遗址已有一千多处，凡是山崖水滨，土泉甘美、适宜人类居住之所，都有新石器文化的遗存。这些新石器时代的遗珍，可以分为几个文化层来观察：最早期的是绳纹陶文化层。中期是圆山文化层、龙山文化层、巨石文化层。晚期的则为黑陶文化层与红灰文化层等。绳纹陶文化层即陶器表面印有绳纹花纹，日本学者鹿野忠雄与台湾学者宋文薰分别在他们的专著《台湾考古学民族学概观》及《台湾先史时代的文化层》中，均认定其存在期下限约在公元前2200年前，而绳纹陶文化人的来源，他们也一致相信系由中国大陆到台湾的。中期文化层遗物有石肩铲、石凿、石匕首等，发现地点以台湾的北部最多。尤其是台北市圆山遗址发现的商代两翼长脊实铤型青铜镞一件，更是难得。台北县八里乡的大坌坑，曾发现大量粗砂陶片，呈褐色、灰色，器形以陶罐为主，这就是著名的“大坌坑文化”。中期龙山层在台湾分布地区很广，北起苗栗之南，南迄高屏溪以北，其器物特征，出土的有黑陶及豆状器等。其存在年代，略与圆山文化层相近。学者们认为龙山文化本起源于山东，其后沿海南下，在浙江的良渚、福建的武平，都有发现。林朝棨教授就以为：台湾中期黑陶、红陶、灰陶文化系由中国东南沿海渡海而来。台湾东部台东、花莲二地有大型石柱、石墙、石棺、轮状石器等遗物，其存在年代约在三千五百年前，关于其文化来源，林朝棨教授等也说是由中国大陆迂回中南半岛及南洋群岛，然后再转入台湾的。至于后期新石器文化层，分布台湾全岛西侧，有黑陶、红灰陶及有铁器应用等特征。陶器已制作精良，石刃器也由铁刃器代替，当时人类已知采铁、采铜、采煤以及炼铁、炼矿等技术，此一文化层存在时代，上迄公元前后，下至宋元时期。

综合台湾各地新石器遗址的发现，其中石制农具很多，可知当时农业种植已占极重要地位。遗址范围广大，且有历时悠久的，可知当时人已有定居的聚落。遗物中有纺织坠及段石凿的发现，足证当时人已知利用植物纤维织布与制造皮革的事实。至于石镞、石棺、骨类制尖器及渔网坠，当为狩猎及捕鱼用的工具，遗址中常见猪、狗骸骨，这是饲养动物的证明。总之，从以上遗址、遗物，似可说明台湾先民在当时是进入了以农业为主，以渔猎及采集为辅的阶段。

台湾进入新石器时代以后，开始了农业生活，生产力提升也保障了人类的生存，因此在不同时代里，有不少人因天灾人祸等不同的原因，从各地来到台湾，他们之间历经千年的斗争与融和，发展成了今天被大家通称的先住民。

在历史文献中，先住民曾被称为“番”、“夷”，如野番、生番、熟番、平埔番、高山番等等。日本人统治台湾期间称之为“高砂族”，后来人又有“高山族”之称。其实这些名称都是不切实际的，因为居住在台湾岛上的先住民，他们居住的地区，生活习惯、语言、文化特征多不一样，他们是由很多不同族群所组成的，而不是一个少数民族。现代学者根据先住民的语言和文化，大致分为泰雅、赛夏、布农、邹、鲁凯，排湾、阿美、卑南、达悟、邵、太鲁阁等十一族。经过考古学家、民族学家与体质人类学家们的共同研究，他们发现泰雅、赛夏、布农、邹族诸族群与中国越、濮诸族有很深的血缘关系。越，古称百越，又作百粤，这些族人分布于大陆东南及南部沿海地区。濮，与古越同源，古称百濮，分布于五岭以西的西南地区。这些古代大陆居民因天灾战乱可能从福建、浙江、广东沿海漂洋到台湾的。台湾新石器时代的陶器与石器，在制作与造型、颜色、图案等方面，都与大陆东南沿海同期的遗物属于同一类型，而大陆东南沿海正是古越人的主要聚居地，因此台湾新石器文化的人类应与古越人有绝对关系。

古代越、濮人除了直接到台湾之外，也有人漂海经过到南洋群岛的。他们与来自印度与古印度的奈西安种人融合，成了人种学上的原马来人，这批人或是他们的后裔有从家乡漂海，经菲律宾群岛而到达台湾的。由于他们的方言、金饰、不黥面、不拔齿等等的文化特征，正与台湾先住民中的鲁凯、阿美、卑南族相似，所以学者们也认为这几族先住民的血液中多少也流着一些古越、濮人的血液。

排湾族可能有古琉球人的血统，因为他们中的一般人不能在手背上刺青、红色纹，除非是贵族，这与古琉球的习俗是一样的。

中国古代史书里有不少记事是值得一读的，例如《史记·越王勾践世家》记：“楚威王兴兵而伐之，大败越，杀王无彊，尽取故吴故地至浙江，北破齐于徐州，而越以此散，诸侯子争立，或为王，或为君，滨于江南海上。”唐朝修成的《元和郡县图志》中更说：“自越王勾践至无彊，为楚所灭，子孙播迁海上。”此后，大陆东南地区的越人又先后被秦始皇与汉武帝征伐，闽越王弟徐善有“不胜即亡入海”的说法，可见越人早有避难海上的经验与事实，而闽越出海最近是台湾。据此可以推测，从春秋到西汉，大陆人到台湾是有可能的。在台湾先住民的发展史上，还有矮黑人存在的说法。矮黑人大概是属于尼格利佗种，来自菲律宾群岛。他们也有漂海到台湾的，其中一部分与古越人相配合，不过这族人到十九世纪时已逐渐绝迹了。

总之，远古以来的台湾文化与先住民人种，都与中国大陆有着深厚的渊源，有着亲密的关系，应该是一项事实。

第二节　汉唐宋明时期有关台湾的文字记述

《后汉书·地理志》中有“会稽海外有东鳀人”记事，中日学者都解释‘东鳀’是台湾的。《三国志·孙权传》则记征夷洲之事。凌纯声教授就坚信夷洲即台湾，他的根据是沈莹所作的《临海水土志》。沈莹是三国时人，可能是随孙吴大军出征夷洲的人员之一，回国后写下了出征的见闻，描叙夷洲的地理位置、山水气候、人物风情以及男女饮食等事。凌教授认为：（一）以方位言，夷洲适在临海东南，海上路程里数也与台湾距离相合。（二）所记气候为“土地无霜雪，草木不死”，正与台湾相符。（三）以古迹言，有越王射箭的石块，与古越人移居台湾有关。（四）以物产与先住民猎人头、凿齿等习俗言，尤其吻合。直到清代，先住民仍保存此类风俗。如果以上考证可信，则吴国孙权派兵征夷洲为“中国政府经略台湾之始”，并非不当之说。

《隋书·东夷列传流求传》记炀帝时三次用兵征流求事，传文之中并对流求之地理与社会情形叙述很详。近世学者对《隋书》的文字有不同解释，有人以为所记流求为今日之日本冲绳县（古称琉球），也有人主张当时的流求是指台湾。后者从地理方位上立论，认为《隋书》中的流求应指台湾。又风土习俗既与三国夷洲颇多类似，当然记述对象应是台湾。特别是有关社会发展的阶段，《隋书》记耕田有石插之事，“持一插，以石为刃，长尺余，阔数寸而垦之”，更是符合台湾当时情况，因为隋代的台湾，正当新石器时代，居民种地普遍利用石器。至今台湾不少地下发现的遗址，尚能窥知石插遗痕。此外，《隋书》所言流求的生活、习惯、物产、器物等项，也多与有关台湾旧籍中所载的“番俗”相同。因此，很多学者认为《隋书》中的流求应指台湾比较合理可信。

《隋书·流求传》中还记有：“流求人初见船舰，以为商旅，往往诣军中贸易”。这件事除了证明台湾比古流球地大物博，有对外贸易的本钱之外，也透现了另外的一些事实，例如台湾先住民当时在经济上已懂得贸易交换，而对像主要来自大陆。同时，由此也可以得知台湾海峡两岸显然已存在着一定的民间贸易往来，先住民对大陆人是有所了解了。清代台湾修成的《诸罗县志》中，谈到郑成功子孙经营台湾时，曾在现今台南县境内开井时得到一只古代“瓦瓶”，当时的专家鉴定“是唐、宋以前古窑”，可见隋唐之世已有陶器、瓷器由商贾传入台湾，这也是两岸早年经贸关系的一项旁证。

唐末五代，中原动乱频仍，北方人士南迁避难的很多。福建等地原属落后地区，不过经过王潮、王审知兄弟来闽开发经营之后，到北宋时期已经野无闲田，人满为患了。闽南泉州一直是著名的商港，番舶辐辏，对外贸易极盛。福建既有此通商环境，人民又迫于生计，泛海求生的人自然不少了。北宋谢履泉曾作《泉南歌》云：“泉州人稠山谷瘠，虽欲就耕无地辟。州南有海浩无穷，每岁造舟通异域。”正如连雅堂在《台湾通史》里说的：“历更五代，终及两宋，中原板荡，战争未息，漳泉边民，渐来台湾”了。从福建出海求生的汉人，东渡台湾第一站是澎湖。澎湖群岛位于大陆与台湾的中途，离台湾较近。“澎湖在宋时，编户甚繁”，可见当时的澎湖不但已有众多汉人居住，而政府已把他们列入户口名册了。这是说官方对此地已有了统治管理权，或者可以说已将澎湖隶属于国家版图之内了。南宋赵汝适的《诸蕃志》与元代汪大渊的《岛夷志略》都记载了当时“澎湖隶晋江县”，尤能证明这一事实。

早年在澎湖谋生的人，以“耕渔为业”、“牧牛羊散食山谷间”，当然“粟、麦、麻”也是农业主要产物。经过先民的辛苦经营，到南宋时据说已“中有沙洲数万亩”了。南宋孝宗乾道七年（1171 年），泉州知州汪大猷为了保护居民，阻止外人入侵，在澎湖“造屋二百间，遣将分屯”，派水师长期驻扎自此始。

宋代澎湖的繁荣还可以从考古实物与文字记述中得到一些证明。在澎湖发现了“宋墟”，遗址中有大量的陶瓷残片及北宋的元宝、钱币等物，足证当时贸易情形相当兴盛。清代旅台人士朱仕玠在《小琉球漫志》中说：“台地用钱，多系赵宋时钱”。台湾海防同知朱景英也在《海东札记》里写了：“台地多用宋钱”。他自己亲眼看到有人从地下挖出的古钱币“肉如深翠，古色可玩”，并且更进一步推论：“乃知从前互市，未必不取道此间（按指台湾北港）”。由此看来，连台湾本岛也有宋钱大行其道了。澎湖地属海路要津，当然它的繁荣必为台湾开发创造有利条件。

元代文献中记载澎湖的不多，只有汪大渊的《岛夷志略》谈到它的地理环境、人民生活状况、行政措施、物产风俗等等，特别值得注意的是澎湖人“男女穿长布衫”，“泉人结茅为屋居之”，说明汉人已在澎湖携眷安居，而多“工商兴贩，人多眉寿”，生活富裕的情形已毕宣纸上了。汪大渊还说：“至元间，立巡检司。”这表示在晋江县的一个海外岛屿上设立政权机构巡检司，对中央经营台湾而言，具有更正式、更深远的意义。

对于在澎湖附近大岛台湾的认识，宋朝人比隋唐时人的知识更多、更正确了。赵汝适《诸蕃志》记台湾耕种“持插仅数寸而垦之”，不用《隋书》中“石插”之事，这是因为台湾各地在宋时已进入铁器时代，农垦已由铁器代替石插了。赵汝适是宋朝宗室，曾任泉州市舶司长官，他对东南沿海对外交通极为熟悉。他在《诸蕃志》中又说：台湾“无他奇货，……故商贾不通”。当时海上贸易的“奇货”，指的是香料、象牙、犀角、瓷器、丝织品等等，台湾输出物品只有土产的兽皮、硫黄等物。因为没有“奇货”，“商贾不通”是必然之事。《宋史·外国传琉求》条说：“琉求国，在泉州之东，有海岛曰澎湖，烟火相望。”赵汝适的《诸蕃志》也记：“流求国，当泉州之东，舟行五六日程。”这两条记事，若与《隋书》所记“流求国居海岛之中，当建安郡东”来比较，显然明确指流求是台湾了，绝不会引起后流求是台湾或是流球（冲绳）之辩的。

另外，清代大陆旅台之人，在私人著述或修纂方志时，常见有提及南宋帝昺在厓山投海后，宋军中有人渡海逃难到台湾的，此类说法应非子虚之语。总之，宋元之际，海运大通，汉人因贸易与避祸来台的已经络绎不绝于途。《元史·瑠求》（列传九十七）条记：“瑠求在南海之东，漳、泉、福、兴四州界内，澎湖诸岛与瑠求相对”。这一记述除证明瑠求确指台湾之外，同时也视台湾为国家版图之内的地区，较之《隋书》、《宋史》、赵汝适《诸蕃志》有了大突破，有了更正确的说法。

元朝中央为经营台湾，还发动了两次征台之举，第一次无功而返，第二次“擒生口一百三十余人”而归。并且还将福建省改为平海等处行中书省，将省治迁到福州，为的是“泉州与瑠求相近，或拓或取，易得其情。”福建当局也派人到台湾传达政府“使之效顺”的意愿。不过台湾当时的先住民无统一管理组织，无法招抚，而元朝不久覆亡，此事也就不了了之了。

明朝开国之后，对澎湖与台湾的了解增多了，又因海上海盗横行，倭寇入侵以及西洋势力东来等等原因，政府对台澎事务不仅是关注，甚至与入侵者发生和战关系了。

明初中央鉴于元代用兵海上失败的教训，乃有禁海令的颁发，并在洪武二十年（1387 年）废澎湖巡检司，墟地迁民，表示无意海外发展，只求国内安定。然而，事与愿违，守兵与良民撤离之后，海盗与倭寇乘机而来，不但作为取水补粮之地，同时更用以为根据所在，入侵大陆沿海。另外又有内地犯案与逃避徭役的人，偷渡前来，从此澎湖成为海盗、倭寇与亡命奸民的汇聚之所了。由于大陆东南海疆备受侵扰，特别是海盗巨魁林道乾的侵占澎湖，政府仍在世宗嘉靖四十二年（1563 年）建置巡检之举。不过，林道乾被官兵击败遁走台湾后，留守澎湖之巡检，后来也因“海天遥阻，裁弃”。万历二年（1574 年），海盗林凤又占澎湖，其后又有曾一本同倭寇联合往来杀掠，以及万历二十年（1592 年）日本侵略朝鲜乘势侵扰台湾鸡笼、淡水，福建巡抚许孚远因而上疏请开海禁，并在澎湖“设将屯兵”。万历二十五年（1597 年），澎湖正式设置“游兵”（类似海防巡逻队）驻厦门遥为指挥。根据史料记载，在天启五年（1625 年）游兵人数约为九百三十五名。游兵的军力不仅单薄，军纪又不好，他们“或泊内港，或寄人室，商民劫掠，若罔知闻，甚且以贩倭舶为奇货”。这种海防部队，实在无法保卫海疆，因此在天启二年（1622 年），荷兰人便入侵澎湖，与明兵发动战争，经调大陆大军来援，两年后荷兰人才退走而入台湾。事后兵部曾拟出了计划，准备在澎湖添外设游击将官一人，守兵增为两千以上，另外筑城濬池，设立炮台，并屯田招垦，藉助军需，不过未见实行，奏疏只是空文一纸罢了。而海盗对澎湖进出，洋人对商旅劫夺，仍时有发生，澎湖似已无驻军的迹象。

如前所述，明世宗嘉靖四十二年（1563 年），林道乾被明兵在澎湖击败后，遁入台湾。据清代所修地方志书与部分私人文字所述，林道乾部下在台湾曾走遍现今高雄、屏东、台南、嘉义、台中一带，甚至有远至宜兰县境的，最后发现“以台无人居，非久居所……隙间遁占城”。林道乾之后，又有海盗集团林凤等入台，时间在万历初期。《明实录》中记林凤曾“留船于魍港为窟宅”。“魍港”，据专家考证为现今嘉义县布袋镇。该书又说：林凤被击败后，“总兵胡守仁追逐之，因招渔民刘以道，谕东番合剿。”“东番”，当时指台湾，官兵命渔民招台湾居民合作剿灭海盗，足证台湾在当日已有不少汉人，否则必不能有“合剿”的可能。事实上，福建官员在《请通海禁疏》里已经提到了，说“东南滨海之地，以贩海为生，其来久矣；而闽为甚。闽之福、兴、泉、漳，襟山带海，田不足耕，非市舶无以助衣食，其民恬波涛而轻生死，亦其习使然，而漳为甚”。由此可以相信，漳、泉一带人民早已有冒死渡海谋生入台的了。万历二十一年（1593 年），明廷开放海禁，一时台湾南起台南、北港，北至基隆、淡水，都有大陆商船、渔民大量来访。万历三十年（1602 年），明朝游击官沈有容率兵到台湾征剿倭寇，随行的学者陈第后来著有《东番记》一书，其中有若干文字值得一读：①书中几次提到“华人”字样，而且说先住民“即华人侮之，不怒”，可见彼此关系和谐良好，非长期相安居住不能如此的。②记物产时有了番薯与此前不见的多种蔬菜，显然是“华人传入者”。③林道乾、林凤及福建人民铤险走海入台，对台湾开发确有一定的贡献。而明代汉人开台功绩显著的，应该是颜思齐与郑芝龙等人。颜思齐原籍福建漳州，后往日本，发达后为侨界领袖，因图谋起事对抗日本官府，事败，遭日本追捕，乃与同志等于天启元年（1621 年）逃往台湾，从事开垦，并领导部众在海上抢劫商船，郑芝龙是他随从亲信之一。颜、郑等在台湾北港“拥众三千，分立十寨”，为当时台海的一大势力集团。天启五年（1625 年），颜思齐因伤寒病死，郑芝龙乃被推为首领，从此局面一新，以先锋、左军、右军、冲锋、后卫、前哨、监督、参谋等名号分画诸军，并“创制度、制旗帜、明威仪、严赏罚”，兵威大振。天启六年（1626 年）出兵，先攻金厦，再掠广东，连败明兵。当时正适福建闹灾荒，饥民多为求食而参加郑军，芝龙势力因而大增，形成官府无法管治局面。天启七年（1627 年），郑氏部下再犯漳浦、厦门。官兵不敌，芝龙占领厦门，威名震于南海。福建官员乃以高官职位招抚芝龙，芝龙名义受招降明，实际上，他却与占据台湾之荷兰订通商之约，兴贩海洋，垄断贸易，因而财富日增，势力更大，权贵“震于七闽”。

颜、郑抵台不久，荷兰军舰也到了台湾，筑城建堡，以今日台南为根据地，与颜、郑等各自扩大势力。郑芝龙降明之后，部下何斌、陈衷纪等仍留台湾，所以在台湾他仍有很大势力，加上明代官军在海峡的实力，荷兰人才与芝龙订立通商之约。黄宗羲在《赐姓本末》书中说：崇祯年间福建巡抚熊文灿准了郑芝龙的建议，“招饥民数万人，人给银三两，三人给牛一头，用海舶载至台湾，令其芟舍开垦荒土为田”。学者对此说颇多疑惑，认为给银给牛，绝非当时福建政府所能负担，而数万人运送也是问题，“由一地方政府兴办此事，诚无可能。”不过，也有学者根据清初吴伟业《鹿樵纪闻》所载：“闽地大旱，芝龙招集流亡，倾家资，市耕牛、粟、麦分给之，载往台湾，令其垦辟荒土，而收其赋，郑氏以此富强。”推论“三金一牛”之说是夸大其词。芝龙原本海商，出资举办移民，借以收集赋税，应是可能之事。不管怎样，自颜思齐、郑芝龙等经营之后，台湾岛内开发事业，显然更上层楼，对洪荒甫辟的台湾来说，他们的功业是值得肯定的。

第三节 明郑台湾

明崇祯十七年（1644 年），李自成入北京，北明亡国。不久清兵入关，顺治帝定鼎中原，当时中国南方反清复明的势力仍很强大，除明代宗室陆续建立政权号召反清外，郑成功也在闽南一带起义，誓作“明朝之臣子”，与清军作战。郑成功的反清复明决心，一方面是因为他受明唐王之恩，易姓朱成功（国姓爷名由此而得），而他父亲郑芝龙却变节降清；另一方面是他的生母在闽南故乡遭清军杀害。他在国恨家仇激动下举事，最初在海澄、泉州、同安、诏安一带连败清兵，后来得到厦门为根据地，成为南下清军的威胁。清廷一度以名利诱成功，与他进行和议，但他强调春秋大义，不愿剃发降清。明永历帝封他为延平王。清顺治十六年（1659 年）郑成功率大军北伐，由闽浙沿海攻入长江，连克瓜州、镇江等重镇，唯在南京一役失利，不得已退兵重返闽南。成功回金、厦之后，进取之志，大受挫折，因而计划渡海入台，以作他日之计了。

顺治十八年（1661 年）春末，郑成功命其子郑经留守厦门，自己亲率大军进发台湾，不久大败荷兰守军。荷人求和，愿以十万两银劳军，郑成功则声称：“台湾者，中国之土地也。”荷军在被围九个月后终于与郑成功签约，退出台湾，结束了他们在台的三十八年统治（1624—1662 年），郑成功正式收复了他父亲郑芝龙以前的“练兵之所”。

郑成功既得台湾，便在岛上着手各项建设，他首先把台南一带的赤嵌地方改称东都明京，设一府二县，以府为承天府，县称天兴与万年。这一措施，意义至为深远，因为台湾从此具备了大陆内地行政区的规模，也因此奠定了日后汉人在台湾发展有成的基础。其次，他大力号召大陆沿海居民赴台参加开垦，以增强台湾的生产力。同样鼓励军中“按地开荒，择地军屯”，“使野无旷土，而军有余粮。”另外，在创法制，修兵备，建学校，订科举等方面，郑成功也有着周详的计划，可惜他在台湾只活了一年就病逝了，很多开发台湾的构想，只有留待他的儿子郑经来实现了。

郑经的品德不如他父亲高尚，行事也不及他父亲果敢严毅。不过他在维护名教，对明朝效忠的志节上，是不输于他父亲的，而对台湾发展的事业，他的经营成果绝对胜过郑成功。现在略举几点，扼要叙述如下：

在郑成功初到台湾时，中央设有吏、户、礼、兵、刑、工六官。郑经时代则更为扩大完备，除六官外，又置谘议参军、察言司、承宣司、审理司、中书科等，地方官制则府有府尹，县有知县，安抚司置安抚使，使各机关有专职的长官。行政区域方面也作了改进，郑经改东都为东宁，升天兴、万年二县为州，又设南北路及澎湖安抚司，以分理庶务。东宁既作首都，应有一番规模，因此建筑围栅，砌盖衙署。又分承天府为东安、西定、宁南、镇北四坊，下分二十四里，政区规制大备，实际上，把大陆传统官制与城乡内涵都移植到台湾了。

台湾早年被称为“天末荒岛”，待垦的荒地很多，郑芝龙、郑成功都先后招闽南一带人民赴台垦荒，但人力仍嫌不足。郑经在台主政后，除了他自己从厦门带来的部属三万多人之外，又以各种方式招引大陆人民入台，台湾居民一度竟有高达二十万人的纪录。生产人力多了，屯垦的成果当然也跟着大了。郑经又在他父亲实行的军屯基础上，大行“拓地招垦”政策，奖励官兵种植稻谷、甘蔗等农作物，造成稻米一年两熟，甚至三熟的空前纪录。另外，蔗糖产量大增，煮盐方法改进，森林大加利用，造船事业发展，樟脑生产突破，烧炭、烧瓦技术进步，在在显示了郑经治台的政绩，也说明了大陆生产技术的东渡台湾。

台湾要成为反清基地，经济实力是很重要的。郑成功初到时就注意对外贸易，郑经时代更进一步加强与邻近国家与地区的通商。他曾派李德去日本，派杨贤下南洋，又与英国进行贸易，把台湾的鹿皮、樟脑、硫黄、蔗糖运销海外，对台湾当日的经济繁荣，助益很多。

郑经传布中原文化到台湾的贡献也是值得一提的。清康熙四年（1665年），他采纳了陈永华的建议，在台湾建筑了第一所孔庙，又设立学校，延聘大陆博学儒师到台湾授课，连先住民的子弟也被鼓励读孔孟的教科书，他是想让当时的台湾成为海外有礼教的乐土。

总之，经过郑成功、郑经父子二十年的辛苦经营，台湾这个荒岛，大为改观了，无论人文政治，或是社会经济，都有了长足的进步。都深一层内地化了，明郑对台湾的开发在史书里是应该大书特书的。

可惜郑经为响应吴三桂等三藩反清，渡海登陆与清军作战，终致惨遭失败，消耗巨金，影响了台湾的财政，也影响了士气民心。郑经兵败返台之后，终日沉溺酒色之中，在康熙二十年（1681 年）病逝。他死后，家族中又引起继承王位的政争，斗到文武离心，政权解体，最后康熙皇帝命施琅率大军征台，郑成功的孙子郑克塽降清，结束了明郑治台的二十二年历史(1662—1683 年)。

第四节 清代台湾——一府三县时期

清康熙二十二年（1683 年），郑克塽降清后，台湾正式为清朝所有，当时在朝官员们，包括皇帝在内，还不了解台湾的重要性，认为台湾土地狭小，又在海洋之中，若派兵驻守，徒费粮饷，而且海盗、洋人经常侵扰，防守不易，不如放弃罢了。可是带兵攻下台湾的大将施琅却独排众议，提出多种理由，主张台湾必不能放弃，他的著名的《恭陈台湾弃留利害疏》里有如下的一些重点：①台湾是江、浙，闽、粤四省的左护，岛上“野沃土膏，物产利溥，一切日用之需，无所不有”。②“台湾人民稠密，一行徙弃，失业流离，殊费经营，实非长策。况以有限之船，渡无限之民，非阅数年，难以报竣”。如果运送不完，留下的便会“急而走险，纠党为祟，船舟制器，剿掠滨海”，后患无穷。③“性狡黠”的红毛荷兰人也势必乘虚再据台湾，沿海必然不得安宁。他们的“夹板船只，精壮坚大，从来为海外所不敌”。届时再兴兵征台，“波涛不测，恐未易再见成效。”④有人主张弃台湾守澎湖，施琅大力反对，他说：“如仅守澎湖而弃台湾，则澎湖孤悬汪洋之中，土地单薄，界于台湾，远隔金厦，岂不受制于彼？而能一朝居哉？是守台湾，则所以固澎湖。”可以说没有台湾，也难守着澎湖。⑤台湾驻军防卫，当然增加国库支出，不过几年之后，该地收税就可以应付军需，“无庸尽资内地之转输也。”⑥施琅的结语是：“台湾一地，虽属多岛，实关四省之要。勿谓彼中耕种，犹能少资兵食，固当议留；即为不毛荒壤，必藉内地輓运，亦断断乎不可弃。臣思弃之必酿成大祸，留之诚永固边圉。”

施琅的这份奏章，经大臣们会议之后，向皇帝报告说：“台湾孤悬海外，屏蔽闽疆，弃其地恐为外国所据，迁其民虑有奸宄生事，应如琅议。”皇帝同意了大家的说法，在康熙二十三年（1684 年）中央政府决定在台湾设一府三县隶福建省，台湾从此真正划入了中国版图。

初设一府三县时以明郑的旧天兴州改为诸罗县，分明郑的万年州为台湾与凤山二县。台湾府则设在东安坊（今台南市）。台湾县居中，所以又称中路，县境东到大山，西到大海，南到二层行溪的北支界凤山县，北到现在的盐水镇与诸罗县为界，而澎湖地区当时归台湾县管辖。凤山县在府治南方，称为南路，县界北以二层行溪与台湾县为邻，南到现在的恒春猫鼻头，东界山，西临海，东北界诸罗县。诸罗县又称北路，东系大山，西抵大海，南与台湾、凤山二县交邻，北到大鸡笼（今基隆市），今天的宜兰、花莲、台东也划归诸罗县管辖。

台湾内附清朝之初，全岛最高长官为台厦兵备道，有兼管台湾与厦门地区文武大权，并兼理学政。康熙六十年（1721 年），岛内发生朱一贵的反清事件，兵备道梁文煊先期逃走，因而革去他镇抚之权，去兵备衔，改为分巡台厦道。康熙二十三年（1684 年），置台湾府知府，其下三县也各置知县一人。同时又置台湾县丞、新港巡检、澎湖巡检、下淡水巡检、佳里兴巡检等官，协助知府与知县管理地方。以上各级官员，早年可以携眷入台，自朱一贵事件发生后，因不少官员携眷先逃，政府乃下令："嗣后文武大小各官，不许携带眷属。"台湾的吏治，在康熙中期多廉能有学养之士来做官，末年则良莠不齐，守土官中有不以吏治民生为念的，这也是造成朱一贵反清事件的一项主因。朱一贵动乱之前，台湾地方上还有一些小规模的反清事件，首先是清人入台的次年，即康熙二十三年（1684 年），明郑旧部如林盛等人起事，后来又有蔡机功的抗清，不过都很快被驻台清兵平定了。康熙三十五年（1696 年）与四十年（1701 年）又有吴球、刘却领导台民抗清，他们是"抱宗国之隐痛，奋身而起"的，但也与当时在台的秘密社会天地会有些关联。康熙三十八年（1699 年），先住民在现在苗栗县通霄镇一带发动变乱。主要是因汉人通事"征派无虚日"而起。总之，在一府三县时代，台湾在初入清朝统治之时，管理未上轨道因而发生了不安事件。所幸当时台湾有十营驻军，水陆各分五营，总计有一万多人的兵力，才能及时平息民变。

据康熙三十三年（1694 年）修纂的《台湾府志》所述，初期领兵官有镇守总兵官一人，水师副将一人，澎湖水师副将一人，另参将两人，游击八人，守备十八，千总二十人，把总三十人，领兵分驻台湾各要地。只是当时北路地方辽阔，而且多未开发，驻兵不多，这也是地方动乱常起于北路的原因。有识之士呼吁增兵台湾，尤以北路应调拨兵员防守，政府没有重视，直到朱一贵起事后，不到一月，全台几乎陷落，有人甚至奏请将镇台总兵官移驻澎湖，可见时人仍有对台湾不很重视的，其实对台湾的态度不积极，又岂是驻台官员的想法，连康熙帝也不很热心。福建巡抚觉罗满保曾上书建议开垦北路，如此对“地方有益，对钱粮亦有益处”。皇帝则批示说：“在台湾广行开垦，招募很多人，乃为眼前耳。日后福建地方无穷之患，将由此而生也。”满保只好赞扬皇帝“博闻远虑”，“台湾开垦之事，即行停止”了。明郑时期，台湾人口约在十五万至二十万之间，清兵入驻之后，被迫或自动返回大陆的人很多，一时人口大减，田园顿时荒芜，满保想大量招民入台开垦是正确的，但未得中央批准，很是可惜。只靠地方官暗中招徕与闽粤人民偷渡赴台，为台湾开发事业略作贡献了。

清代台湾在一府三县时代，在明郑对外贸易基础上，也重视对外贸易。当时以府治（今台南市）为商业中心对大陆与日本、南洋进行交易。康熙三十六年（1697 年）郁永河在《裨海纪游》中说：“植蔗为糖，岁产五六十万，商舶购之，以贸日本、吕宋诸国。又米、谷、麻、豆、鹿皮、鹿脯，运之四方者十余万，为贾贩通外洋诸国，财用不匮。又当四达之海，即今内地民人，襁至而辐辏，皆愿出于其市。”当时商业兴旺情形，由此可知。不过到康熙五十六年（1717 年），因船民私贩米谷、船料到南洋，清廷乃有禁海通洋之令，台湾海上贸易只准对大陆各省及日本一国，南洋通商情况乃一落千丈。

按清代制度，提学道为地方教育的最高长官，职掌一省的学校士习、文风政令以及贡科有关各事。台湾原是福建一府，学政教育应由福建提学负责；但以地属外洋，乃以在台的高级官员兼任，因此康熙之世，也就是在一府三县时期，由台厦道兼管。清朝有台之后，府县虽各设儒学，而兵戈甫定，多徒有空名。地方考试也在康熙二十六年（1687 年）开科，唯人才不盛。社学始建于康熙二十三年（1684 年），义学则兴办于康熙四十年代，对培养人才，传布中华文化都大有益。

台湾各地的先住民，其中汉化深者称为“熟番”，未染汉化的称为“野番”或“生番”。清初在台官员，承明郑之后在各“番”社设置土官，由先住民耆老公举，再经官府认可产生，并由政府发给戳记，以约束“番众”。各社又置通事，以疏通汉人与先住民之间意志，并传达政令。另外清朝又依荷兰旧例，行“赎税制度”。“赎税”是采用公开招标方式，出价最高者得以向统治者承揽若干权利，如独占与先住民之贸易权，或河川捕鱼、山林捕鹿权等。赎社之人又称社商，他们可以自由出入山地，包揽山地贸易。清初治台官员以通事与社商办理“番政”，而通事与社商多为无赖不肖之徒，因此“番政”之弊也以此为最大。如对先住民在经济上“朘削无厌”，在司法上颠倒是非，任意使役“番”人，“甚至略卖”，特别汉人移居日多，侵占“番地”，把他们的鹿场变为汉人田园，终使先住民贫困，康熙三十八年（1699 年）吞霄之乱及北投“番乱”都因此而起。

治台官员们为安抚众“番”，也曾施行了一些保护措施。如康熙四十年代，政府明令严禁通事、社商朘削“番”户，贌地的须先是请官府，以定可否，并严禁无赖混入山地。又如康熙五十六年（1717 年），因为社商剥削“番”社，下令革除包课之制，只留通事一人，而多以书记办理社饷差徭，其他如在台官吏亲历“番”地，视察疾苦等等。然而“番”汉冲突仍时有发生。对于“生番”事务，政府处理较为消极，常以“禁封番界”为主，使“番”汉无由接触，以免发生事端。

汉人移居台湾之后，纠纷实难避免；不过，中华文化对台湾先住民影响日深，使“番”社日益文明，也是事实。

第五节　清代台湾——一府四县时期

康熙六十年（1721 年）的朱一贵反清事件，使全台大乱，府城沦陷，官员或死或逃，事件平息之后，有人建议台湾北部土地辽阔，应置专官治理，皇帝未如所请，只决定“派出御史一员，前往台湾巡查”，这位御史有上奏大权，可以令当地官员“皆知惧畏”，可见皇帝心中只想到民变动乱是官员不善治理引起的，并没有意识到行政区重划的重要性。一年之后，康熙皇帝病逝了，继承他的是位严厉而又关心地方事务的雍正皇帝。他上台不久接到巡台御史吴达礼与黄叔璥的奏疏，请将北路半线（今彰化县）地方，另立为县。当时正好有位满洲工科的官员赫硕色，以满文给皇帝写了一份报告，说他曾去过台湾，“见台湾所属地方很大，南北长及千余里，而官员多住在台湾府（今台南）”，一年仅出巡数次，“不能详知地方番民利害”，非常不妥。雍正皇帝在这些大臣的请奏下，在雍正元年（1723 年）八月初八日决定，同意巡台御史们的奏请将诸罗县分出一部分设置知县一人、典史一人。淡水系海岸要口，形势辽阔，增设捕盗同知一员。雍正五年（1727 年），又因为澎湖地位重要，添设台湾府通判一员，驻澎湖，设澎湖厅。这就是彰化县、淡水厅、澎湖厅设立的由来，从此台湾也进入了一府四县二厅时期。

雍正九年（1731 年）至十二年（1734 年）间，清朝中央又依福建官员的请求，将台湾、凤山、诸罗三县间的界线略作调整，这些变革是对管理台湾有助益，也是皇帝关心地方事务的结果。

除了增划台湾的行政区域之外，雍正皇帝也重视台湾职官制度的调整。上述的巡台御史各派满、汉一人到台湾，位高权重，有人说“与督抚平行”，他们有“稽察非常，整饬营务”的大权，不过在康熙之世显然没有制度化，雍正登基之后，乃扩大其职权，作为皇帝在台的耳目。同时又因为当时渡海不易，岛内情况不同于内地，皇帝下令让巡台御史由每任一年改为再留任一至两年。另外满、汉御史调补日期，也不在同时举行，以先后交叉并行，使大家的经验得以传承，以利监督工作。对于分巡台厦兵备道一职，他接受了闽浙总督高其倬的建议，改以兴泉巡海道驻厦门，而在台湾则置分巡台湾道一人，以专责成。皇帝又认为台湾军务重要，台湾道不必分担提督学政，教育科举各事交给巡台御史兼管。雍正五年（1727 年），澎湖又增设通判一员，稽查船只，管理钱谷，这也是当时调整官制的一项。除以上高阶官员之外，雍正九年至十一年（1731—1733 年）间，又因需要，皇帝准允移台湾县丞于罗汉门，新设凤山县丞、诸罗县丞、鹿港巡检、竹堑巡检、八里坌巡捡、全台保甲局等专司职官，以利地方政务推行，并维护全台的秩序安定。

台湾孤悬海外，变乱易生，为了更有效地保卫疆土，雍正皇帝在地方实力的加强上做了一番安排。例如增加兵员，由原来的一万人稍多增为一万两千零六十七人，带兵官也随之增加数目。又如更新武器，原来“台湾器械，参差不齐，军器多有不坚利者”，皇帝根据巡台御史们的报告，下令以后兵丁调换时，所带武器，“务必坚利精良”。雍正七年（1729 年），新任闽浙总督史贻直又遵旨制造了不少新的鸟枪、弓箭、盔甲，运送台湾，以增强岛内军力。其他在水师战船的修建、骑兵的试设以及府城建筑木栅等方面，雍正皇帝都一一实行，为的是增强台湾防御实力，为的是安全地保障边陲的疆土。

从可靠史料中我们还可以看出，台湾在一府四县时期，在雍正皇帝的关注下，对安定岛内秩序也做了可观的、有效的工作，现在略举数事，以作说明：①台湾民变时有发生，雍正认为凡是反清意识鲜明的带头人物，“务令拿获，悉皆正法，此等人有何可惜”。但是因官逼民反的，或是汉民因贪图小利影响到先住民生活与经济权益的，应该“合情合理而为之”。②台湾的保甲制度不佳，据雍正六年（1728 年）巡台御史赫硕色报告：“门牌虽设，而奸匪终无可稽”，他建议“应于各庄以管事为保甲之首，其游民投顾伊庄内者，皆令稽查，如有犯事者，其业主管事何人，小事连坐，大事并坐。”皇帝认为他的构想“甚属可嘉”，从此台湾厉行保甲制度，结盟聚众行窃谋划殴杀的事在当时就减少了。③康熙皇帝是“为防台而治台”的，所以他不太热心台湾的开发，不允许大陆人大量入台，连官民赴台的都不准携眷。雍正皇帝的想法大有不同，他同意大臣们的建言，认为“若令搬眷成家，则人人有守其田庐，顾其妻子之心，不敢妄为，实安静台境之一策”。因此不准搬眷的禁令松绑了，入台的人数也大为增加了，这也是有助于台湾安定与发展的。④教育工作当然对安定社会更是重要的。雍正年间，台湾府县添置了教官人数，传授儒家伦理教育。考试专立“台字号”，使台湾学子专心读书，科考中式的名额有了保证。又推行先住民汉化教育，宣扬三纲五常，从思想上加强统治。以上种种，足以说明雍正帝治台政策确是费了一番苦心的，也足以证明台湾是在清朝统治下进一步开发，进一步内地化了。纵观雍正之世清廷对台湾的治理政策，既重视政治的经营，又重视经济的开发；既关心疆土的固守，又兼顾大一统宏愿的落实，成果是值得肯定的。

乾隆年间，台湾行政区没有再作划分，不过台湾县治在乾隆十五年（1750 年）由东安坊移到镇北坊（今台南市赤嵌楼），淡水厅也在乾隆二十一年（1756 年）进驻竹堑（今新竹市）办公，澎湖厅设治于大山屿文澳（今澎湖马公），乾隆五十三年（1788 年）凤山县治搬到埤头（今凤山），而诸罗县则在乾隆五十二年（1787 年）改名嘉义县。

治理台湾的官员，在乾隆时期也有些变动，如巡台御史一职，在乾隆十七年（1752 年）改为三年巡视一次，后来因效果不彰，在乾隆三十年（1765 年）又改为随时派驻。乾隆五十二年（1787 年）则正式“罢御史巡察台湾之例，命总督与巡抚，水师、陆路二提督每年轮值一人，前往台湾，稽查道、府、厅、县贤否”。巡台御史既不存在，提督学政事务乃又归台湾道兼管了。

乾隆时期的台湾移民政策也一改再改，雍正十年（1732 年）为安定流民，已准搬眷入台。乾隆四年（1739 年）闽浙总督郝玉麟因“奸民混从过台滋弊”为由，奏请禁止，并主张“若有偷渡，照例治罪”。第二年政府下令禁渡。乾隆九年（1744 年），巡视台湾的御史认为内地的民人有要到台湾侍养衰老亲长或生活无着想来依亲时，因为禁渡而“甘踏偷渡之愆”。另外有不少船家罔顾人命，常将偷渡客弃放荒岛，“群命尽归鱼腹”的，他以人道立场奏请再度解禁。两年后，皇帝准行。乾隆十三年（1748 年），福建疆吏又以“年限未定，恐滋弊端”而使中央再下令严禁。不过偷渡者仍不可止。后于乾隆二十六年（1761 年）又准开禁，期限一年。乾隆三十三年（1768 年），台湾发生黄教率众反清事件，渡台禁令，再次重申。直到乾隆五十三年（1788 年），林爽文事件之后，福康安以平息乱事功臣身份上疏，奏请以后大陆人民到台湾，“由地方官查实给照，准其渡海”，皇帝同意了。这是有清禁渡以来的一次大改革，也因此闽粤沿海的人民得以大量合法到台湾安居，使台湾开发事业更上层楼。据史料所载，到乾隆末年，台湾的西、北、南三面平原及山坡地带，汉人开辟的土地，几乎已遍及各处了。

嘉庆年间，台湾实是多事之秋，尤以东北部为甚。汉人开垦土地时与先住民发生纠纷，移民来的汉人又以籍贯不同等因发生械斗，现今宜兰一带就因开垦争地，发生过泉州人与漳州人的械斗以及福建与广东人的械斗。嘉庆十一年（1806 年）间，海盗蔡牵、朱渍又分别侵犯宜兰境内的乌石港与苏澳，造成地方不安与重大损失。由于宜兰地区当时来垦的汉人已有六万人，他们又愿意“献土出赋”，清廷为“绝洋盗窥伺”与“获海疆之利”，乃在嘉庆十七年（1812 年）增设噶玛兰厅，置通判为守土官，治理民“番”，至此台湾已是一府四县三厅时期了。

乾嘉以后，台湾一地的内外动乱很多，道光二十年（1840 年）中英鸦片战争时，英国船舰先停泊台南外海，引起岛内不安。第二年英船又进犯鸡笼港，炮击沿岸炮台，毁兵房，守军还击，败英军。同年九月，英船再犯失利，自行退去。道光二十二年（1842 年），英舰再度窥伺台湾，虽不逞而去，但台地受侵扰而形成之不安已非常显著。大陆沿海更是每战皆北，最后与英方订定《南京条约》。英人在台被杀的兵丁，在中英缔约时英方称为商人，被驻台官员“妄杀冒功”致使台湾总兵官达洪阿与台湾道姚莹革职，以谢英人了事。

鸦片战争后，英船不断往来于淡水洋面，甚至有军方上岸登山相度地形的，其后要求取得鸡笼煤炭与开口通商也因此而起。继英国之后，美国对台湾的野心也由他们不断派人来北部勘查、绘图以及以美人遭难为借口而进行的交涉中透现无遗。美国在东方服务的外交官、军人中，有向政府建议占领台湾的，也有要当局用金钱购买台湾的，不过当时美国内部因黑奴问题严重，而远东局势因英、法、德诸国竞争激烈，没有采取进一步行动。

咸丰年间，发生“英法联军”之役，不但广州陷落，天津也被洋兵攻占，战火逼京城，乃有《天津条约》及《北京条约》的签订。在咸丰八年（1858年）初签的《天津条约》中，清廷同意对英、法、美、俄四国在台湾开口通商，后来经中外官员磋商，台湾虽在条约内写明两个港口，实则包括淡水本关、打狗（今高雄）、安平（今台南）、鸡笼三处分关，总计为四口。开港后，西洋商船纷纷前来，台湾政商局面也随之一变。

乾嘉以后台湾岛内的动乱以民变与械斗为最严重。民变有乾隆三十三年（1768年）的黄教在台湾蓄发事件，乾隆五十一年（1786年）林爽文扰乱全岛的大动乱，乾隆六十年（1795年）陈周全攻彰化杀同知的起事，道光四年（1824年）许尚、杨良斌在台湾南凤山攻县治杀汛兵事件，道光二十年（1840年）张丙之役，道光二十二年（1842年）郭光侯等抗粮事件，咸丰三年（1853年）李石、林恭之役，同治元年（1862年）戴潮春陷彰化城、蓄发、遵明制、复明革命等等，其中以林爽文事最为严重，从乾隆五十一年（1786年）底起事，破彰化城杀知府，陷诸罗，逼府城，全台不安。闽浙总督先派兵渡海去平乱，不见效果。乾隆五十二年（1787年）皇帝再以福康安为大将军，调四川、贵州、湖广及满洲兵数万人入台，历时半年，才平定了乱事，这是台湾反清民变中最大的一次。事后清廷在台湾修建城池，添设驻兵，赈济灾民，举办屯田，安抚先住民，做了不少善后工作，使得清廷能更进一步地有效统治台湾。

台湾因大陆移民人数日多，大家争水源、争垦地，发生不少新旧移民间的械斗事件。乾嘉以降，闽人与粤人为争地而起的事件就有现今台北市景美区，台北县新庄、树林等互斗，广东人不敌乃被迫迁移桃园、中坜一带。漳州人吴沙在宜兰一带垦地，与广东人也有械斗之事。道光中叶，台湾中部彰化、员林也有械斗事发生。咸丰时代，台湾北部又有漳泉械斗，宗姓之间械斗，西皮福禄等音乐团体职业的械斗，互相残杀，数年不休。

清代台湾的民变与械斗并非是两种无关的独立事件，有时两者是相因而生的，如朱一贵事件，其中就含有福客械斗的因素。林爽文反清则是由械斗转为民变的。戴潮春的民变后又引发械斗。总之，民变与械斗确是台湾不安的主要原因，谚语称台湾“三年一小反，五年一大乱”也是基于这种现象而生的。

第六节 清代台湾——二府八县时期

台湾行政区的规划，自雍正元年（1723 年）分设四县二厅之后，除嘉庆年间增设噶玛兰厅之外，直到光绪元年（1875 年），一百五十年间，未有更动，不过在这段期间，大陆到台湾的人口大增，山地的开发也一日千里，加上咸丰年间的对外开港，同治朝以来的牡丹社事件引起日军犯台，整个局势有了很大变化，因此当清廷派重臣沈葆桢到台湾办理防务时，沈氏提出治台的首要事务在“开山抚番”。他陆续上奏建议在南路“番”地增设恒春县，在东部再添卑南厅，清朝中央都照准设立。后来他又看到台北地区因为淡水通商，华洋杂处，情形复杂，乃上奏请准在台湾北部设立一府三县，以应付新时代局势。清廷颇以为然，就在光绪元年十二月准设台北府，其后在附郭设淡水县，裁淡水、噶玛兰二厅；新成立新竹县及宜兰县；又把以前的淡水厅东北土地，改设基隆厅；又分彰化县埔里“番”社为埔里社厅，这是台湾疆域的另一次新规划。

这次新规划除澎湖厅外，其他厅、县边界多又作调整或变更，使台湾进入了二府八县四厅时期，兹略述如下：

1. 台湾府共领台湾、凤山、恒春、嘉义、彰化五县及埔里社、卑南、澎湖三厅。埔里社厅治在现在南投埔里镇，卑南厅治则在今台东县。

2. 台北府共辖淡水、宜兰、新竹三县及基隆一厅。府治设在现今台北市城中区旧称艋舺的地方，与淡水厅治在一处。其余二县一厅则分别设治于今日的宜兰、新竹与基隆。

沈葆桢还建议将福建巡抚移驻台湾，未得清廷允准，皇帝只下令福建巡抚半年驻台，半年仍驻福州，事实上这件事为台湾建省铺了路，当然这也是牡丹社日军侵台一类事件影响的结果。

光绪初年台湾行政区以及其他方面的一些变革，都多少是牡丹社事件引起的。牡丹社是先住民的一个社区，同治十年（1871 年）有一艘琉球的船只遇风飘到台湾南部的八瑶湾（今屏东县满州乡），误闯“生番”部落，有多人被杀。日本为侵略台湾，便以此事为借口，在同治十三年（1874 年）派兵船登陆枋寮（今屏东车城乡），先住民不敌，或战死或投降，日军乃占领多个“番”社，建都营府，设医院，修路屯田，作久居之计。清廷乃命福州船政大臣沈葆桢赴台，筹办防务并负责交涉。后来中日政府签约承认日本出兵“讨伐番地”有正当性，同时中方又赔偿日本军费，日军才在半年之后撤离台湾。沈葆桢亲历台湾，目睹时艰，乃向清廷提出若干经营与保卫台湾的建议，除上述增置郡县之外，又强调开山抚“番”，整顿军政，解除海禁，采掘煤矿等事，这些对台湾历史发展都是具有深远影响的。

台湾驻防的班兵，到光绪初年已经是“营伍废弛”，“积弊之深，尤所罕见”。沈葆桢提出不少改进意见，但因当时清廷有建台湾为省的构想，未能及时同意。不过日后在岛内南部多驻守军以及在台北设军械局，自造枪弹等事，多少是与沈氏呼吁有关的。为了“开山抚番”，招徕垦野，沈葆桢曾向清廷奏请开放海禁，他认为旧例不准人民偷渡与严惩船主及官员的一些规章，“除此开山伊始，招垦方兴”之时，应该“将一切旧禁尽与开豁”。清廷对台湾一百九十多年的渡台禁令，到此才正式解除。

如前所述，台湾岛内械斗一向严重，为社会的大患；然而到了光绪以后，因为励行新政，发展交通，振兴实业种种因素，居民多能各享其利，安居乐业了。尤其大家接触日多，感情反而更能相通。加上日军犯台，引起同胞的同仇敌忾之心，致使狭隘的械斗观念渐渐消除。光绪间的械斗较大的只有台南地区陈、吴二姓因海埔捕鱼而发生的纠纷一事。据地方史料所记，双方械斗共约死伤三十多人，后经各方调解而平息。

倒是因为“开山抚番”政策的推行，引起“番”社的反抗行动不少。例如光绪元年（1875 年）为开辟南路山地，先住民与官兵在现今屏东县恒春与枋寮一带发生过严重军事冲突，官兵战死或病死的约近两千人，先住民也死伤惨重，最后各“番”社请降，向官府签下七项约定才结束纷争。七项约定为：遵剃发、编户口、交凶犯、禁仇杀、立总目、垦番地、设社学。光绪三年（1877 年），在现今花莲丰滨乡等地，奇密社先住民因不服官府开辟土地，杀通事，对抗政府，官兵前往弹压，又设伏顽抗，使得事件扩大而严重。最后由台湾道与台湾县动员大军，甚至使用炮兵，海陆增援，才平息了动乱。光绪四年（1878 年），商人开垦花莲市区，被先住民所害。官方出面调解，先住民不从，又杀传令兵丁，以致官兵发动讨伐，大败“番”民，开垦事也得以顺利进行。光绪十年（1884 年），台湾建省前夕，现今台中县与苗栗县一带先住民也因“开山”政策反抗官府。官方动员兵丁约一千一百名，先进行劝说，不从，乃分三路进剿，又遭先住民利用地形围困狙击，官兵死伤颇多，后改分守“番”界要隘，绝其粮道，作久困之道，先住民终因“无所得食”而请降，乱事才得平息。建省之后，台湾“番”变仍有发生，这是因为积极“开山”而影响先住民权益的缘故。

二府八县期间，台湾还遭遇一次西方列强的军事侵略，那就是法国海军的侵台事件。光绪九年（1883 年）法国人因侵略越南与中国发生战争。清廷认为台湾是海疆重镇，下令地方官着意严防，兵备道刘璈便分南、中、北及后山（花莲等地）、澎湖等路，布置兵力一万五千人防守。第二年三月，法舰入基隆，取得煤炭后才离去。两月后，清廷命刘铭传专职办理军务赴台，当时台湾士兵的操练不熟，武器不精，刘铭传乃号召地方人士，输财输力，共同合作，一时官民一气，誓守台湾。同年六月法舰再来基隆，向岸边开炮，岸上守军还击，败法军。为牵制台海战局，法舰改攻福州，中法大战再起。八月中，法兵船再攻基隆，并登陆上岸，驻守军兵力拒奋战，再挫法军。淡水方面当时也遭攻击，有陆战队八百人上岸进攻，台兵坚守，法舰才败退。基隆、淡水兵败后，法军改行封锁台湾政策，北自苏澳，南到鹅銮鼻，不准船只往来进出，台湾因互市停息，物价腾贵，文报不通，与中央联络困难，而士兵得病者日多，大为影响防守力量。法军则几度攻击基隆一带海岸，并登陆作战，守军不败，高级将领亦有阵殁的。法军指挥官孤拔（A. Courbet）在基隆一带发动大战役，深感基隆不能久据，乃移军事重点于澎湖，法军占妈宫（今马公），列岛全陷，不久中法和议成，法军撤退，而孤拔则于撤兵前病死澎湖，中法台湾之役，至光绪十一年（1885 年）六月才正式结束。

早年沈葆桢到台湾前后，还有几件事值得一提：一是道路的开辟，计有北路宜兰到花莲一路。南路赤山卑南道、枋寮卑南道与枫港卑南道三条横断道路以及中路林圯埔到璞石阁（由南投至花莲）一路。二是电报线的架设，到光绪三年（1877 年）时台南到高雄以及台南市到安平海口两线已架通。三是沈葆桢在台筹办防务时，感到紧急公文无法快速传达，乃在台南与台北两地设文报局，这是台湾邮局的前身。四是设官营矿局，以西洋机器开采煤矿，并请外籍人士指导，希望能大量生产。总之，当时台湾已步入近代化之端了。

第七节　清代台湾——建省时期

日军侵台牡丹社事件之后，沈葆桢到台湾筹办军务时即上奏请移福建巡抚驻扎台湾，未得清廷允准。不久之后，在光绪二年（1876 年）十二月间，又有刑部左侍郎袁保恒奏请台湾设省，认为福建巡抚驻台半年，不但“闽中全省事务，道里悬隔而转就抛荒。台湾甫定之规模，去往无常，而终为具文”。他“请改福建巡抚驻台湾，而以总督办理福建全省事，各专责成”。清廷对他的奏章也没有做出具体回应。

光绪十一年（1885 年），中法战争发生，法国海军几度犯台，事定之后，钦差大臣左宗棠重提袁保恒前议，奏请台湾设省，清廷乃于同年九月宣布建省，调福建巡抚刘铭传为台湾巡抚。刘氏到光绪十二年（1886 年）夏四月才到台湾就任，当时因为台湾经济情况不佳，先住民又多未归化，需要福建资助的地方仍多，所以援照甘肃、新疆例，称为福建台湾巡抚，这也是有人认为台湾到光绪十三年（1887 年）才真正建省一说的由来。

刘铭传就任台湾首任巡抚后，先着手重划地方行政区，他曾向清廷呈过《台湾郡县添改撤裁》一疏，清廷赞同他的想法，从此台湾进入了一省三府、一直隶州、十一县、三厅的时期，其新划分的情形如下：

台湾府（新制府治在桥孜图，今台中市）领台湾县（新制在今台中市内）、彰化县、云林县、苗栗县、埔里社厅。

台南府（府治仍在东安坊，即今台南市内）领安平县（由旧台湾县改成）、凤山县、恒春县、嘉义县、澎湖厅。

台北府（府治仍在艋舺，今台北市内）领淡水县、新竹县、宜兰县、基隆厅。

台东直隶州，州治在今花莲县，东海西山，北是宜兰，南界恒春，这是新增的地方行政单位。

建省以后，台湾职官与职权也略有变更，例如：①刘铭传建议“在台湾增设布政使一员，以综核钱、粮、兵、马及整顿厅、县交代，并设布库大使一员，兼办理经历事”。光绪十三年（1887 年）吏部覆准施行。②提督学政由巡抚兼理。③府、县、厅、州数目增加，职官也随之增加，各地同知、通判等官员也因新制有所增裁。④台东直隶州设知州一人（州与府相同，为地方二级机构，直属于省），其下有州同一员，驻卑南；州判一员，驻花莲港。

台湾因为建省，还有些特设的单位也应在此一述，例如刘铭传为了清赋，再编保甲，并在台北设立全台保甲总局，各厅、县设置分局。又如台湾本来有福建厘金分局，在开港处及要隘各设关卡，由各地绅商包办抽厘事宜。台湾建省后，收回官办，在台北设全台厘金总局。他如建省后台湾有了邮政局、电报局、铁路局、金沙局、矿务局、军装局等机构，使台湾的行政系统更为完备，也更进一步使台湾走上近代化的道路。

刘铭传是台湾第一任巡抚，台湾成了清代中国的第二十个行省，比新疆建省晚不到一年，比东三省改制早十七年。

台湾建省之后，或者可以说在刘铭传抚台期间，台湾在军备防务的加强，交通事业的创设，理“番”政策的推进，生产部门的增殖，财务税制的整理，文教西学的提倡等方面，都有成效卓著的表现。现在就新政作扼要说明如下：

台湾是清代东南海上门户，海疆重镇，海防当然是极其重要的，而船舰是海防的基础。刘铭传原想建造一支强大的新式舰队的，但经费无着，后来请求政府拨给几只稍快的战船以及一些雷艇，结果也未能如愿。他为充实全岛防卫力量，只好全力制办本土的防御工事。他向福建借得一些款项，在澎湖、基隆、淡水、台南及高雄港口等地，建造了十座洋灰铁筋的炮台，安装了三十一尊英国制的大炮，另配水雷八十只。炮台等工程都是请洋人来督办完成的。岛上驻兵三十营全用洋枪，也聘请外国教官训练兵丁。同时在台湾的机器局也改进到可以大量制造弹药，以防海运不通时能自给自足，不影响防务。

刘铭传一直认为交通问题对台湾安全至为重要，而“铁路为国家血脉，富强至计”。他早年就想全中国应修建铁路网，当了台湾巡抚后，他把修铁路网的计划先在台湾岛上试办了。光绪十三年（1887 年）三月，他奏请借商款来修建台湾铁路，计划从北部基隆到南部台南建一条西部沿海铁路。路轨、火车向英国订购，枕木则就地取材，特设伐木局，请外国工程师来督办工程。光绪十七年（1891 年），基隆到台北段通车。两年后，台北至新竹段也完工，当时刘铭传已离任。所以，今天台湾纵线铁路的始基是刘铭传奠定的。

刘铭传也注意发展海上的交通，他先后添购德国制轮船两艘，又在香港订造四只，除航行上海、香港外，当时台湾对外交通已远达吕宋、西贡、新加坡等地。在电报、电话方面，刘铭传又继沈葆桢等人之后，架设基隆至台北，以及台北至台南等地的电线，共约八百里，以联络全岛，并敷设安平至澎湖、淡水至福州的水线，以接大陆，这些线路完成于光绪十四年（1888 年）。刘氏又在台湾创设电报学堂、台湾邮局。台湾邮局创立于光绪十四年，比大陆正式开办邮局要早九年。

台湾建省之初，“番”社约有八百多处，二十万人。刘铭传了解“番乱”多因移民新到后与他们发生利益冲突而起，而“防海又须防番”，所以抚“番”也是工作的首务。他以恩威并施、兼顾大家利益去解决问题，他又重视先住民子弟的教育，以作根本之计。光绪十一年（1885年）秋冬到第二年夏天，他招抚了四百多个“番”社，约有七万人归化。光绪十三年又有近四百个社来归，安抚的工作几乎完美的达成。当然在安抚期间，遇到抗拒也是有的。如光绪十三年（1887年）在北路与中路以及光绪十四年在东路，都发生过严重的变乱，所幸后来都平定了。当时一般“番”社，都“颁历书，奉正朔，设教条，剃头发，立社长以束之”。尤其台北一地，又特设“番”学堂，为他们的子第授课，供给入学者衣食，教他们汉文、算学、官话、闽南语、起居礼仪，并让他们与汉人接近，以潜移其气质，消除其疑忌。刘铭传曾经“三亲绝域，蒙瘴涉险，不骑而徒”，亲身与先住民沟通，很令大家钦佩。

要建设台湾，财政问题当然最为要紧，因为在未建省时期，一切全靠福建支助。刘铭传了解：台湾要有大作为，非自力更生不可，因此他决定先清理赋税以增加收入。台湾田亩从未彻底丈量过，雍正年间颁降过台湾赋税永不议加的谕旨；不过一般人民的赋税并不轻，因为绅民与官员勾结包揽，常造成弊端。光绪十二年（1886年），刘铭传下令在台湾南北两府各设清赋机构，派人分赴各县，会同地方正绅，先查保甲，就户问粮，丈量土地，就田问税。台湾的税率本来南北不同，南方还采用明郑旧制，比北部台湾用清制稍重，刘氏改制后，一律仿照福建省例，税率反而轻了，“定则虽轻，征数较钜”，因为绅豪地主不能再事隐匿，官员也不能任意加派，所以台湾原额赋银是十八万两，经过刘氏整顿改制，省府收入反而变为六十七万两了。此外，台湾以往鸦片、煤、茶、樟脑、船厘等的税收，多被官员吞蚀，加上盐课，据统计最多只得九十多万两。经过刘铭传的清理整顿，实收数目大增，史料记录合田赋在内，当时总收入高达四百四十多万两。刘铭传又在台湾创设官银局，制造银币，据说是中国制造银元的开始。

刘铭传在台湾所做的建设工作，还有一些值得一述的，如他大力提倡开矿，鼓励农产品外销，又划台北大稻埕为商埠，由官绅建造街道，用新式的电灯、自来水，创医院，使得台北顿时变为近代化的都市。他又重视人才的培养，在台北开办过西学堂，采行新式教育制度，讲授语文及实用科学课程。刘氏常到学堂视察教学情形，奖励学生问学。当时学堂中请西洋人当教席，为测验学生外语能力，校方每六个月请淡水英国领事来考试学生一次。西学堂初设于光绪十三年（1887 年），在校务最发达时，每年花销三万五千两官银，其中大部分为学生津贴。可惜这间学堂到光绪十七年（1891 年）邵友濂来继任巡抚时就被关闭了。

刘铭传在台湾所做的近代化工作，应该说是相当成功的，其成功原因，一是自牡丹社事件与中法战争之后清廷更认真地视台湾为海疆的关系，二是刘氏本身有远见、有毅力、有号召声望所致。台湾是晚清中国近代化过程中唯一实施系统全面改革计划的省份，刘氏在台湾近代化方面的成就与贡献，实非同时代人在其他内地省区所做的可以相比的。刘铭传逝世于光绪二十二年（1896 年），在他去世的前一年，台湾因中日战争失败，在中日《马关条约》中割让给了日本。一直到五十多年之后的 1945 年，中国抗战胜利，日本宣布无条件投降时，宝岛才又重归祖国怀抱。

第八节　台湾开发的历史启示

从以上简要的台湾开发史事中，我们可以得到一些启示：

第一，从远古时代到宋元时期，千万年间，在台湾岛上从事开发工作的，脱离不了中国各族人民的身影。他们在洪荒未辟的孤岛上，在穷山恶水间，时常遇到地震台风，开台事业实在是充满辛酸、充满艰险的。日后的成就确实是由他们用极大的代价换取来的。开台先民的坚忍不拔、勇敢刻苦精神，值得我们永远铭记，值得我们时刻效法。

第二，明清时代是汉族人开发台湾的重要时期。明末入台垦拓的人，多半由福建灾荒或动乱而起；清初到台湾的，则与官府的招徕以及人民挺险偷渡有关，而前后两者都可以说是因经济因素而来的。中国人民向来安土重迁，自古就视涉海为畏途，非有不得已的情由是不会轻言渡海的。他们抵达台湾之后，初则不易立业栖身，继而又有与先住民的冲突、移民之间的械斗、民变的动乱以及外国列强的入侵。大量汉族人在台湾是经历长期忧患长成的，他们开发台湾的成就显得难能可贵了，我们应该深入地了解这段史事才对。

第三，也许有人认为汉人入垦台湾是对先住民的一种侵占、自私行为。事实上，先住民确实也因他们的远房兄弟的后期入台开发而在文化知识上获得了提升，在经济上获得了改善。就大处远处看，高度中华文化移植台湾，对先住民而言，是有极大意义的。例如犁锄镰刀的输入、农耕方法的传授，增进了先住民的农业技术，增加了他们的生产与经济收入。铁锅瓷碗器具的输入、熟食烹饪的介绍，改善了他们的饮食文化。此外，布帛、盐糖的引进，充实了他们日常生活的内容。医方药物的传布，更改进了他们的健康。特别是社学、义学的设立，使他们的子弟渐知礼教，步上文明之途。因此，从整个台湾开发移民史来看，宝岛多是由中华民族开发出来的，大家来到台湾在时间上有先有后，但不能以参与开发时间的不同而把中华民族作不合理的分化，这是我们应该要有的基本认识才好。

第四，台湾附清以后，没有像西藏、新疆一样，设置大臣与驻防将军统治，而是在明郑的基础上，设一府三县治理，这一措施的意义与影响都很深远。台湾从此像内地各省区一样正常向前发展。台湾的府州厅县，甚至日后的省，不但衙门规制与大陆各地相同，职官名称、级别也是一样。官员的任免调补大权统属中央，行政区域的增裁也得由地方官员上奏呈请中央定夺，不是地方官吏能擅自做主的。台湾兵制大体上也仿照清代各个省区，武官有总兵、副将、参将、游击、都司、守备、千总、把总等等的名目。教育方面也设有儒学、县儒学。乡堡坊里设置官塾社学，另外义学、民学，与大陆的情形类似。开科取士按年份举行，也有廪生、增生、童生等级，最高级的考试会试，台湾学子也能参加。由此可知：清代台湾的一切制度都是内地化的。

第五，台湾初设府县时，刑事名事司法问题，由福建按察使兼管。乾隆末年一度以台湾道加按察使衔，不过“厅县刑名，由府审转”福建。光绪后建省，一切刑名仍由道员兼管，没有增设按察司。因此，台湾在清朝统治期间，重大的名刑案件，仍是由省方或是中央作最后判决的。例如朱一贵事件，岛内乱事平定后，朱一贵被押送到北京城中凌迟处死。林爽文反清失败被捕后，也是押送到京城处死的。道光年间，郭光侯的抗粮事件，最后大审结案还是在北京举行的，台湾县官等人被处分以及郭光侯的发配边疆，都是北京中央机关会审后判决的。所以，清代台湾重大案件的最后裁决大权仍在中央，台湾只是清廷管辖下的一个小单位。

第六，清朝统治台湾二百一十二年之中，因台湾而与外国也发生过不少交涉，而在众多的交涉中，外国人从未把台湾看作政治实体，他们了解清代中央对台湾是有一切主权的。例如鸦片战争时英兵船进犯台湾，被俘被杀的英军一百多人。中英缔约后，英方向清廷请治台湾守土文武长官罪，清廷最后以革职处分来敷衍英方了事。英法联军之后，中外订立天津、北京条约辟台湾港口通商时，各国也是与清代中央交涉签约的，没有一个台湾的官员有资格参与其事。同治、光绪间日本在台湾发生的牡丹社事件以及签订《马关条约》割让台湾，还是清中央政府出面的，在在说明了清代中央是有统治主权的单位，台湾只是清朝地方的一个小行政区而已。

综合以上引论式所述，我们不难了解：千万年来，台湾与大陆的关系是血浓于水的，尤其是台湾的开发事业，中华民族居功至伟。除了以上清代的行政权、司法权、外交权等等能主宰台湾之外，若从人民姓氏、生活、宗教信仰、岁时节令、风俗习惯诸方面来看，尤能证实“去中国化”实在是行不得的，行不通的。本书以下各章对这些问题将有详尽的叙述，请大家参考。

第二章　移　民

第一节　台湾先住民的渊源

大陆移民在台湾经历者久远，美丽的宝岛台湾即是由大陆移民开发而成的乐土。然而在大陆移民到达台湾之前，岛上已经有了不少的先住民。前人对他们的称呼历来是笼统的，诸如“土番”、“番族”、“夷人”、“夷洲人”、“山夷”、“流求番”等。日据时期，日本人又多称他们为“高砂族”或“番人”，这样的称呼，无疑带有轻视之意了。

那么，台湾这些先住民又是从何地迁入的？他们与中华民族有什么渊源吗？关于这个问题，目前比较流行的主要有四种说法：本土说、北来说、西来说和南来说。前两种说法或因其依据未经学术检视的资料推断，或因其所讨论问题与台湾先住民相去甚远，都明显不能立足。台湾先住民从根源上说应是“西来说”。这一说法认为，台湾先住民的族源即是中国大陆的越濮民族。

越濮民族，在古代和广义的苗族是同一民族，居于我国大陆长江以南。越濮民族一支越长江上游南下，散居于我国五岭以西的西南峡谷地区，即通常所说的百濮。另一支沿东部海岸南下，广泛分布于我国东南部、南部沿海地区，古称百越。百越，古代在大陆人口众多，势力也很大。后来百越族自身又发生分化，形成了很多派系，如“闽越”、“南越”、“东瓯”、“于越”、“骆越”等。其中一部分消失，一部分退向南方。大约在旧石器时代晚期，也就是大约六千多年以前，中国大陆南方的越濮人分几路陆续进入了台湾，其主体就是中国大陆东南沿海的百越人，他们中有的进入台湾后，成为台湾北部泰雅、赛夏、布农、朱欧等人的祖先。对于这部分最早移入台湾的古越人，有人称之为“直达族”，意思是从中国大陆直达台湾的。

战国中晚期，越为楚所破而离散后，又经历了秦军并楚之乱，于是更加叛离分化，海内越人踵继前时渡台先驱，大量移居沿海诸岛与海外各地，当然也就有一部分越人移居到台湾。《史记·越王勾践世家》就记载说：越人败于楚，“而越以此散，诸族子争立，或为王，或为君，滨于江南海上，服朝于楚。”连横在《台湾通史》也据此称：“或曰，楚灭越，越之子孙迁于闽，流落海上，或居于澎湖。”由此可知那个时候已经有古越人移民台湾了。为隔绝当地越人与海外越人的联系，据《越绝书》记载说，秦始皇三十七年（公元前210年）南巡至会稽，遂下令迁移当地越人于内地，迁罪人于海滨。《后汉书·东夷传》则记载了秦始皇命徐福带领童男女数千人入海，徐福求蓬莱神仙不得而止于瀛洲。连雅堂认为瀛洲即今日之台湾，此说可信。由此看来，秦时期在东南沿海动荡之际，越人除部分迁徙于江淮之间和隐匿于山林之中外，一部分越人渡海迁居台湾、澎湖诸岛。况且越人习水性，善驾舟，会造船，具有丰富的航海经验，再加上台湾、澎湖与大陆一衣带水，他们漂洋过海避居台湾、澎湖的条件是具备的，而且也是极有可能的。

在台湾南部和东部地区还流传着一些关于他们的祖先来自南洋的马来族的传说，也就是“南来说”。在台湾南部和东部的先住民，如雅美人、排湾人、鲁凯人、卑南族、阿美人，他们在体质、语言和风俗上，与南洋群岛的马来人有许多相同之处。以体质来看，雅美族与菲律宾土人极为相似，共同的特征是身长、头长、头幅长、眼睛圆而大。然而，即使是南洋的马来人，他们与大陆的古越人也是同源的，是同一文化系统的民族。从外貌上看，他们头发直、眉较低、目较深、鼻较平、颧骨突起，与广东人相似；在体格上，马来人也属于典型的南蒙古利亚种；在语言上，马来西亚语中也带有闽粤语系的特征，如“人”字，马来语中发音为“澳郎”，这与厦门话“郎”吻合。大陆的越濮族经过种族斗争，一部分跨越波涛汹涌的台湾海峡移入台湾，也有一部分进入南洋群岛后又转赴台湾的，这部分古越人大约5000年前经过中印半岛到达菲律宾、婆罗洲以及密克罗尼西亚等南洋群岛，较中国大陆直接渡台的古越先民要晚些时间。他们分别与古印度奈西安种人相融合成为原马来人。其中大部分与当地先住民尼格利陀种人结合，另一部分没有结合，而是又经由菲律宾岛继续迁移到台湾，分布在台湾岛的南部和东部，成为上述雅美、排湾等族的祖先。故而，相对于“直接去台”的那部分古越人而言，有人称这部分“间接去台”的原古越人为“南回族”。

也有古越人迁到台湾后，又从台湾出发渐次分布到太平洋中各岛的，有的经过一段时间又迁了回去。澳大利亚国立大学安德森教授，根据科研人员搜集的去氧核糖核酸数据指出，这些民族的迁移过程留有精确的活生生记录，被保存在仍住在其迁移路线上的现代后裔的DNA中，大洋洲最早的移民来自中国华南的百越地区。这表明中国古代大陆南方的古越先民，先到台湾，后再从台湾出发移入南洋群岛。但不管是从南洋回台湾还是从台湾南下南洋，他们的来源仍然是大陆的古越族，只是迁移方式的不同罢了。

谈到台湾先住民与古越族的关系，我国著名历史学家翦伯赞先生在《台湾番族考》中也作了精辟的论述："台湾的番族（先住民）是百越族的支裔，这种番族之占领台湾，不是宋元之际，而是在遥远的太古时代。"《台湾丛谈》说："中国行政正式经略台湾始于东吴，而汉夷民间往还更早于此。至于越人的移植台湾则在远古。"可知台湾先住民与中国大陆古越族有浓厚的血缘关系。

古越人与台湾先住民的渊源关系还可以从他们的民俗文化中看出。例如，古越人重视渔业，对龙蛇这些神秘水族非常尊敬，认为这样可以求福避祸。台湾的排湾、鲁凯等族都认为百步蛇是他们的祖先，禁止打蛇。并且在他们的日常生活用品上也有百步蛇的形象，以蛇为图腾，这属于古越人一贯尊蛇的遗风；又如台湾北部的泰雅、赛夏、布农、朱欧这些民族至今仍保持有古代越濮族的一些文化特征，诸如缺齿、拔毛、卉服、吹口琴、行崖葬、室内葬、住干栏屋、父子连名等等。高山族的文身、犬祭、巢居、墨齿、短须、跣足等习俗也都与古越人相似；再如，在吕宋岛北部的先住民中还流传着一种试婚制度，凡是年龄达十四岁的少女，父母即构竹楼使她独处，在该楼房中该女子可与男子试婚。这种风俗在中国大陆的西南少数民族（如壮、侗语族）中也十分普遍，而在台湾的先住民（如高山族）中也存在这种试婚制度。可见，台湾先住民与古越人有的风俗习惯绝大部分相同或相似。徐松石曾将《台湾府志》所列台湾先住民的特殊风俗一百条与我国大陆南方少数民族，特别是与古越人有着密切渊源关系的壮、侗语族的各族风俗习惯相比较，发现相同或相似的竟占八成以上，这是台湾先住民祖先来自中国大陆上古越人的最好印证。

近百年来，考古学家在台湾岛上发现的数以百计的古人类遗址也充分证明：台湾的史前文化与祖国大陆有着密不可分的渊源关系，它的原始社会史的每一个发展阶段，在文化内涵上都与大陆东南沿海，特别是福建省的原始文化同属于一个类型。在台湾已发现的新石器时代遗址很多，主要有三种文化类型：一是台北县八里乡的"大坌坑文化"，出土的许多赤褐色和棕褐色粗砂陶片以及石器，与福建金门、江西万年、广东潮安等地新石器时代遗址的器物十分相似，年代则与大陆北部距今约六七千年的“仰韶文化”大致相当。二是台北市“圆山文化”，其发掘的遗物属于新石器时代晚期和青铜器时代，开始于距今四千多年前，延续时间较长。有的学者认为，圆山文化石器的类型与广东海岸的新石器时代有关。三是分布于西海岸中南部地区的“凤鼻头文化”，为距今四千多年的新石器晚期遗存。一般认为，它是由大坌坑文化发展而来，又与海峡西岸的昙石山等文化有相似之处。因而，台湾先住民与中国大陆的沿海古代居民有密切的历史渊源关系，而古代闽粤地区都是古越人的主要聚居区，远在三四千年前的新石器时代，祖国大陆的新石器文化就经过沿海地区传播到台湾。一位日本学者说，“台湾先史文化的基层是中国大陆的文化，此种文化曾分数次波及台湾。”目前学术界普遍认为：“新石器时期的台湾居民是中国大陆南方古越人的一支”，“是目前大部分台湾先住民的祖先”。

秦汉以后，古越族与华夏、东夷各族有了进一步融合，从大陆到台湾的人就被称之为汉人了，他们是远古时代越人入台的继续。历史上汉人多次南迁，而南方地狭民稠，人民生活日艰，有一部分人即设法往海外拓殖谋生，其中有的东渡台湾海峡，迁移到澎湖岛甚至台湾岛上去开发。对于汉民族移民台湾，宋朝人赵汝适在《诸蕃志》中写道：“泉有海岛曰澎湖，隶晋江县与其国迩，烟火相望。”这说明澎湖在南宋时代属泉州晋江管辖。宋室南迁后，中原人也纷纷跟随南迁，而潜逃海外居住者大有人在，再加上南宋时期航海技术进步，因而汉民族移民台湾也是情理之中的事了。

元代汪大渊所著《岛夷志略》就说：“自泉州，顺风二昼夜可至（澎湖），有草无木，土瘠不宜禾稻，泉人结茅为屋居之。”又郁永河在《裨海纪游》中称：元人灭金时，有金人逃避到台湾“耕凿自赡，远者不相往来，数世之后，忘其所自”。大陆这些群体入台定居以后，逐渐与古越先民融合而成为台湾先住民。

由上可知，从我国大陆出发的两支越濮先民，在经过不同的路线和长期迂回的迁移之后，最后仍然在台湾汇合。因此，无论是远古时期从中国大陆移入台湾的古越人，还是于秦汉以后渡台的汉人，都与台湾先住民有着浓厚的血缘关系。台湾先住民的根在中国，他们都是中华民族的血亲后裔，正如有些学者所指出的那样：“台胞与大陆的血缘关系，其根源发轫，均有斑斑史迹可证，血浓于水殊非数典忘祖之辈，枉法歪曲谬论，即能轻易否认者。”

第二节 明郑时期台湾移民

明初，为了防盗避倭，同时也为了防止被朱元璋击败的方国珍、张士诚部逃往海上的残余势力卷土重来，太祖朱元璋下令在东南沿海实行“迁界移民、坚壁清野”的政策，澎湖岛上的居民也一并内迁到漳州、泉州。但这种迁界政策仍不能阻挡东南沿海人民继续迁居到澎湖。为了逃避沉重的徭役负担，沿海人民“往往逃于其中，而同安、漳州之民为多。”明代中叶，中国的海盗商人经常以南澳、金门为巢穴骚扰大陆沿海，也出没于澎湖、台湾一带。嘉靖四十二年（1563 年），戚继光、俞大猷等大破倭寇以后，俞大猷追击林道乾到澎湖，林又逃到台湾，俞大猷因水道迂曲，水浅沙深，不敢再继续追击。此时，大陆的渔民也常常到台湾海峡去捕鱼，后来又扩大到鸡笼（今基隆）、淡水等北部的渔场，其中一部分人定居于此，成为当地的居民。

在台湾移民史上，颜思齐最早率众纵横台湾海峡，招徕漳州、泉州移民，对台湾进行有组织的拓殖，被尊称为“第一位开拓台湾的先锋”。颜思齐在日本时就已与郑芝龙相识，天启元年（1621 年），颜思齐带郑芝龙驾船逃往台湾，当时，漳、泉居民到台湾的已经不少。到台湾以后，颜思齐在闽粤招揽居民，迁入台湾从事垦殖。他们的亲戚故旧到台湾的很多，郑芝龙的同胞兄弟就搭渔船前去投奔郑芝龙。大陆移民在台日渐增多，留居在台湾聚落成村，有近千家之多，于是后人记载说“中土之人入台湾自思齐始”。颜思齐死后，郑芝龙开始接管他的全班人马，进一步从祖国大陆迁移大批劳动力到台湾。天启四年（1624 年）荷兰人退居台湾后鼓励移民，祖国大陆出现更大规模的移民运动。崇祯元年（1628 年），郑芝龙受抚于明朝政府。据说为了扩大队伍，他利用福建受旱之际，建议福建巡抚熊文灿，用海船舶运数万饥民渡台，每人给银三两，每三人给牛一头，令他们建舍垦殖。沿海破产农民纷纷渡海入台。受其影响，大陆沿海居民也自行迁居台湾，尤其是漳、泉之民“赴之如归市”。据记载，这一时期入台者竟达三万人之多。这是祖国大陆人民大规模移民台湾的先声。

明永历十五年（1661 年），郑成功挥师东渡进军台湾。次年，终于将荷兰殖民者驱逐出台，收复宝岛台湾，从此，进入了郑氏移民时期，出现了大陆向台湾的第二次移民高潮。郑氏时期的移民，以军队移民为主体，包括军事移民和民间移民两种类型：

一、军事移民

军事移民主要是出于军事行动的需要而带动大量人口的迁移。郑成功驱荷复台，以台湾为军事根据地抗拒清廷，随郑成功到台湾的子弟兵很多，主要以郑军将士为骨干，加上一部分军队眷属和相关人口，这成为当时移民台湾的先驱，也是郑氏时期重要的以军队为主体的移民。郑成功所率的复台大军进军台湾时分两批进行，第一批队伍共由十一个镇组成，每镇士兵人数不等，多数兵镇在六百到一千名之间，于是年（1661 年）四月三十日到达台湾，共有士兵一万一千七百名，每名士兵还带有随从一人，再加上其他人员，整个首程队伍共约有两万五千人。第二批队伍在攻取赤嵌城之后，有左冲等六个镇，计士兵、家眷（五千人以上）约一万两千人于五月抵达台湾，再加上一部分随军的眷属，两批进入台湾的人数共计三万七八千人。这两批人成为开发台湾岛的新的主力军。郑成功这次军事移民带去的军队和眷属人数规模，据施琅在《靖海纪事》中估计："至顺治十八年（1661 年），郑成功亲带去水陆伪官兵弁眷口共计三万有奇，为伍操戈者不满二万。"其实在这次军事移民之前，郑成功早已有迁官兵眷属至台湾的打算，在东渡之前他曾召集他的将领说："我欲平克台湾以为根本之地，安顿将领家眷，然后东征西讨，无内顾之忧，并可生聚教训也。"郑成功收复台湾以后，立即下令官兵眷属迁往台湾。《海上见闻录》记载说，永历十六年（1662 年），郑成功即"赐姓严谕搬眷"。

郑成功去世后，其子郑经继承父位。永历十八年（1664 年），郑经放弃金、厦，整军退守到台湾时，又带去了大批士兵及眷口。明朝宗室宁静王、巴东王、鲁王世子，以及明朝遗臣王忠孝、辜朝荐、李茂春等人，也在这时随郑经到台湾，这是继永历十五年（1661 年）郑成功率军到台湾的又一次大规模移民。据施琅估计，这次随郑经到台湾的人数约有六至七万人。

郑氏时期除了迁诸将士眷口到台湾外，还将大量罪犯降虏及其家眷迁往台湾。永历二十八年（1674 年），清廷撤藩，引发三藩之乱。郑经响应，率领近两千名兵员进入大陆。随着局势的发展，郑经逐渐被困在沿海一带，粮饷不足，但一再拒绝清朝招抚。清廷招降不成，继续令沿海迁走民众，并建筑了长墙，对郑经部队施行经济封锁。永历三十四年（1680 年），郑经被迫退回台湾，但将罪犯降虏千余人一同迁至台湾。在这期间，郑经曾先后将俘获的清朝官兵、降清士绅以及乡勇的眷属移送到台湾。例如，永历二十九年（1675 年），郑经将吕华的家族发往淡水充军。第二年，郑经略地泉州，将明朝叛将洪承畴的侄子洪士昌、洪士恩，以及翰林杨明琅的家眷共百余人，迁到仍为荒昧之地的鸡笼、淡水，让他们从事垦殖。永历三十一年（1677 年），郑经将降将王进功、沈瑞、张学尧等的家眷搬往台湾。永历三十二年（1678 年），把他所俘获的清军将士两千余人移至台湾，并迁移乡勇之眷口过台安插。次年，又将海澄降将也全部移往台湾。永历三十五年（1681 年），郑经败退入台时带去残军一千多人。从进军大陆到撤归台湾，郑经从大陆迁移到台湾的罪犯俘虏及其眷口有数千人之多。

二、民间移民

除郑成功将军队及眷口迁往台湾外，也有一部分人是在民间不堪忍受清廷“迁界政策”而偷渡入台的。郑成功入台后不久，清廷为了断绝沿海人民对郑成功的接济，采纳郑氏降将、海澄公黄梧的“密陈灭贼五策”，于永历十五年（1661 年）正式发布“迁界令”。派苏纳海到福建施行“迁界”政策，将北直、山东、江南、浙江、福建、广东沿海三十里的居民一律内迁，“片板不许下海，粒米不许越疆”，并建筑了界墙，对越界者处以死刑。不单单如此，还下令焚毁了沿海三十里的庐舍和田园。福建是郑成功的根据地，浙江和广东两省也是郑军活动的主要区域，所以这三省迁界的实施最为严厉，情况也最惨烈。清政府厉行的迁界政策，使沿海各省百姓流离失所，死者有数万人之众。许多人因生活所迫不得不铤而走险，渡海入台，投靠郑成功。郑成功闻讯后立即驰令各处“收留沿海之残民，移我东土，开辟土莱，相助耕种”。在郑成功的招抚政策下，漳州、泉州、潮州、惠州等沿海流离失所的民众，纷纷迁往台湾，这种现象到郑经时仍未终止，形成这一时期大陆向台湾移民的一个高潮。连横所著《台湾通史》中记载了当时移民东渡的情形：“其时航海而至者十数万人，是皆赴忠蹈义之徒，而不忍为满洲臣妾也，故奔走疏户者为主户，而商旅为客户，……永历三十四年（1680 年），嗣王经弃金厦，来者尤众。”沿海民众向台湾移民，这在他们的族谱中也有很多记载。如晋江浔海施嘉计，朝增南，生于崇祯甲戌（1634 年），卒于康熙年间，居住在台湾；颜克豫，侧室周氏，生于顺治丁亥（1647 年），卒于康熙丁巳（1677 年），葬于台湾；颜钟彝，克豫之三子，生于康熙壬戌（1682年），卒于康熙庚子（1720年），去世后葬于台湾鬼子山；晋江县石壁乡林弈元，镒四子，生于崇祯已卯（1639年），卒于康熙丁丑（1697年），侨居在台湾诸罗县赤山一甲，葬台湾诸罗县赤山。

永历十八年（1664年）郑经带队入台后，清军无力继续追击，继续厉行“迁界”政策，将闽、粤、浙省沿海的居民陆续迁入内地，以此作为堵截郑经势力之策。沿海人民不堪忍受这样的灾难，纷纷逃往台湾，这在《华夷变态》中有记载：“迁界以后，无家可归，无业经营，有许多人饿死或变为游民，于是有许多百姓不顾禁令越界潜出，归锦舍（指郑经）充兵卒，故锦舍方面愈得势。”对大陆沿海逃亡到台湾的流民，郑经沿袭其父的作风，分别在台湾加以安置。对于郑经“招徕”移民的政策，沈云即在《台湾郑氏始末》中说，“招沿海居民之不愿内徙者数十万人东渡，以实台也”，也足见到台湾的流民之多。

郑氏时期，众多大陆移民陆续移居到台湾，总计约十二至十五万人，为原有汉族居民的两倍。而据《台湾府志》所记，从永历十六年（1662年）到康熙二十二年（1683年）的郑氏时代，移入台湾的汉族居民约在二十五万左右。大陆沿海军民的大量东移，为开发台湾提供了充足的劳动力，郑氏政权及时利用并组织移民进行垦殖。在郑氏政权的大力提倡和鼓励下，经过二十多年的开发，台湾的开垦范围不断扩大，社会经济有了很大发展。当康熙二十二年（1683年）施琅率兵登上台湾岛时，台湾已是“野沃土膏，物产利溥，耕桑并耦，渔盐滋生，满山皆属茂树，遍处俱植修竹”的肥饶之地了。

第三节　清代台湾的移民政策与移民

清政府统一台湾后，大陆向台湾移民进入了一个新阶段。在台的汉人人数超过土著居民，成为台湾人口的主体，主要是源于清初的移民高潮。清代台湾移民政策，大致可以划分为两个阶段：从康熙二十二年（1683年）清政府统一台湾，至同治十三年（1874年）日本制造牡丹社事件，为限制大陆移民渡台，或者大陆人民入台偷渡时期。从光绪元年（1875年）到光绪二十一年（1895年）日本侵占台湾，为实行开放性移民政策时期，或者大陆人民自由入台时期。

康熙二十二年（1683年），清政府削平台湾明郑政权后，将郑氏文武官兵与各省难民大量遣返大陆“还籍安插”，“不许再行越渡”。据说在一年间，清政府从台湾移回大陆的人口就有五万人左右。这种做法使其“尚在台湾伪官卒约计只三千余员名”，台湾呈现“人去业荒”的萧条景象。正如施琅在《靖海纪事》中称：“自臣去岁（1684 年）奉旨荡平，伪藩、伪文武官员、丁卒与各省难民相率还籍，近有其半。人去业荒，势所必有。”康熙二十三年（1684 年）清廷取消通海禁令，允许沿海人民出海贸易、捕鱼。一时“沿海内外多造船只，飘洋贸易采捕，纷纷往来，难以计算”，不仅贸易船只“丛杂无统”，而且“数省内地，积年贫穷游手奸宄罔作者，实繁有徒，莫从施巧，乘此开海，公行出入汛口”。因此，施琅向清廷建议公布“台湾编查流寓例”，即所谓“移民三禁”：1. 欲渡航赴台湾者，先给原籍地方照单，经分巡台厦兵备道之稽查，依台湾海防同知审验后批准，潜渡者处以严罚。2. 渡航台湾者，不准携伴家眷，既渡航者也不得招致。3. 粤地屡为海盗渊薮，以其积习未脱，禁其民渡台。为防止台湾再度成为“盗薮”，康熙二十四年（1685 年）清廷采纳施琅的建议，对大陆人民渡台颁布了以上三条禁令，同时规定，凡是违反以上规定者，一律照清朝法律给予处分。其中除第二条有关不准携眷入台的禁令，自雍正十年（1732 年）至乾隆二十五年（1760 年）间，或开放，或禁止，办法屡有更新外，第一、三条禁令的实施期间则长达一百九十年之久，至同治十三年（1874 年）沈葆桢赴台办理防务，奏准颁布“开山抚番”、“招徕垦野”之后，才开始全面解除。

其实这些禁令未能起到实质性的作用。“移民三禁”第一条，规定大陆人民渡台须经由官方发给照单，审验后批准才能渡台。这一办法看似合理，实际上官方通常加以刁难，需要用金钱打通关系。因而，贫困的居民只能采取各种冒险的方式潜渡去台。第二条“渡航台湾者，不准携伴家眷”的禁令，虽然影响了大陆移民在台湾的定居选择，但由于台湾地方官员出于开发经营台湾的需要，采取“安抚土番，招集流亡”、“相土定赋，以兴稼墙”等政策，在康熙中期，渡台者激增，出现了“流民归者如市”的局面；第三条禁令限制粤地人民去台，是施琅力请而设的。所谓“粤地”之民，是指惠州、潮州两地居民，主要是因为这两地“数为海盗渊薮，而积习未忘”。这种政策同样造成了粤地居民大规模偷渡入台之风，另一方面也造成了台湾移民源地的单一性。这一禁令在施琅去世后渐行放宽。

康熙五十一年（1712 年），清政府又严申禁令，重申渡台必须申领照单，同时对滥给照单的地方官及不行查明即出具印文的台湾府县官员严加惩罚。康熙五十七年（1718 年）闽浙总督觉罗满保上疏朝廷，第一次明确提出了移民的有关政策：1．限商船接渡。严格限定商船出海的人数，并严禁渔船装载货物，接渡人口。2．限厦门一口渡台。闽省及他省之船，“各用兵船护送”，“凡往台湾之船，必令到厦门盘验，一体护送，由澎而台”；3．禁偷渡；4．惩治违规者。清廷复闽浙总督觉罗满保的奏疏，并重申：“凡往来台湾之人，必令地方官给照，方许渡载；单身游民无照者，不许偷渡。如有犯者，官兵民人分别严加治罪，船只入官。如有哨船私载者，将该管官一体参奏处分”。康熙六十年（1721 年），又进一步严申：“嗣后台属文武大小各官，不许携带家眷”，以防止在台官吏发生反侧。雍、乾年间，有关部门仍不断重申严禁偷渡的规定，并加强了对渡台商船的管理，连舵手人等的年貌、乡贯、箕斗等都要填明，以供查验；同时，对偷渡人犯及失察官员的处罚也更加严厉。

虽然清政府对移民台湾政策作了多方面限定，但由于台地有大片荒地可供开垦，这对地狭人稠、饱受人口压力的闽粤沿海人民无疑有着极大的吸引力。因而，清政府严禁偷渡的政策不但没有遏制住大陆移民到台湾的热情，相反还出现了一波又一波的移民高潮。移民违禁入台，当时叫做“偷渡”，闽粤人民偷渡的方法有很多：有的贿赂清朝官吏；有的伪造官府“路照”；有的买通船主，冒充水手；有的买通守口兵役，私放商船；也有的由小船偷渡出港口，再由小船私上大船。至于偷渡寄航地点，台湾西南部海岸各港都有潜渡者的足迹，在偷渡途中移民葬身鱼腹虽是经常之事，但偷渡者仍络绎不绝。正所谓“例禁虽严，而偷渡者接踵”。康熙五十年（1711 年）就有官员称：偷渡之船“每船百余名或多至二百余名”。乾隆、雍正年间，偷渡入台颇为猖狂，据《续修台湾府志》记载，从乾隆二十三年（1758 年）十二月至二十四年（1759 年）十月，不到一年的时间里，就“盘获偷渡民人二十五案，老幼男妇九十九名口。内溺毙者男妇三十四名口，其余均经讯明，分别递回原籍。其已经发觉者如此，其私自过台在海洋被害者，恐不知凡已”。

随着大量沿海居民偷渡到台湾，还出现了所谓的“客头”。客头主要在厦门等地引诱包揽民人渡台，对偷渡者索取酬金后，用小船装运到“短摆大船”送到澎湖，然后转乘杉板小船送去台湾，包揽偷渡已经成为他们的专门职业。而偷渡路途之惨状，是中国移民史上所罕见的，台湾移民的历史是一部充满血和泪的历史。移民潜入台湾通常要冒很大的风险，路途困难重重，生活悲惨。有官员上奏称："如遇荒岛，（客头）诡称到台，促客登岸，荒岛人烟断绝，坐而待毙，俄而洲上潮至，群命尽归鱼腹。"清代台湾流行的一些民歌，如《渡台悲歌》所唱的"劝君切莫过台湾，台湾恰似鬼门关；千个人去无人转，知生知死都是难"，就是大陆渡台移民悲惨境遇的写照。尽管有种种风险，偷渡者还是络绎不绝，蜂拥赴台，而且愈来愈众。针对这种情形，清政府采取了一系列打击措施。如乾隆五年（1740 年）就严令："用小船载出澳口复上大船者，为首发边卫充军；为从及澳甲、地保、船户、舵工等知而不举者，俱仗一百、徒三年，均不准折赎"。清政府对客头的打击力度很大，直到乾隆末年仍然很坚决。但由于吏治不清和地方利益的驱动，治理偷渡的成效并不理想。

从雍正十年（1732 年）到光绪元年（1875 年），这段时期清政府政策的特点是从允许搬眷入台到设立官渡。是否准许移民"搬眷入台"问题是清朝移民政策的集中点。大陆移民偷渡到台湾屡禁不绝，清政府中有人开始感到，"若使搬眷成家，人人守其田庐"，未尝不是"安静台境之一策"。何况禁止移民携眷渡台，移民夫妻、父母、子女无法团聚，不仅有悖于伦理人情，而且导致台湾移民中男多女少，人口性比例严重失调。因此，从康熙末年起有不少官员请求准许开禁。清政府总是举棋不定，三禁三弛。雍正十年（1732 年），两广总督、大学士鄂弥达上书主张"凡妻子在内地者，应许其呈明给照，搬眷入台，编甲为良"。清廷允许他的请求，部分开放渡台禁令，首次弛禁，从此出现了人口流动的新高潮。自雍正十二年（1734 年）到乾隆五年（1740 年），给照的大小男妇不下两万余人。然而，随着移民的大量增加，乾隆四年（1739 年），闽浙总督赫玉麟上奏列举"准家眷过台"政策的种种弊端，请求朝廷禁止携眷入台。第二年，清廷就以人民大量渡台，"台湾渐有人满之患"为由，再次禁止台民接引家眷渡台。但是这一禁令仍不能阻挡移民入台，反而助长了偷渡之风。乾隆九年（1744 年），又有人上奏请准许带眷入台，乾隆十一年（1746 年）又开禁。这是第二次准许携眷渡台。但一年后，朝廷又谕令禁止眷属移台。这次禁令时间较长，一直到乾隆二十五年（1760 年），福建巡抚吴士功为解决到台湾移民之苦，上疏请废除限制家眷入台禁令，清廷才又准许眷属入台。这是第三次开携眷入台之禁令。但这次开禁只限定一年，为数也不多，限满之后，即行停止。

乾隆五十一年（1786 年），台湾爆发了历时三年的林爽文起义，起义最后被镇压下去。事后，镇压这次起义的钦差大臣福康安再一次提起饱受争议的携眷渡台问题。福康安认为移民携眷到台湾共享天伦之乐，“实属人情之常，若一概严行禁绝，转易启私渡情弊。”因而他建议对携眷渡台一事“与其禁之于既渡之后，不如查之于未渡之先，明设官渡”，并奏请明设官渡以杜绝偷渡之弊。乾隆帝谕令召集人员商议官渡之事，经过九卿议复后，官渡正式实行，并详细制定了官渡章程，困扰台湾移民多年的携眷问题至此才得到解决。官渡的设立为大陆人民入台提供了方便，偷渡问题开始缓和，大陆移民渡台进入了新阶段。嘉庆、道光、咸丰、同治四朝，对于内地渡台民众基本都沿袭了清政府的“官渡”政策。

光绪元年（1875 年），清政府对台湾实行开放性移民政策，标志着清政府对台移民政策进入了第二阶段。鸦片战争以后，帝国主义者垂涎台湾，清政府日益认识到台湾的重要性，开始加强对台湾的经营和管理。同治十三年（1874 年），钦差大臣沈葆桢建议广开旧时禁令，并制定开台奖励条例三条。沈葆桢的建议，立即得到清政府的支持，翌年，清政府就批准了沈葆桢的建议，并废除“所有从前不准内地民人渡台各例禁”，正式全部开放移民。至此，长达近二百年的渡台枷锁，终于解除了，大陆人民终于可以自由移民台湾，开垦土地。接着，清政府又设立“招垦委员”，沈葆桢分别在厦门、汕头、香港设立招垦局，到台湾的人可得到船票、种子、房屋搭盖费及一年半的口粮，又可分到水田、旱地各一甲。每十人分得耕牛四头、农具四副，而且三年后才开始征收租赋。台湾建省后，清政府在台湾设立招垦总局，刘铭传主持招抚垦荒工作，对大陆人民迁台无疑也起了促进作用。

在前一阶段下，清政府的移民政策或严或弛，不论怎样都始终没能阻挡大陆沿海人民到台湾。据统计，乾隆二十八年（1763 年）时台湾的汉族居民为 666040 人，乾隆四十三年（1778 年）为 845770 人，乾隆四十七年（1782 年）为 912920 人，比清初增加了九倍。至嘉庆十六年（1811 年）编查户口时，汉族丁口就已经达到 2003861 人，比清初增加了二十倍。到后一阶段，清政府正式全部开放移民，大陆移民移居台湾不再受限制，至光绪十九年（1893 年），台湾人口增加到二百五十四万余人。这其中土著居民的人口基数低、自然增殖率不高，在其中占了很大比例的是新增的移民人口。这些人口的增加，主要开始于乾隆末年，乾嘉时期是移民迁台的高潮期。之所以如此，一方面是因为清朝的禁令有所废弛，另一方面也与闽台间互通直航有很大的关系。清政府正式开禁后，反而由于资本主义在南洋从事罪恶的

“猪仔”殖民活动，使大量沿海居民流入南洋，入台人数大大减少。光绪二十一年（1895年）台湾被日本侵占，在日占的半个世纪中，大陆移民的迁入基本停止。清代掀起移民高潮，为台湾土地的开发和民族融合提供了最基本的人力条件，而且大部分移民活动都是在清政府禁令下冒着生命危险进行的，正如学者所指出的：“无论从哪一方面看，都应该承认它是一次波澜壮阔、影响深远的群众性运动。对于它的伟大历史意义，理应有一个正确的估计”。

第四节　台湾移民构成

我国东南沿海地区主要以丘陵地形为主，可耕地甚少，素以“人稠地少”著称。北宋谢履《泉南歌》就唱道：“泉州地狭山谷瘠，虽欲就耕无地辟；州南有海浩无穷，每岁造舟通异域”，此歌正是闽南地区经济面貌的写照。由于闽粤山多田少，因此人口压力特大，在人口的高压力之下，再加上当地自然灾害频繁、官府压迫与贪污等因素，人民不得不向外大量移民。而距大陆最近的台湾，地广人稀、土壤肥沃、气候适宜，凡冒险渡台者，“上可致富，下可温饱”，台湾自然就成了东南沿海居民的最佳移居之地，雍正年间，台湾知府陈起元在《台湾理蕃古文书》中说：“漳、泉内地无稽之民，无田可耕，无工可佣，无食求觅。一到台地，上之可以致富，下之可以温饱，一切农工商贾，以至百艺之末、计工授直，比内地率皆倍蓰”。

清代台湾移民，基本上是由福建人和粤人组成。福建移民又以漳州人和泉州人为主，粤省移民主要来自嘉应州、惠州和潮州等地。日据时期的1926年，日本人曾经对住在台湾的汉人作了一次祖籍的调查，结果是福建人占了总数的83.7%，广东人则占15.6%。在福建人中，泉州人占了45%，漳州人占了35%。清代台湾移民，因福建移民以闽南人（漳、泉移民）为主，粤省移民多为客家人，也可以“泉籍”、“漳籍”与“客家”或“闽南”与“客家”为区分。

一、泉州移民

清代泉州府主要包括晋江、同安、南安、惠安、安溪五县。泉州府地处福建东南沿海地区，多花岗岩丘陵，可耕平地稀少，面对的仍是地理上可耕地不足的窘境，使得泉州人的眼睛逐渐转向海峡彼岸的台湾。泉州移民人台，主要是由泉州、厦门等港口出发，穿过台湾海峡，抵达台湾后在台南、鹿港、八里等地登陆。

泉州人入台时间最早，连横在《台湾通史》中明确指出：泉、漳人为最早的福建向台湾的移民。其中，又以泉州籍移民为先。从宋、元以来，历来都有泉州渔民、商人泛海来到澎湖、台湾，但都是零星的、个别的行动，直到崇祯元年（1628 年），泉州大旱，郑芝龙招集难民迁移台湾（当时泉州一带有很多贫民相继迁台），有史以来第一次有组织地向台湾移民。之后，清廷为禁绝沿海居民对郑成功的支持，实施“迁界令”，一时，泉州大量以渔盐维生的居民陷入颠沛流离的窘境，大群无家可归的泉州民人除部分迁往内地外，部分则冒险强渡台湾海峡，加入郑成功开发台湾的行列。郑成功治台时期，台湾汉人达二十万人以上，其中很多泉州人。这是泉州人的第二次移民热潮。清乾隆四十九年（1784 年），清政府开放台湾鹿港与泉州蚶江港对渡，促成泉州人第三次移民台湾高潮。蚶江港开放后，很快成为泉州对台湾的交通中心，一时“大小商渔，往来利涉，其视鹿仔港，直庭户耳”，因此出现了泉州人到台湾“群趋若鹜”的局面。

这些泉州移民到台湾后，主要分布于台湾西部沿海地区。泉州移民最先到达台湾，因而有很大的选择空间，大部分聪明的泉州人就率先占据了西部沿海平原地带，因为这一地带靠近海岸，且多港口，便于开发。而泉州安溪、永春、德化等地的移民虽然进入台湾也比较早，但为了寻求和家乡相似的地理环境，他们选择在台湾丘陵地区和盆地居住。中部海岸的聚落居民也以泉州人为主。台湾中部在地理上与福建距离最近，鹿港与福建贸易的主要港口是泉州的外港蚶江，因此经由该港口到台湾的移民以泉州人为多。

泉州人渡海到台湾之初，大都维系祖籍居地的关系，同乡的移民依附于来自相同祖籍同乡所居住的地方，与同乡移民共同组成地缘聚落。由于各聚落拓垦面积的扩大以及人口的与日俱增，逐渐形成了地域社区。泉州人居住的地方，相当一部分是以祖籍地名命名居住地，有的地名延续至今。新竹县的宝山乡就源于泉州市鲤城区东海镇的宝山村，以泉州、刺桐为地名的有十五处，台北市古亭区和彰化县鹿港镇都有泉州街，云林县台西乡有泉州村，彰化县线西乡有泉州里，伸港乡有泉州社，和美乡和南投县竹山镇都有泉州寮，台中县大甲镇和清水镇、台北县淡水镇、桃源县新屋乡、苗栗县卓兰镇、新竹县竹北乡等地都有泉州厝，云林县有刺桐乡，屏东县下东城有刺桐脚庄。

泉州人渡海到台湾后，筚路蓝缕，垦殖荒陬。康熙四十八年（1709年），泉州府晋江县人施世榜开始兴筑八堡圳，直至康熙五十八年（1719年）才竣工，前后历时十年。这一工程的完成奠定了彰化平原的开垦基础。之后，他又继续招募大陆移民在彰化平原一带进行垦殖。王世杰在台湾北部新竹、桃园一带，最早开垦竹堑（新竹），同时又有泉州人汪淇楚在苦岭脚、大店一带进行开垦，后来又北上开辟公馆崎荒埔。雍正七年（1729年）泉州人汪东文自为垦首，进垦旧港庄一带。经过他们的惨淡经营，使台湾荒地日辟，社会经济日趋繁荣。

不单单如此，泉州人在台湾大兴教化，其成就之大，影响之深远，从某个角度上讲，比土地开发建设有过之而无不及。泉州同安人陈永华（字复甫）被认为是台湾文化教育事业的奠基人。清政府统一台湾后，在捐资办学上，泉州人慷慨解囊。如惠安籍的杨志申献出乃父墓地建台南府学宫，后又捐彰化田地充作邑学费用；晋江籍施世榜捐金二百两修凤山县学宫；金门籍郑用钰捐巨款建淡水厅学宫。在掌学执教上，泉州人大展其才。据不完全统计，清代泉州人任台湾府学教授的十七人，任县学教谕的三十五人，任府、县两级训导的三十七人。在科举上，泉州人也当仁不让，开台登第之先。台湾的第一个举人是惠安籍的王璋，他于康熙二十三年（1684年）高中福建省第六名举人，系台湾"登贤书之起始"。台湾的第一个进士是晋江人王克捷，他以诸罗籍中乾隆二十二年（1757年）丁丑科进士，"为台人士登礼闱之始"。

二、漳州移民

清代漳州府包括龙溪、诏安、平和、漳浦、南靖、长泰、海澄七县。漳州自古人稠地狭，再加上繁重的赋役，漳州百姓几乎难以谋生，大多被迫外迁，"民去其乡以拓植南洋，而至台湾者亦夥"。地理上的优势为漳州人渡海到台湾提供了极大的便利。漳州与台湾一水之隔，舟楫相通，其中东山至澎湖的距离仅九十八海里，甚至东山渔民可以径往澎湖建立渔村。而且，明清时期漳州各县去台湾的出海港口众多。具体说来，有龙溪的石码、紫泥、海门，海澄的月港、浮宫、港尾、卓岐、屿仔尾、浯屿、镇海，还有漳浦的井美、佛昙、前亭、将军澳、赤湖、旧镇、陆鳌、古雷、下寨，以及云霄的㘰屿、云陵、下坂，东山之铜陵、澳角、宫前、前河，诏安之宫口、南门，总计有二十八处之多。从上述港口或厦门港扬帆过海，快则十多小时，慢则两昼夜，就可以抵达台湾西岸的鹿耳门、安平、打狗、红毛、梧栖、鹿港等港口。

漳州人迁往台湾在明郑时期就已经形成规模。天启四年（1624 年）海澄县人颜思齐与郑芝龙等驻诸罗山垦殖，漳州贫民纷纷入台投奔。郑成功收复台湾后，严谕将士迁眷，龙溪人郑军将领陈泽即携妻渡台，他的亲戚同胞也随后入台。其他闽南航海而至者也有数十万人，其中，有不少漳州人，仅龙海县白礁村就有三百余青年加入郑成功的军伍。郑氏政权时期，清政府多次在沿海一带实行“迁界”政策，漳州龙溪、海澄两县很多人无家可归，流离失所，在郑氏政权的“招徕”政策下他们纷纷冒险渡海至台，投靠郑成功，遂在台湾开基建业。

清政府统一台湾以后，漳州境域沿海人民移居台湾垦荒更多，著名的垦主有林成祖、吴沙、郭元汾。乾隆十五年（1750 年）漳浦人林成祖开垦摆接堡和兴直堡（台北县板桥市和新庄市），拥有众多佃户，每年收谷十多万石。成祖入台传生三个儿子，儿子都与父亲同甘苦，致力农垦。所拥农田分新庄、新埔、后埔、枋寮、大佳腊五大片。乾隆三十八年（1773 年），漳浦人吴沙携同许天送、朱合、洪掌三个友人，募集漳州境域壮汉两百多人抵达台湾噶玛兰（宜兰），成为开垦宜兰的第一垦主。龙溪、海澄县不少人被吴沙招募到台湾东北部蛤仔滩（宜兰）垦荒种植。至嘉庆十四年（1809 年），仅噶玛兰一处就有“漳州四万五百余丁”。乾隆年间，漳州人郭元汾（字锡瑠）到台湾淡水大佳腊堡垦地，当年拳山一带多荒土，郭元汾雇工凿圳，引新店溪溪水，筑陂储水。又筑渠建沟，引水数十里，台北附近农田都可得灌溉之利，受益农田达一千多甲，人称“瑠公圳”。

漳州人进入台湾后主要散居于内陆平原地区，如云嘉南平原、台中盆地、台北平原等。台湾宜兰县以“漳州人的天下”而著称。从台中到冈山一带的大平原和丘陵地带，漳籍移民所占的比例很高。同时，台湾北部的桃园、板桥、玉林、万里、石门一带更是漳州籍移民的聚集区。其中，在台北地区有三个漳州人居住中心，被称为“小漳州”，即：板桥市、士林和基隆。其中，板桥是台北地区的第一座城，漳州人聚落一个接一个，故有“板桥十三庄都是漳州人”的说法。基隆是台湾第二大港口城市，漳州人最早来此开发。漳州人在郑氏时代就开垦基隆港的门户社寮岛（今和平岛）。雍正元年（1723 年），漳州移民自八里坌到达鸡笼（因附近有岛屿形似鸡笼，故名），建立聚落，并辟市经商，称“鸡笼街”。光绪元年（1875 年），改鸡笼为基隆。在基隆市的人口中，漳州人占一半。市内最繁华的商业中心仁爱区，基本上是漳州人。漳州人在这里建庙奉祀“开漳圣王”。

据统计，清政府统治台湾的二百一十余年间，漳州向台湾移民就达五十多万人。漳州人移居台湾后多同乡聚居，对其聚落，漳州人多以其祖籍地命名，大到州、县，小到乡、村，乃至山川的名称。有一些地名，以漳州知名开台人物命名，也是漳州人的聚落。如蓝兴堡，就是为纪念康雍年间蓝廷珍率众开垦台中盆地而命名；台南县六甲乡林凤营是为纪念郑成功部将林凤而命名；高雄县内门乡鸭母寮是为纪念清初农民起义领袖朱一贵在此栖身养鸭而得名；南投县中寮乡爽文路是为纪念清初农民起义领袖林爽文而命名，此外还有为纪念“阿里山忠王”吴凤的嘉义县吴凤乡和嘉义市吴凤路等等。这些地名，都凝聚着聚居区漳州人缅怀先人的深厚感情。

三、客家人

据记载，台湾客家移民，以嘉应州属的客家人为多，主要包括镇平（蕉岭）、平远、兴宁、常乐（五华）及梅县等县的客家人，约占全部客家人口总数的二分之一弱。其次，为惠州府属（包括海丰、陆丰、归善、博罗、长宁、永定、龙川、河源、和平等县）的客家人，约占四分之一。再次为潮州府属（包括大埔、丰顺、饶平、惠来、潮阳、揭阳、普宁等县）的客家人，约占五分之一强。而福州汀州府属（包括永定、长汀、上杭、武平等县）的客家人较少，约占十五分之一，此外还有漳州府属（包括南靖、平和、诏安等县）的客家人。客家人口约占全台湾人口的17%。

客家人入台，他们或者是由闽粤的大本营出发，到福建的厦门，再由政府规定的官道，放舟于澎湖一带的有关港口候风，然后再顺风漂至台湾岛；或者干脆避开官府的管制，私自渡海来到台湾。如嘉应州的镇平（蕉岭）、平远、兴宁、常乐（五华）等四县人，通常沿韩江而下，抵汕头后再乘船到厦门，再抵达澎湖，最后由台南的鹿耳门入安平，再到台南府城居住。

客家人入台的时间比漳州、泉州移民要晚一些。客家人最早移居台湾始于明代中后期，而大规模的东移台湾，基本上是在康熙二十二年（1683年）平台之后。清朝早期客家人移民入台，由于受“海禁”以及清军平台后有关“严禁粤中惠、潮之民渡台”规定的限制，其先人东渡移台是冒着九死一生的危险，他们所遭遇到的困难比起福佬人更深重。直至康熙三十五年（1696年）禁令渐弛，始有大规模的客家移民去台。康熙六十年（1721

年)，由于朱一贵起义，台湾凤山各地客家人组织“六堆义军”协助平定，有功于清政府，因此，清政府放宽粤籍人迁台的限制，使客家人迁台不再受歧视，不仅嘉应州属各县，还有粤东的潮州、惠州二府所属的各县，均有不少客家人陆续迁移到台湾。乾隆时期是大陆移民到台湾最盛的时期，也是客家人入台垦殖规模最大、移民人数最为集中的时期。这一时期的客家人除粤东三州府外，也包括福建汀州府属及漳州府属的客家人。从嘉庆时期开始，大陆移民入台之风稍戢，客家人向台湾的迁移，其规模也越来越小。

粤人迁台后，往往先在安平港、鹿港、旧港、淡水港等登岸港口附近落脚，以后逐渐往台湾腹地或南北迁移。早期到台湾的客家人到达府城（今台南市）附近进行开垦。大约在康熙三十年以后，客家人到达台湾时，岛内大部分地区，尤其是沿海平原肥沃地区几乎已经被闽南人开拓殆尽，无余地可垦，好在他们后来发现下淡水溪（今屏东高屏溪）东岸及东港溪流域有未开垦的荒地，于是相率移居于此，努力开荒，田园渐次扩大，人口日繁。自此以后，他们在原乡的乡亲纷纷接踵而至，从而北至罗汉门南界，南至林仔边溪口，沿着下淡水、东港两溪流域，客家人的大小村庄星罗棋布。

客家人所开垦的区域，大多集中于地段较为恶劣、土壤较为浇薄的丘陵或山区地带。客家人在台湾进行垦殖，大致而言，经历了一个以台南为中心，继续向南开发，然后再向北发展的先南后北的过程，主要围绕两个中心展开，第一个中心位于今天的屏东县万丹乡；第二个中心是长治，位于今屏东县东部山脚下。客家人在南部的垦殖范围由小到大，由平原而山岭；客家人的村落也由点而面，由少到多。根据陈运栋先生统计，至康熙六十年(1721年)朱一贵起义，客家人在南部地区一共建立了十三个大庄、六十四个小庄。其后历经雍正、乾隆、嘉庆各朝代，一直到同治一朝，仍然不断有客家人入垦的情形，因此，移民人数总共约有十余万人之多。在台湾中部，从康熙末年到乾隆年间，客家人在这一地区建立的村庄遍布各地，每村多者千人以上，少者亦有百人左右，其总人口数当不下散居南部地区的客家人。大约从雍正年间开始，入居中部地区的客家人越来越多，而客家人居住的村落——“客庄”，更是在这一地区普遍出现。到了乾隆末年，由于海禁更加松弛，进入这一地区垦殖的客家人也越来越多。随着大批客家人的长期定居，一些客家姓氏开始成为当地的望姓名门，如彰化北庄的李安善子孙，竟能号召数千客家庄众，协助清军平定林爽文起义。客家人向北部的开拓，以淡水、新竹一带较早。最初，他们与先期而来的闽南籍移民共同开垦。到乾隆中期以后，这一带已相当繁荣，土地渐觉不敷，各移民团体之间也就产生了冲突，并由冲突发展为械斗，械斗的结果是居少数的客家人转向桃园方向垦殖。今天桃园一带陂塘星布的千湖景观，正是客家移民辛勤开凿的结果。

第五节　台湾姓氏渊源

在福建地区，有一句大家耳熟能详的俗语，那就是“陈林半天下，黄张排成山”。这就是说，福建百姓中以陈林黄张四姓为最。这种现象，很早就已从大陆的闽粤地区，延续到了台湾宝岛，台湾谚语曰：“陈林半天下，黄郑排满街。”而大陆移民究竟曾把多少个属于中华民族的姓氏，漂洋过海带到了台湾？这个问题的正确答案，应该是：凡是大陆上有的姓氏，台湾都有，一个也不少。依据1956年的统计，台湾共有八十七个大姓。它们依次是：陈、林、黄、张、李、吴、王、刘、蔡、杨、许、郑、谢、郭、洪、邱、曾、廖、赖、徐、周、叶、苏、庄、江、吕、何、萧、罗、高、潘、简、朱、詹、游、彭、钟、施、沈、胡、余、卢、颜、柯、梁、赵、翁、魏、孙、戴、方、宋、范、邓、杜、温、傅、侯、薛、钟、丁、曹、蓝、连、卓、马、石、蒋、古、欧、纪、董、唐、姚、程、冯、汤、康、田、汪、白、姜、尤、邹、巫、龚、严。这八十七个姓在台湾地区是人多势众的姓氏，在一水相隔的闽粤地区，实际上早已枝叶繁盛，因此，他们在台湾的盛况，可以视为闽粤姓氏的延续与发展，实在不足为奇。而且，台湾前十个大姓，占全台人口的53.2%，所占比例与大陆闽粤地区如出一辙。尤其是陈林二姓，历来占台湾人口比率比其他姓氏要高出很多，这种情形与福建省十分类同，与台湾移民以福建省为主完全吻合。难怪有人会说：无论从哪一方面看，台湾都是闽粤地区的翻版。

中国有五千年文明，姓氏数千，据《中华府志》统计，中华民族共有六千三百六十三个姓。不同的姓，其发源地也多不尽相同，如陈姓的“根”在今河南省淮阳县一带；林姓的发源地在今河南省淇县、卫辉市一带；黄姓发源于河南省潢川县；张姓的发源地在河南濮阳和山西太原；李姓发源于河南省鹿邑县，这里是李氏祖先老子的故乡。台湾姓氏源出于大陆闽粤地区，又源于中原地区，中原地区是闽粤和台湾姓氏共同的发源地。大陆百姓从发源地，几经迁徙，最后再由闽粤人居台湾。据二十世纪五十年代台湾文献委员会的调查，当时台湾姓氏就达七百三十七个之多。而大陆闽粤移民又是如何将这些姓氏带入台湾的呢？以下仅以台湾前十个大姓为例说明，便可明晰。

陈姓，是台湾的第一大姓。“陈林半天下”之说，虽不无夸张，但台湾陈林两姓人数之多，足可窥见一斑了。陈姓也是中国十大姓氏之一，在广东、福建最有影响。中国的陈姓至少有四系来源：一为舜帝之后裔，二为刘矫之后裔，三为白永贵之后裔，四为突厥族侯莫陈氏之后裔。大约在唐高宗总章二年（669年），陈姓始迁入福建，此后，留居河南的陈氏也纷纷入闽，福建陈氏人口日益增多。陈姓入台极早，第一个移居台湾的陈氏，就是追随郑成功收复台湾的陈泽。自陈泽开创陈氏移台的先例后，移台的陈氏日众。明永历年间，有陈泽、陈水地、陈永榔、陈水源等及其他未记名之陈氏到达台湾；康熙年间，又有陈立动、陈石龙、陈瑞炳等众多陈姓人入台；嘉庆年间，又有陈孟兰、陈大用、陈集成等多人入台；此后，同治、光绪年间又有陈朝网、陈祯祥等多人入台。以上移台陈姓中有籍贯可考的，大部分是漳、泉人，只有少部分是粤籍人。陈姓移民或随军到台湾，或垦荒求生，为他们的子孙在台生活立下了百年基业。这些迁台陈姓多聚居于凤山、屏东、高雄、嘉义、台南，以入台北、淡水、基隆、新竹、彰化等地，成为台湾人口最多、声名赫赫的首姓大族。陈姓在台湾的大宗祠，在今台北市有“德星堂”，建于清咸丰年间。在台南也有一座著名的陈氏宗祠——“颍川家庙”，与台北“德星堂”构成了一南一北的两大宗祠。

林姓，被称为台湾第二大姓。林姓的祖先可以追溯到商朝忠臣比干。西晋末年，林姓是南渡入闽的八大姓之一，此后历代林姓族人继续南迁，并在东南的闽粤各地不断繁衍，尤其在福建，林姓的分布遍及全省各地。明永历五年（1407年），林朝和最早由福建入居台湾，是林姓移台第一人。历史上，林姓从福建迁居台湾，规模较大的有两次。第一次是在明朝末年，郑成功东征台湾时，福建林姓纷纷引舟迁入台湾。第二次高潮是在清康熙年间，不仅有福建籍林姓，粤籍林姓也结伴成行东渡入台。林姓在台湾开发史上贡献良多。在台湾的林姓著名的旺族主要有台北板桥林本源家和雾峰林家。台北板桥林本源家，祖籍是福建漳州府龙溪县，清代乾隆年间迁移台湾，伴随台湾开发，家族事业得到迅速发展，成为清代后期台湾北部第一大地主，其家族有“台湾第一家”的美誉。雾峰林家，祖籍福建漳州府平和县，清代中期迁移到台湾之后，耕读传家，田产遍布台中地区，子弟陆续中举仕进，声名远播。尤为难能可贵的是，当台湾遭受外敌侵犯之时，雾峰林家和板桥林家都能挺身而出，捐家抒国难。在台中市，有台湾的林氏宗祠，初创于清嘉庆年间，俗称“台湾林氏宗庙”。林氏宗祠在台湾中部地区具有举足轻重的地位。

黄姓，位居第三，仅次于陈、林二姓。黄姓的姓源有三：金天氏、陆终、嬴姓。黄氏最早入台大约在明末清初，最早是追随郑成功收复台湾的大军而大量入台的。黄氏入台垦殖，有记载的先后有永历年间的黄雄（黄安）、黄帐、黄声九等人；康熙年间有黄放、黄利英、黄仕卿、黄思礼等人；乾隆年间有黄振文、黄汉、黄祖武等人；道光年间有黄载松、黄本源等人；咸丰、光绪年间有黄阿凤、黄南球、黄宝河等人。经过明清两代，尤其是清朝时期黄氏的大量入台，使台湾黄姓人数大增，位居台湾第三大姓氏。

张姓，是台湾的第四大姓。张姓的始祖可以追溯到五千年前的黄帝，张姓即是黄帝的后裔，最初源于太原。从唐末到明清，张姓各支派入闽络绎不绝。台湾的张姓，主要来自福建和广东。梅丰人张佑是第一个入台开基的张氏先人，永历年间张佑至台后，最先入居台南县白河镇玉丰里，他的后裔为纪念他，将那里曾经命名为“梅丰厝”。广东饶平地区的张姓，紧随其后，主要入居彰化员林一带，该镇住民中张姓占大半。康熙二十四年（1685年），又有福建龙溪人张滥与黄信移居台湾，合垦于大糠榔西堡。康熙朝之后，福建和广东的张氏，一批接着一批纷纷渡海到台湾，每年都有，如张石敢、张汝武等；雍正年间又有粤籍张振万、张达京，陆丰人张阿春，南安人张春始等人；乾隆年间有张济伯、张治金、张尚德、张兆人等；道光年间有张启明、张阿苟、张爽等；咸丰年间有张光清、张秀钦等。在台湾，彰化县是张姓人口最多的地方，该地的张姓人口几乎占了全台张姓人口的六分之一。台湾其他地方，如台北、台南、嘉义等地，张姓人口也有很多。

李姓，也是台湾的大姓之一，排列第五。李姓源于颛顼，是颛顼高阳氏的后裔。李姓南迁始于唐代末年。李魁奇是李氏最早入台者，明天启年间，李魁奇追随颜思齐、郑芝龙到达台湾。李氏入台有史可考者，永历年间有漳州人李茂春追随郑经入台；康熙时有李婴、李碧、李阳、李云龙等人；雍正年间有李伯寿；嘉庆年间有李享等人；道光时有李合吉等人。台湾的李姓，同样源自大陆闽粤二省。大陆李姓的后裔在台湾分支繁茂，其中，从厦门市集美镇兑山村迁移到台北芦洲的李氏家族，筚路蓝缕，事业蒸蒸日上。光绪年间建造的祖厝，宏伟精致，至今成为台北地区的重要文物古迹之一。而当日本侵略者占据台湾之后，许多族人奔赴祖国抗日的最前线，著名的李友邦将军在抗战中克服重重困难，英勇抗日，成为抗战期间军阶最高的台湾人。

吴姓，远在周朝时与周姓是一家，因而，吴姓实际上是周姓的一个分支。吴姓的始祖是周代初期的泰伯。台湾的吴姓均来源于大陆福建和广东两地，从明万历年间到有清一代，大陆吴姓陆续移向台湾。在明万历年间，就有吴姓人士到今天的台南县经营小店生意。同时，吴天华、吴天来、吴燕山等人陆续迁居台湾，于后壁乡一带进行开垦，也有的在台以经商为生。有吴姓从金门、南安、安溪及泉州等地移入澎湖者。顺治年间，有大陆福建吴姓移居于台湾打狗（高雄市），后又向北迁移，定居新店。自康熙中叶以后，大陆吴姓移居到台湾的日渐增多，如平和人吴凤父子。雍正、乾隆年间有吴国熊、吴沙等人。吴姓移居到台湾后，最初多集中在台南、嘉义、云林和彰化一带，后来遍及台湾全岛，其中，台南一县吴姓人数最多。

王姓，王姓的姓源很多，大多王姓认为自己是周文王的后代，也有的认为是禹舜的子孙、殷商比干的后代，还有的王姓是被赐姓的。据族谱记载，台湾的王姓至少有两个来源；一支来自福建，是王潮的后裔；一支来自广东，是平镇王氏的祖先。但闽粤两地的王姓，均来自今天的山东和太原两地的王氏氏族。王姓的入台时间比较早，明永乐十八年（1420 年），王姓最早从大陆移入台湾，较早的有惠安人王忠孝跟随遗老队伍入台并且受到郑成功父子的厚待。后又有同安人王世杰，曾经在北番之乱时建立军功，后留居台湾。清代入台的王姓逐渐增多，尤其是康熙以后，先后有王成楚、王玉成等先后入台垦殖，王姓族人逐渐遍及台湾各地。在台湾，王姓主要居住在台南县、台北县、台中、嘉义、彰化，以及新竹等地。

刘姓，主要有两个流派，一是出自祁姓，为“帝尧陶唐之后”；一是出自姬姓，与周文王父子系出同源。汉朝的国姓为刘，在北方享有众多郡望，刘姓家族南迁后，在南方各地同样也是望族。台湾的刘姓也同样来自闽粤两地，早在明代末年，刘姓就陆续东渡入台。明郑时期，漳州人刘求成随郑成功入台，居住在今台南市，并成为当地望族。此后历经清朝各代，台湾刘姓人数日增。如康熙末年，广东嘉应州刘奇生曾在今新竹市开垦。乾隆年间，又有福建永定人刘文科在今嘉义一带进行开垦。刘姓在台湾主要分布在台北市、台北县、高雄县、台中县和桃园县。

蔡姓，始祖是蔡叔度。唐朝武则天时，蔡姓始南迁入闽粤，只是数量较少。至唐末黄巢大起义时，蔡姓才开始大量南迁。第一位由闽粤入台的开基祖是郑成功的一位蔡姓部属，他于明永历年间东渡入台，并在云林县斗南镇的埤头开垦。之后，另一位郑成功的蔡姓部属在台湾屏东县定居。接着，有一位大陆渔夫蔡月也来到台湾定居，并在旗后兴建了妈祖宫。清代以后，大陆蔡姓人开始大批入台，如南安人蔡为谢、蔡廷等入台开垦。乾隆年间又有漳州蔡王昆、蔡五常等人入垦。其后，蔡姓历经三百多年的人口繁衍，如今已遍及台湾全岛，而多集中于台南和嘉义两地，这两地的蔡姓占全台蔡姓的一半有余。

杨姓，杨姓的姓源有多种说法，但较为普遍的观点是杨姓源于姬姓，源头在山西。杨姓大约从唐朝末年开始南迁，在移居福建前，曾先后到达湖南、湖北、浙江、江西等地。杨姓迁居福建，开始大多居住于漳州府，后逐渐扩展到整个福建省。永乐十八年（1420 年），福建漳州人杨巷摘最先进入台湾，成为开基祖。之后，又有粤籍杨姓入台垦殖。在清朝移民高潮中，闽南杨姓同样也加入了入台队伍之中，赴台开垦定居。这些到台湾的杨姓中，主要是泉州人、龙溪人和平和人。其中，泉州人杨志申、杨古定居于彰化一带；惠安人杨梦樵在新竹进行开垦。

以上台湾前十个大姓移居台湾，基本上都始于明朝，而盛于清代。其中主要原因是，明清时期闽粤地区掀起了移民台湾的高潮，闽粤沿海居民纷纷渡海入台，台湾姓氏绝大部分就是在这一时期被大陆移民带入的。台湾姓氏与大陆闽粤一带渊源颇深，除上述前十个大姓外，其他姓氏也无一例外都来源于大陆，台湾每一个姓氏都能在大陆找到与之相应的姓氏。

总而言之，台湾汉族各姓氏的祖根都在中国大陆，海峡两岸人民历来就有割不断的血脉渊源关系。台湾是由大陆移民开发而成的，伴随着大陆移民，尤其是有清一代的闽粤民人的大量入台，闽粤姓氏也在台湾扎根开花。正是由于闽粤两省与台湾有深厚的渊源关系，台湾的姓氏状况与闽粤颇为相似，在今天，中华民族的各个姓氏在台湾都能找到他们的后裔。早在上个世纪八十年代，随着思乡情绪的蔓延和发展，台湾同胞掀起了一股“寻根热”（姓氏寻根活动），新闻界、史学界、图书出版界以及文人学者，都纷纷以“根”为主体，从台湾的姓氏、地理、历史、文化、风俗、宗教等方面考证台湾与祖国的血脉渊源，纷纷以各种形式反映台湾与祖国大陆的一脉相承、息息相关的史实。在这同时，台湾全省出现了“返乡求谱”的社会景象，台湾同胞冲破重重阻力和干扰，不断组团来大陆寻根谒祖，典祭先贤，表现出对祖地故土的深切思念和向往之情。台湾同胞勃然兴起的“寻根热”反映了人们要求促进民族“团结、再团结”的愿望，也有力地说明了中华民族具有强大的生命力和凝聚力。

第六节 移民与土地开发

台湾土地肥沃，多暖少寒，最利垦辟。“利之所在，人所必趋”，明代以后，闽粤沿海一带人口大量流向一衣带水的台湾。闽粤移民渡海到台湾，垦殖荒陬，筚路蓝缕，倍加艰苦，经过长时间的垦殖，终于使台湾荒地日辟，社会经济日趋繁荣。

早在明朝末年，颜思齐就将先后到台湾的漳泉无业游民共三千余人，予以安置，大事垦殖。崇祯年间，郑芝龙又招徕福建饥民数万人垦辟荒土，这对于台湾的开发，实在是功不可没。

郑氏政权时期对土地开发更为重视。明永历十五年（1661 年），郑成功收复台湾，在郑成功的入台船队中，就“已携有很多的犁、种子和开垦所要的其他物品，并有从事耕种的劳工”。为解决劳动力不足的问题，郑成功实行官兵屯垦政策，特命“文武各镇大小将领官兵家眷聿来胥宇”。与此同时，郑氏政权还招纳大批中国沿海流亡汉人入台，积极奖励私垦，并规定大小官兵皆不准混侵土民及百姓现耕物业。据《台湾外记》记载说：永历二十五年（1671 年）“郑经饬诸岛守将，勿得侵扰百姓”。闽粤数以万计的贫苦百姓闻之纷纷“附舟师来归”，加入垦拓大军，“烟火相接，开辟荒土，尽为膏腴”。至十七世纪末，岛上汉民倍增，大约有二十到二十五万人赴台，台湾北部得以渐次开发，大片荒埔丛莽“渐成聚落”。文武诸官也多招徕佃人开垦耕地，“人民之私垦者日众”。据说在这一时期，“兵民相安，努力开发生产，合作无间”。军民的艰苦创业，为后来台湾的发达打下了基础。

郑氏时代的屯田事业，南密北疏，所以其所开垦的区域，基本上仅限于台南沿岸一部分平原而已。具体说来，是以承天府（台南市）、安平镇，及南北二十四里为中心，渐次向外展开，北至北港溪，南至下淡水溪的台湾中南部地区，北港溪以北和下淡水溪以南地区也有零星的开垦。此外点状的开垦很多，遍及全岛各地。郑氏政权时期究竟在台开垦了多少亩田园？据《续修台湾府志》记载，共达 18443 甲，其中，田为 7534 甲，园为 10919 甲。台湾府县，有田 3885 甲，园 4676 甲，共计 8561 甲；凤山县，田 2678 甲，园 2369 甲，共计 5048 甲；诸罗县，田 970 甲，园 3873 甲，共计 4843 甲。以上这些都是郑氏政权时期新开垦的耕地，如连同荷据时期开垦的耕地，当时的耕地面积当在三万甲左右，较荷据时期的耕种面积增加两倍以上。由于土地的大量开垦，从康熙四年（1665 年）起，农业连年丰收，不但岛上军民的粮食可以自给，而且还能“以其有余，供给漳泉”。但总的来看，郑氏时代的开垦区域，只是一种点状的存在，就全台面积而言，尚不足称道，故《台湾府志》称：“郑逆窃踞海上，开垦仅十之二三”。

台湾土地拓垦，主要是在清领台湾时期。清政府统一台湾后，采取了一系列鼓励垦殖的政策。如：一、颁发垦殖执照。清律规定，“凡报垦，须开具界址土名，听官查勘，晓谕后五个月，如无原业主呈报，地方官即取结给照”。这种请垦制度在台地一直推行至清末，是对垦殖者利益的一种保护。二、推行轻徭薄赋政策。如康熙二十三年（1684 年）清政府统一台湾后，康熙帝就采纳了施琅的建议，开始对台湾居民实行轻徭薄赋的宽松政策。雍正九年（1731 年）清廷又发布上谕，将赋税政策予以下调。三、武装保护垦殖。鉴于移民在垦荒过程中经常遭到生番的袭击而死者甚多，清政府派兵保护，如派兵“分驻淡水，自后遂以为常，而业户开垦，往来渐众”。总之，在清政府鼓励垦荒政策下，清代台湾出现了土地开发热潮，其开发速度之快是惊人的。

康熙、雍正五十余年间（1683—1735 年），移民拓垦以郑氏时代开发之台湾（台南）、凤山、诸罗三县为始，逐渐向南部山区与中、北部平原拓展。康熙二十二年（1683 年）清政府统一台湾后，郑氏政权军民被大量撤回大陆，致使已垦之地再度荒芜，因而当时移民在台湾进行垦殖仍以再度陷入荒废的台南平原为中心。在最初的十年里，闽粤移民开发台湾，主要是限制在县治二百里以内，最远也没有跨越斗六门。当时，清政府对内地居民的渡台政策限制甚严，同时严禁移民私垦，但滨海人民仍不畏艰险，私人垦拓者仍多。至康熙四十三年（1704 年），移民开垦速度加快，已渐过斗六门以北，对此，《诸罗县志》记载云：“鹿场悉为田，斗六门以下鹿獐鲜矣！”此时，还出现了最初开垦番界的部落——“诸罗十七庄”，包括诸罗山庄、北新庄、大糠榔庄、井水港庄、茅港尾庄等共十七个庄。福建人施世榜、杨志申、吴洛以及广东人张万振等豪族，由鹿仔港登陆，或由台湾（台南）、诸罗北上招佃大规模垦殖，为彰化平原的开拓做出了重大贡献。

下淡水溪东岸流域的开发，主要是粤东嘉应州客家人进行的。台湾南部，因福建移民捷足先登，在康熙二十五年（1686 年）左右就已经被开垦无余，粤东嘉应州客家人只好先在东门外垦辟菜园，后知道下淡水溪东岸流域尚有未垦草地，便相率移居该地，协力开垦，于是“田园日增，生齿渐繁。”粤东嘉应州客家人听闻后接踵而来，趋之若鹜。至康熙末年，下淡水溪沿岸的平地已基本开发，下淡水溪客家各庄有十三大庄六十四小庄。以上垦拓之地，虽然是移民私垦，但官府对此多予以默认，并发给垦照，编成垦户，并且自雍正九年（1731 年），减轻新垦田园赋税。

康熙末年，渡台禁令渐弛，闽粤移民纷纷到台湾，唯当时南部已基本开发完毕，移民逐渐将拓垦目标转向中部浊水溪以至淡水河流域，开垦区域开始逐渐北移。流移开垦之众渐过半线（彰化）、大肚溪以北，乃至西北端的日南、竹堑（新竹）等地都得到不同程度的开垦。竹堑，在康熙三十六年（1697 年）时，《裨海纪游》记载还是“九十里，求一树就荫不得”，呈现一片荒芜景象，“非人类所宜至也”。康熙三四十年间，同安人王世杰率众开发竹堑，至康熙末年，据《台海使槎录》所收《赤嵌笔谈》载，则“昔日近山地皆土番鹿场，今则汉人垦种，极目良田，遂多于内山捕猎”，“鹿场半被流民开”。自雍正以后，到竹堑开垦的大陆移民越来越多，乾隆时期更是开垦的最盛时期。

接着，移民继续进入台北地区。台北平原，在明郑时代为罪人流放场。汉民族最先进入台北平原，大约是在明万历年间。台北平原虽有汉人入垦，但其时仍未能得到开发，清统一台湾后，由于清政府的消极政策，“不欲拓土聚民”，台北平原仍然处于原始状态。《裨海纪游》云：台北平原“山外平壤虽皆肥壤沃土，惜居人少，土番又不务稼穑，当春计食而耕，都无储积，地力未尽，求辟土千一耳”。康熙三十六年（1697 年）郁永河去台湾开采时，台湾北部还是呈现一片荒凉景象。台北盆地的大规模开发，以陈赖章请垦大加纳堡为标志。康熙四十八年（1709 年），著名垦号的泉州人陈赖章在官方的许可下，开始在台北平原的中心大加纳堡（大佳腊）从事开垦。陈赖章给予先住民酒肉布匹，在大加纳堡结聚部落，后又开始招佃从事开垦，泉人先后由大陆到台湾者络绎不绝，其后移民日见增多，自南而北，所垦土地也逐渐拓广，台北各大河下游沿岸地带，多在此时期开辟。到雍正九年（1731 年），平原一带的土地几乎已全被开垦，大加纳堡成为面山背海的街市。台北平原的开垦始于康熙中期，但大盛于乾隆时期。乾隆初年，汉人移垦台北盆地者渐多，垦区已及东部之松山、大安、南港、内湖与东南部之景尾、新店等地。到嘉庆时期，“八十五年之间，台北盆地、山坡平冈，以及河流沿岸，开辟已非常普遍了。”经过大陆移民的辛勤垦殖，不到四十年时间台湾北部就已经发生了很大变化，台湾北部的荒地都变为了良田。

据《台湾府志》记载，从康熙二十四年（1685年）至雍正十三年（1735年）的五十年间，计有移民新垦田7239甲，园27169甲，合计达34408甲。其中以北路垦拓面积最多，计彰化县13548甲余，诸罗县12271甲余，淡水厅502甲；南路的凤山县6740甲，台湾县4260甲余。对移民的开拓成就，清人蓝鼎元留有溢美之词："国家初设郡县，管辖不过百余里，距今未四十年，而开垦流移之众，延袤两千余里，粮谷之利甲天下。过此再四五十年，连内山、山后野番不到之境，皆得为良田美宅，万万不可遏抑。"

乾隆末年至嘉庆年间，鉴于台湾岛中、北部平原已基本得到开发，台中盆地也大致开发完成。移民又将拓垦目标深入番地，垦耕埔地盛极一时。嘉庆以来，噶玛兰（今宜兰）遂成为新的拓垦重心。噶玛兰，又称"蛤仔栏"或"蛤仔兰"，虽然隶属于淡水厅，但因山岭阻隔，交通不便，所以开发较晚。康熙末年以后，虽然已有内地汉人进入噶玛兰，唯其正式的开垦，则始自漳州籍移民吴沙。乾隆末年，吴沙居于三貂，与噶玛兰先住民进行交易，见噶玛兰一片荒埔，先住民不谙耕作，于是招漳、泉及粤省移民进入噶玛兰，开垦荒埔，每人给米各一斗，斧各一把。他们披荆剪棘，渐成阡陌。嘉庆元年（1796）九月，吴沙至乌西港筑土围，作为据点，称为头围，广招漳、泉、粤三籍汉人前往开垦，头围就是三籍合垦社区。嘉庆三年（1798年），吴沙领有招垦文单，于是漳、泉、粤三籍汉人陆续进入西势、东势、罗东等处垦荒。噶玛兰一带的开发可分为两期，前期是浊水北溪，主要由吴姓带领；后期为溪南，主要是由新进入的漳、泉、粤三籍移民为首，从事开垦宜兰平原。闽浙总督在《噶玛兰收入版图状》中曾指出："噶玛兰南北约长六七十里，东西宽二三十里不等，漳人四万两千五百余丁，泉人两百十五余丁，粤人一百四十余丁。"这比当地"熟番五社九百九十余丁，归化生番三十三社，四千五百五十丁"，要多得多。可见，大陆移民已远远超过当地先住民，成为开发宜兰平原的主力军。此后，漳、泉、粤三籍移民陆续加入，步步开拓，至同治末年，终将宜兰平原全境开拓。台湾的开发拓殖事业进至东北部。

随着台湾西部、北部的开拓至尽，汉族移民的开拓足迹逐渐深入到台湾东部。同治、光绪年间（1862—1895年），由于列强加紧争夺在台湾的利权，清政府的治台政策也开始大幅度调整。于是沈葆桢等人奏请取消渡台禁令，设立招垦局，广招沿海闽粤民人入台开发后山，打通后山的封闭社会，于是封山禁垦长达两百年的台湾，终于解禁。到刘铭传治台时期继续“开山”，拓疆招垦。光绪十二年（1886 年），刘铭传于大嵙崁成立“全台抚垦总局”，自己担任抚垦大臣，并以当地有名富豪林维源为帮办，专办抚垦事宜，其成效显著。据《台湾番地图》所载，光绪二十年（1894 年）以后，归化之生番达八百零六社，男妇大小丁口合计十四万八千四百七十九人。这为开拓全台奠定了永久性基础。这期间，到东部垦殖者渐增，甚至山地溪谷地区也大多有汉人垦殖，台湾土地资源得到了全面开发。至光绪二十一年（1895 年），台湾割让于日本止，闽粤移民历经两百余年的移民垦拓过程，开垦耕地面积约八百五十万亩，人口激增至三百七十余万。1904 年，日人曾做过统计，台湾耕地量高达 777850 甲，其扩张之速度堪称惊人。

清朝领有台湾二百一十余年，在这个时期，汉族移民增加非常迅速，其土地开拓区域也很广阔，现在台湾几乎大半以上的田园，是来自该时代的移民自力所开垦的。经过广大移台汉人的辛勤垦拓，胼手胝足，流血流汗，终于使台湾全岛东西南北均呈现一片新气象，“荒岛化为良田”。

台湾开发成果的显著，自然离不开闽粤先民的辛苦劳作，而对移民本身来说，更是一部充满血汗和泪水的开发史。移民在台湾拓垦土地，时刻面临着疾病的威胁。台湾岛开发之初，尚为瘴气之地，《诸罗县志》即记载说：“诸罗半线以北，山愈深，土愈燥，水恶土瘥烟瘴愈厉，易生疾病，居民鲜至矣。”在闽粤移民开垦台湾的过程中，“水土不服，瘴疠大作，病者十之八九，死者甚众”，每家时常有人病倒，甚至在数小时之后就死亡。加上遍地草莽丛生，草根深达数尺，开垦起来极为费力，且时有巨蟒毒虫为患。同时，自然灾害也频频袭击台湾岛。暴雨、泥石流、台风，无一不对拓垦者的开发活动造成阻碍，移民千辛万苦垦成的田园，往往在自然灾害的肆虐下毁于一旦，有幸得保住性命者，也多无处栖身，唯有再度流离颠沛于岛上。不单单如此，“番害”也构成了对拓垦者的莫大威胁。汉族赴台移民开垦土地，除了自然环境恶劣外，还要面对与汉人交往过少的土著居民的挑战。开拓者深入番地进行开发，必引起土著民的仇恨，经常有人在开垦过程中遭到土著民的杀害。雍正年间，几乎年年发生土著杀害汉人事件。据不完全统计，从清初到道光年间，“番害”事件就有八十起之多。由此可以想见，移民垦荒工作是何等的艰苦。在这种自然和社会条件下进行拓垦，拓垦者如果没有坚强的毅力和信念是无法进展的。因而，无论是在身体上，还是在精神上，拓垦者都在开发台湾过程中承受了深重的痛苦，也作出了巨大的牺牲。

第三章　管　　理

第一节　府县建置

早在宋朝，澎湖就已经正式隶属晋江县，《诸番志》明确指出："泉有海岛曰澎湖，隶晋江县。"鉴于澎湖在沿海贸易中的重要地位，宋王朝称之为"泉州之外府"，成为宋朝行政区划的一部分。元朝时期，又在澎湖建立巡检司，仍隶属福建省晋江县。这是中国政府首次在台湾地区设立的正式行政机构，其管辖范围不仅有澎湖列岛，还包括台湾本岛。明初，撤销了澎湖巡检司，明中叶以后又屡设屡撤，直至郑成功收复台湾以后，才建立稳定性的行政机构。

永历十五年（1661 年），郑成功驱逐荷人，登陆台湾后，第一次在台仿照大陆行政进行建置。郑成功下令将收复的台湾赤嵌地方改为"明京"，称台湾全岛为"东都"。按照明朝的行政区划，郑成功在台湾设一府二县，改赤嵌为承天府，以新港溪为界，分南北二县，在南路置万年县，北路置天兴县，万年县辖区包括今台南、高雄和屏东等三县及台南高雄两市，县治设于二赞行（今台南县仁德乡二行村）。天兴县辖区包括今台南、嘉义、云林、台中、彰化、南投、苗栗、新竹、桃园和台北等十县，及台中、台北、基隆等三市，县治设在佳里兴（今台南县佳里镇）。永历十六年（1662 年），郑成功不幸病亡，郑经继承父位后，于永历十八年（1664 年）改"东都"为"东宁"，划东宁城为东安、西安、宁南、镇北四坊，并把天兴、万年二县升为州。郑经还增设三安抚司，南北路及澎湖各一。分行政区域为一府二州三司。这个局面一直持续到康熙二十二年（1683 年）郑克塽降清，都没有改动。郑氏政权时期，台湾建置更趋完善，而这种行政建置是完全从明朝移入的，实际上是明朝行政区划的翻版。

清康熙二十二年（1683 年）清政府平定台湾以后，清廷内部就"台湾的弃留"问题展开了一场激烈的讨论。康熙帝起初对台湾并不太重视，一部分清政府官员也认为台湾“孤悬海外”而“欲弃之，专守澎湖”。为此，施琅上了著名的《恭陈台湾弃留疏》，详细阐述了台湾地位的重要性。在以施琅为首的留守派的据理力争之下，康熙帝权衡利弊，最后决定留守台湾，并在台湾进行府县建置，与内地划一，从而完成了台湾与祖国大陆的行政统一。从康熙二十二年（1683 年）清政府统一台湾，到光绪九十一年（1895 年）清政府被迫割让台湾，凡二百一十余年，台湾从初步建置，中间几经调整，经历了由一府三县、一府四县到二府八县，再到三府一直隶州十一县三厅的变化。

从康熙二十三年（1684 年）到康熙六十一年（1722 年），为一府三县时期。清政府决意留台后，于康熙二十三年（1684 年）恢复台湾名称，决定在台湾设一府三县，隶属福建省，行政区划大体沿袭了明郑时期的旧制。府为台湾府，下设台湾、凤山、诸罗三县。改郑氏时期的旧天兴州为诸罗县；分明郑的万年州为台湾、凤山二县。台湾府治设于赤嵌，以台湾县为附郭；台湾县署在东安坊（今台南市），由于台湾县位在三县之中，故名中路，其疆界东到大山，西到大海，南到二层行溪的北支界凤山县，北到蔦松溪（今盐水溪），与诸罗县为界，东西宽四十五里，南北长三十六里，此外，澎湖归属台湾县管辖；凤山县在府治南方，称为南路，暂附府治治事，其疆界北以二层行溪与台湾县为邻，南到沙马矶头（今恒春猫鼻头），南北二百七十五里，西北临大海，东北界诸罗县，东西宽三十五里；自诸罗县而北，称北路，暂驻佳里兴（今台南县佳里镇），其疆界东到大山，西抵大海，南界凤山县，北到大鸡笼（今基隆市），东西宽五十一里，南北长九百一十九里。台湾从此真正归入了中国版图，成为福建省的一个府。

从雍正元年（1723 年）到光绪元年（1875 年）为一府四县时期。康熙六十年（1721 年），朱一贵发动起义，率众攻入府城，福建水师提督施世骠、南澳镇总兵蓝廷珍迅速带兵入台镇压，才将叛乱平定。这次事件平定之后，蓝廷珍的幕僚蓝鼎元认为，台湾北路辽阔，治理起来比较艰难。他主张在台湾的北部半线（今彰化）另设一县，使自虎尾至淡水共七八百里的疆域，划归半线由新县管辖。清政府受时局影响，雍正元年（1723 年），分诸罗县北部为彰化县与淡水厅。彰化县东以南北投大山麓为界，南以虎尾溪与诸罗县为界，北以大甲溪与淡水厅为界；淡水厅南自彰化县，北至鸡笼，东限于山地外侧。彰化县设在半线，淡水厅设在竹堑（新竹）。台湾由此进入一府四县一厅时期。

澎湖一地，自古以来就是台湾的要卫。康熙六十年（1721年）朱一贵起义，全台陷落，而只因澎湖没有失陷，这场叛乱才得以被迅速平定。这次事件，使清政府更加深刻地认识到澎湖的重要性。雍正五年（1727年），清政府合澎湖诸岛，改设为澎湖厅，设厅治于大山屿文澳（今澎湖马公）。台湾至此形成一府四县二厅之格局。乾隆五十一年（1786年），林爽文起义，诸罗县城坚守不屈，没有失陷。为表示纪念，于第二年改诸罗县为嘉义县。

在一府四县二厅时期，乾隆十五年（1750年），台湾县治从原设之地东安坊移到镇北坊（台南市赤嵌楼）；彰化县治设于半线（彰化市），初设时因为衙门未建，只能附治于诸罗，到雍正六年（1728年）开始归治。淡水厅初设时尚附治于彰化县，到雍正九年（1731年）割大甲溪以北的刑名、钱谷归其管理，到乾隆二十一年（1756年）又进驻竹堑（今新竹市）办公。乾隆五十一年（1786年），林爽文之役后，南路受重创，两年后，又将凤山县治移到埤头（今高雄县凤山镇）。

嘉庆十七年（1812年），在原建置基础上，增设噶玛兰厅，自此，台湾形成一府四县三厅的局面。雍正九年（1731年）噶玛兰入归淡水厅管辖。乾隆以来，汉人在此垦殖，遍及山地。乾隆五十一年（1786年）林爽文起义爆发时，台湾知府阳廷理就想招抚噶玛兰三十六社，但未被允准。此后，由于蔡牵、朱渍等海盗先后进犯噶玛兰地区，嘉庆十七年（1812年）闽浙总督汪志伊与福建巡抚张师诚联名上奏，建议清政府在噶玛兰设厅治理，若不设厅治理，必定会滋生事端。他们的建议最终奏效，第二年，清政府就划淡水厅之东北部，新增设噶玛兰厅，并将厅治设在五围。噶玛兰厅，其疆界东到海十五里；西到枕头山后大坡山（今宜兰县员山乡）；北到三貂远望坑（今台北县贡寮乡）界淡水厅；南到苏澳过山大南澳（今宜兰县苏澳镇）。

一府四县时期，为加强对台湾的管理，从雍正九年（1731年）至十二年（1734年），清朝中央又依福建官员的请求，将台湾、凤山、诸罗三县间的界线略作调整。如雍正九年（1731年），清政府就将诸罗县新港、卓猴两地，划归台湾县管辖。此后，台湾的行政区划又有所变动。乾隆年间，台湾行政区没有再作划分。自嘉庆十八年（1813年）增设噶玛兰厅到光绪元年（1875年），六十多年间，行政区划未有更动。这一时期，清政府有效管辖的区域也在逐步扩大。从康熙五十三年至乾隆四十九年（1714—1784年）的七十年间，台湾县管辖的区域向东扩展了三十五里，几乎扩大了一倍。从康熙五十三年至乾隆二十九年（1714—1764年）的五十年间，凤山县实际管辖的疆域也向东扩展了三十多里。从雍正元年至道光六年（1723—1826年）的一百多年，由诸罗县分出的彰化县实际管辖的区域也向东扩展了五十五里，增加了一倍多。管辖区域的扩大，说明清政府在台湾的统治力量有所加强。

从光绪元年（1875年）到光绪十年（1884年）台湾建省，为二府八县时期。同治末年，日本兴师侵犯台湾东南部，清政府命令总理船政大臣沈葆桢到台湾办理海防事宜。沈葆桢到台后，对地方行政建置非常重视，建议添设府县。其实，早在沈葆桢到台湾之前，一些有识的地方官鉴于淡水厅管辖区域辽阔，政务难周，就有改制淡水厅的打算。光绪元年（1875年），沈葆桢奏请添设台北一府三县，以便于管理。其奏称："艋舺当鸡笼、龟仑两大山之间，沃壤平原，两溪环抱，村落衢市，蔚成大观，西至海口三十里，直达八里坌、沪尾两口，并有观音山、大屯山以为屏障，且与省城五虎门遥对，不仅为淡、兰扼要之区，实为全台北门的管钥，拟于该处创建府治，名曰台北府。"同年十二月，清政府准允了奏请，于台北建台北府，辖三县一厅，府治设于艋舺（今台北城），新设淡水县为附廓，改淡水厅为新竹县，新噶玛兰厅改称宜兰县，改鸡笼为基隆厅，辖于台北府。

对中南部的行政机构，沈葆桢也积极调整。南部原只琅峤地方筑城设官，名曰恒春县，属台湾府。沈葆桢到台湾后，首先在南部番界，分彰化县埔里社"番地"地区为厅。另外又在后山地区设立卑南厅。大甲溪以南的中南部地区一直到后山仍设台湾府，下辖彰化、嘉义、台湾、凤山、恒春五县，以及澎湖、埔里社、卑南三厅，台湾县也仍为附郭城。同时，沈葆桢还因为嘉义县南部的曾文溪以南地区距离县治过远，将这一地区划归台湾县，使台湾县疆域向北扩大了二十里。由于沈葆桢的调整，使台湾由原来的台湾一府增为台湾、台北二府，由原来的四县增为八县。台湾由此进入二府八县四厅时期。沈葆桢治台期间所作的行政区划调整，使北部地区在整个行政区划中的比重大为加强，但其分配仍不均衡。台湾行政区划的进一步调整，是刘铭传主政台湾期间进行的，而此次调整与台湾建省息息相关。

早在光绪二年（1876年），刑部侍郎袁保恒就提议台湾设省，之后沈葆桢、丁日昌、左宗棠等又多次提到台湾建省问题。光绪十一年（1885年），中法战争结束后，大学士左宗棠上书奏请台湾设省，其奏曰："惟有如袁保恒所请，将福建巡抚改为台湾巡抚，所以台澎一切应办事宜，概归该抚经理，庶事有专责，于台防善后大有裨益。"清政府准许了他的奏请，积极筹议台湾改建行省事宜。同年十月清政府下诏台湾建省，同时，清廷又采纳了刘铭传台闽联防的建议，仿甘肃新疆制称福建台湾巡抚，以使台湾与福建联成一气，内外相维。以刘铭传为台湾首任巡抚。刘铭传通过对台湾的加紧开发，至光绪十三年（1887 年）九月十六日宣布“台湾分省已定”，一切事务“就台办理”。自此，历时二百余年的建省问题圆满解决，台湾成为中国的行省之一，一直延续至今。

台湾建省后，土地日开，原设府县行政区域过宽过广，管辖起来很是不方便，并且容易滋生事端。为便于施政，光绪十三年（1887 年）八月，台湾巡抚刘铭传进一步调整台湾行政区划。为此，刘铭传曾亲赴中路勘查地势，对前山后山全局统筹，提出调整方案。最后，刘铭传将全省划分三府，及一直隶州。中路曰台湾府，省会首府；南路改旧台湾府曰台南府；北路即原设台北府；升卑南厅为台东直隶州；各府共下设十一县三厅。台湾府辖四县一厅，即台湾、云林、苗栗（三县为新设）、彰化四县及埔里社一厅；台北府辖淡水、新竹、宜兰三县及基隆一厅；台南府辖安平县（改自原台湾县）和嘉义、凤山、恒春四县及澎湖一厅；后山，将原属台北府的卑南厅升为台东直隶州，辖卑南、花莲港二厅，州治设于水尾（今花莲县瑞穗乡）。光绪二十年（1894 年），台湾巡抚邵友濂于淡水海山堡沿山一带添设一厅，名曰南雅厅，隶台北府，但因中日战起，未能实现。至此，台湾省行政区划形成三府一直隶州十一县三厅之格局。

刘铭传在台湾进行府县建置，主要遵循“分治之道，贯持其平”的原则，力求使山前山后平衡分配。经过这一行政调整，台湾后山地区的开发也日益受到重视，卑南厅改为东直隶州，也为后来山地地区的发展奠定了基础。今天台湾的行政设置，也在很大程度上以此次调整为基础，足见此次行政设置影响之深远。

第二节　官　制

元朝统治时期，就开始设立澎湖巡检司，置澎湖巡检。澎湖巡检的职位很低，位居九品，其职能主要是巡逻、捕获。巡检以下还有巡逻弓手，专门负责查缉罪犯，在澎湖可能还兼办盐务，《元史·文苑传》中有这样记载：“陈信惠，晋江人，曾任澎湖巡检”，可见，元朝时期确实有澎湖巡检一职，这成为台湾历史上最早的官职记载。

明初，明政府实行全面收缩的禁海政策，无意海外发展，并在洪武二十年（1387年）废除澎湖巡检司，采取极端的“墟地迁民，尽弃海岛”的做法。然而，这种倒行逆施的做法，反而使澎湖沦为海盗、倭寇入侵东南沿海的巢穴。难怪连横感叹：“失澎湖为滨海之藩篱，而东西往来之冲也。墟地之举，诚为失策。”嘉靖四十二年（1563年），俞大猷带病讨伐盘踞澎湖的海盗巨魁林道乾，重置巡检。不过，林道乾被官兵击败遁走台湾后，留守澎湖的巡检，后来也因“海天遥阻，裁弃”。万历二十年（1592年），日本侵略朝鲜，故而“有侵基隆淡水之耗”。明政府由此认为，澎湖地理位置极其重要，决不能放弃，于是设官兵据险戍守澎湖。万历二十五年（1597年），清政府又设澎湖游击，“初创一游、一总、四哨”，共有官兵八百多。澎湖“游击”一职属南路参将，驻厦门，遥领澎湖。

郑成功初到台湾时，中央设有吏、户、礼、兵、刑、工六官，其地位等同于明朝的侍郎，六官之下设有司务和协理各一员，负责佐理六官处理事务。永历十五年（1661年）郑成功设置台湾职官，派杨朝栋为承天府府尹，庄文烈为天兴县知县，祝敬为万年县知县，又以周全斌总督承天府南北诸路。郑经嗣位后，除六官外，又置谘议参军、察言司、承宣司、审理司、中书科等职员。在地方官制上，升天兴、万年两县为州，各置知州，并在澎湖及南北二路安抚司，各设安抚使。此外还推行保甲里长制度，于东安、西定、宁南、镇北四坊各置签首，以理民事；每里置总理；社置乡长；十牌为甲，置甲长；十户为牌，置牌长；十甲为保，置保长，主要管理户籍之事，凡人民的迁徙、职业、婚嫁、生死，必须报告总理，然后由总理定期汇报给官府。

明郑时期，台湾武职官员在人数上要比文职官员多。以康熙二十二年（1683年）为例，据施琅在《靖海纪事》中记载，当年在澎湖战役中战死和降清的千总以上的武职官员就有六百人。之后，又有一千六百名武职官员和郑克塽一道降清，而文职官员仅有四百余人。

清代台湾官制，可分为文官系统和武官系统两个组成部分。文官系统包括道员、知府、知县等。台湾道主要办理地方政务，是当地最高官员，加兵备衔就有保境安民的职责，加按察使衔又掌管司法。知府主要掌管辖区内的司法、财政以及兴利除害等要务，知府之下又设有同知、通判、经历等，以协助知府处理事务；知县掌管一县的治理，涉及司法、行政、财政、防务等，知县之下设有县丞、主簿、典史等，协助知县处理事务。武官系统由总兵、副将、参将、游击、都司、守备、千总、把总等组成。台湾镇总兵兼管水陆，驻府城，并与台湾道分管军、民两政，是台湾最高的武官，具有独立处理事物的能力，但台湾镇总兵归福建水师提督管辖。康熙帝非常重视台湾总兵的人选："台湾总兵官殊属紧要，应调补之人，着问九卿及福建省官员，亦遣人往问大学士李光地，并晓谕福建总督等，将该省武官内好者，即行荐举。"据康熙三十三年（1694 年）修纂的《台湾府志》记载说，初期领兵官有镇守台湾总兵官一人，台湾水师副将一人，澎湖水师副将一人，参将两人，游击八人，守备十人，千总二十人，把总三十人，领兵分驻台湾各要地。武官在台指挥是临时派遣的，而且每三年就调回内地福建。

清朝统一后，台湾隶属福建省，由闽浙总督及福建巡抚管辖。台湾孤悬海外，闽浙总督与福建巡抚极少亲自过海巡察，因此，清政府于康熙二十三年（1684 年）在台湾设立了台厦兵备道，管辖台湾和厦门两个行政区。兵备道为台湾府最高长官，包括文治、武备两政。台厦道设道台一人，正四品，按司狱一人，正八品，因为台湾地处外洋，离福建较远，所以除了执行一般的道台职务外，有时还兼管按察使、布政使和学政史的职权，包括管理台湾的司法、教育、财政、军事等政务。康熙六十年（1721 年）因台厦兵备道梁文煊未战先遁，于是清政府将其兵权移归台湾总兵，台厦兵备道改为台厦道。雍正六年（1728 年），经闽浙总督刘世明奏准，加福建兴泉道巡海道衔，移驻厦门，改台厦道为台湾道，隶属福建布政使，统辖全台行政官衙。同时，将学政移归巡台御史兼管。乾隆十七年（1752 年），因巡台御史兼理学政不便，于是学政再次归台湾道兼管。乾隆五十三年（1788 年），台湾道加按察使衔和兵备衔，台湾道的职权更为加重。

在设立台湾道的同时，清政府每年自京派出巡台御史，直接加强中央与台湾的关系。康熙六十年（1721 年），岛内发生朱一贵起义事件，不到一个月时间全台俱陷，这引起了朝廷的重视。为改善吏治，加强大陆与台湾的信息沟通，康熙帝决定设置巡台御史，在台湾专官治理。巡台御史，满、汉官各一员，一年期满更替。御史位高权重，其地位在道台之上，职司监督文武各官，并有不经由总督而行直奏之权，因而当地官员"皆知畏惧"。在分工上，以军事归满人，政事归汉人。雍正登基之后，鉴于当时渡海不易，岛内情况不同于内地，皇帝下令让巡台御史由每任一年改为再留任一至二年。另外满、汉御史调补日期，也不在同时举行，以先后交叉并行，使大家的经验得以传承，以利监督工作。在乾隆十七年（1752 年）又改为三年巡视一次，汉御史所掌管的提督学政，也归由分巡台湾道监理。后来因效果不彰，在三十年（1765 年）又改为随时派驻。一直到乾隆四十六年（1781 年），终因巡台敷衍了事，所奏信息不实，了解不如地方官，再加上巡台御史到台后兴师动众，耗费过大，乾隆帝决定予以撤销，第二年开始停派。

巡台御史共存在了六十年时间，总计有四十七人担任此职，由于清政府对巡台制度非常重视，故有清一代之巡台御史中，不乏有所作为之优秀御史，御史在对地方官的渎职和不法行为进行参奏，针对时政而提出自己的意见方面，还是发挥了不少作用。此外如彰化设县，在一些地方设立巡检，以及准许人民搬眷入台等，都是由于巡台御史的奏请而被批准的。首任巡台之满御史吴达礼，即于雍正元年（1723 年）奏请于诸罗县北半线（今彰化市）地方分设知县一员，于是，清政府在诸罗分设彰化县，从而对台湾中部之开发有所裨益；从巡台御史禅济布、丁士一、索琳、尹秦、赫硕色、夏之芳等人所上的奏折中，皆显示出彼等对台地田粮、收成、米价、田赋、自然灾害、政风、教育、军纪、地方治安、先住民等问题都有相当深刻的了解，并迅速将实情直接向雍正帝报告，且有很多具体的建议，也多获得清政府的采纳；在科举方面，清政府依据巡察台湾兼理学政御史夏之芳所奏，将台湾贡监、生员仍照旧例另编台字号，于福建省中额内取中一名。另外如巡台御史诺穆布、熊学鹏、李宜青等，皆对保障台士科考方面，提出具体意见，并获清廷采纳。

乾隆五十一年（1786 年），台湾林爽文起义，这对清政府是一个沉重的打击，此次事件也暴露出台湾官员中存在的严重问题，台湾镇总兵柴大纪因受贿徇私被处以正法，台湾道永福也因接受贿金而被处绞监候。事后，清政府加强了对台湾官吏的管理。罢免巡台御史后，乾隆五十二年（1787 年），命闽浙总督、福建巡抚、水陆路二提督，每年轮值一人前往台湾巡视，“实力稽查整顿，以期永靖海疆”，但因巡查时间毕竟有限，并不能真正发挥实效，所以这个规定也没有切实执行。

除中央直接管理台湾外，清政府还在台湾设置一府三县，由福建巡抚直接管理。康熙二十三年（1684 年），台湾初设知府一员、同知一员、经历一员。台湾府知府统辖台湾、诸罗及凤山三县，总汇各县刑名钱谷，支放兵饷，经理盐政。分省后，盐政归巡抚司掌，后又撤支放兵饷兼务。知府之下又设同知。台湾海防同知专门稽查鹿耳门海口，监督台、凤、诸等三县捕务，驻府治。直到乾隆五十年（1785 年），改称为南路海防同知，兼理南路理番同知；乾隆三十二年（1767 年），台湾分割为南北二路，于是设北路理番同知，驻彰化县治，办理淡水、彰化及诸罗等一厅二县的民番交涉事务；而南路理番同知，则由台湾海防同知兼理。乾隆五十三年（1788 年）又添设北路海防同知，由北路理番同知兼任。光绪元年（1875 年），将北路理番同知加抚民衔，改为中路抚民理番同知，仍驻鹿港。除理番同知职责外，还兼管刑名钱谷。十年后又将其改设为抚民通判，管理命盗杂案及钱谷；经历初设时，兼理司狱事务，之后随着行政区划的变动，从光绪元年（1875 年）到光绪十三年（1887 年），台北府、台南府、台湾府经历相继设置。入台官员还享有他省地方官员没有的一些待遇，如："雍正七年，议准台湾道、府、同知、通判、知县到任二年，会该督抚于闽省内地拣选贤能之员，乘北风之时，令其到台，与旧员协办。半年之后，令旧员乘夏月南风之便，回至内地补用。政绩优著者准加级，称职者准加一级，以示鼓励。"

对于县及县以下的基层行政建设，清政府也很重视。台湾县主要官员为知县一员，县丞一员，典史一员，新港巡检司巡检一员，澎湖巡检司巡检一员；凤山县主要官员为知县一员，典史一员，下淡水巡检一员；诸罗县主要官员为知县一员，佳里兴巡检司巡检一员。县以下的官制建设，基本上沿用明郑时期的乡里保甲制。

台湾巡抚是随着台湾建省而设置的。同治十三年（1874 年）牡丹社事件之后，沈葆桢到台湾筹办军务时上奏请求移福建巡抚驻扎台湾，未得清廷允准。不久之后，在光绪二年（1876 年）十二月间，又有刑部左侍郎袁保恒奏请曰："查直隶、四川、甘肃各省，皆以总督兼办巡抚，可否改福建巡抚为台湾巡抚，长期驻守，经理全台。"清廷对他的奏章也没有做出具体回应。光绪十一年（1885），中法战争爆发，事定之后，钦差大臣左宗棠上疏力赞袁保恒前议，奏请台湾设省，清廷乃于同年九月下旨曰："台湾要枢，宜有大员驻扎，台湾为南洋门户，关系紧要，自应因时变通，以资控制，"将福建巡抚改为台湾巡抚，福建巡抚由闽浙总督监管，刘铭传成为台湾首任巡抚。第二年（1886 年）夏，刘铭传才到台湾就任，当时因为台湾经济情况不佳，先住民又多未归化，需要福建资助的地方仍多，所以经多次与闽浙总督杨昌浚协商，援照甘肃、新疆例，定义台湾巡抚应为"福建台湾巡抚"。台湾巡抚主管全台事物，兼台湾学政。

建省后，台湾职官与职权也略有变更，如刘铭传建议增设布政使一员于台北，总理财政；由原台湾道行使按察史职权，主刑名；提督学政由巡抚兼理；重新部署行政区划，府、县、厅、州数目增加，职官也随之增加，各地同知、通判等官员也因新制有所增裁。台东直隶州设知州一人（州与府相同，为地方二级机构，直属于省），其下有州同一员，驻卑南；州判一员，驻花莲港。以上都得到清政府的批准。

清政府在台湾设置文武官员，目的是使文武双方互相监督，互相牵制。台湾道加兵备衔就可以监督军政，但总兵因为掌有兵权，所以往往又轻视文官，以致双方不和。而且，清政府在台湾设置行政官员，据《雍正朱批谕旨》记载，在雍正年间，整个台湾一共只有大小文官三十六人。彰化县地方广袤，但只有文官三人，即知县、同知、典史各一人，“只靠同知一员巡查七八百里崎岖之地，实难遍及”。文职官员都如此极为不足，武职人员自然更是严重缺乏了。然而，即便如此，在台官员绝大部分仍然能恪守己任，致力于治理台湾。尤其是清政府领台前期，禁止官员搬眷入台，一些驻台官员年逾四十而无子，这对他们来说，无论在精神上还是生活上，都承担着极大的痛苦。他们为台湾的开发做出了巨大的牺牲。

第三节 理 番

台湾在汉人未移垦之前，就已经有先住民，统称为“番”，清政府领有台湾后，对先住民仍沿袭先前“番”的称呼。“番”有“生番”和“熟番”之分，身居内山而未得教化的先住民称之为“生番”，杂居平地且遵法服役者称之为“熟番”。他们世代居住在台湾大地，同样是我国大家庭中重要的一员，对开发台湾作出了巨大贡献。

早在明郑时期，郑氏政权即对理番非常重视。郑成功收复台湾后，奉行与番族“和睦”的政策，当时赤嵌附近各社的土番都来迎附，郑成功命令待以厚宴，并赐予正副土官以袍帽靴带，以让他们管理土番。郑成功的亲善态度使番民深受感动。于是，南北路番社闻风后，也多接踵而来。郑成功移驻昆身山后，又亲临蚊港（魍港）察看地势，观察四社番民的向背如何。当地社民纷纷热情地携壶浆相迎，迎者塞道。郑成功将四社土番全部予以慰劳，土著居民欢欣喜悦、载歌载舞，表达谢意。

在团结番民的同时，郑成功还尽力维护他们的根本利益。郑成功颁布禁令，禁止文武、各镇大小将领官兵混圈土民现耕田地，对于先住民的利益再三强调要加以保护。除此以外，郑成功还注重对番族的教化，对已归顺的番社“较之以法，导之以勤，劝励农桑，用心抚绥”，以改进他们的生活。并制定奖惩制度，明令“多垦力耕者有赏，怠玩小作者有惩”，可谓恩威并施。郑经嗣位后，沿袭其父的理番政策。鉴于番民耕种不得法，致使大片肥沃埔地荒芜，郑经采用陈永华的建议，广募漳泉老农为师分发各社指导，配给番民以耕牛农具；招集土著民教授他们引导溪流、灌溉田园的技术。铁器农具和汉族先进的农耕方法，在一部分番族地区逐渐推广，对推动番族社会的经济发展，起了积极作用。郑经还实行了一些保护番民的特殊照顾措施，如番童入学，可以蠲免其父母的徭役。但由于郑经时期连年征战，一部分负担不可避免地转嫁到了番民身上，因此出现了一些番民的反抗事件。对于反抗的土著居民，郑经予以膺惩，如康熙九年（1670 年）八月“斗尾龙岸番反”，郑经亲自率兵讨平，命右武卫刘国轩驻半线（今彰化市）。十月，又平定“沙辘番乱”。

郑氏政权时期，尽管出现了一些矛盾和冲突，但由于对番民的重视和保护，番民的农业生产确实有了很大的进步。据《裨海纪游》记载，到了郑氏后期，“四社番亦知勤稼穑，务蓄积，比户殷富”，郑氏政权的教化使番族的农业生产有了很大的改善。清朝领有台湾后，为适应汉民移垦的需要，继续大力推行理番政策。首任台湾知府蒋毓英莅位之初，即曾躬身郊原，巡视诸罗、凤山、台湾三县封域，招抚流亡及归化生番，这是清政府理番的肇始。

领台伊始，为了治理土番，清政府从政治、经济、教化等方面入手，采取了一系列的措施。在政治上，清政府仍承认明郑时期在番社设置的土官，大的番社有几名土官、副土官，小的番社则只有一名土官。土官由先住民耆老公举，再经官府认可产生，并由政府发给戳记，以便统率番族。清政府还仿照前朝的建制，在番社设置通事，其任务主要是汉人与土番之间的言语沟通，同时也兼管办理纳饷、安排差役、引导土番的教化等事务。清政府以通事与社商办理“番政”，而通事与社商往往多为无赖不肖之徒，因此在实行过程中也产生了种种弊端。为此，清政府制定保护土番的政策，如在民番交界处划定土牛线为界，严禁汉人越界侵入番族地区开垦土地，严禁无赖混入山地，并对欺压土著民的社商、通事等给予严惩。在经济上，清政府仍沿袭明制，教授番族耕田、灌溉、种植等农业技术，提高了他们生产劳动的效率。在与汉人的接触中，番族还学会了与汉人进行以物易物的简单交易，他们以鹿皮、鹿肉等换取汉人的珠、布、盐等。在教化上，清政府命令台地官员广设社学，以促番汉化和提高他们的文化水平。康熙三十四年（1695年），靳治扬入台之初，即“招抚土番”，对“番童有未知礼仪者，立社学延师教之”，大开教化。

由于清政府积极推行抚番政策，生番自愿归化者众多，清政府的抚番工作取得了很大进步。据康熙五十四年（1715年）闽浙总督觉罗满保和福建巡抚陈瑸在《题报生番归化疏》中载：“（台湾）入版图以来，所有凤山县之熟番历历社等十二社，诸罗县之熟番萧垅社等三十四社，数十年来仰邀圣泽，俱各民安物阜，俗易风移。其余南北二路生番，自古僻处山谷，声教未通，近见内附熟番赋薄徭轻，饱食暖衣，圣世优游耕凿自安，各社生番亦欢欣鼓舞，愿附编民。今据台湾镇道详报，南路生番山猪毛等十社土官匝日等共四十六户，男女老幼计共三千三百六十八口，俱各倾心向化，愿与熟番相同，一体内附”。清政府得到这一题报后，立即发布谕令，对愿归化的生番“著地方官加意抚恤，倘有侵派扰害者，该督抚即行指名题参，从重治罪。”谕令的颁布，标志着清政府完全开启了对生番的体认。

清政府这种积极的理番政策并未能继续贯彻下去。康熙六十年（1721年）朱一贵起义爆发于番族，参加起义的土番肆意杀害良民，这极大地改变了清政府的理番政策。同年十月，闽浙总督觉罗满保即奏请实行划界迁民政策，把台湾、凤山、诸罗三县山中土番，尽行驱逐，置于一地，筑土墙挖壕沟以为界，番民归番、汉民归汉，不许二者越界，“越界者以盗贼论”。觉罗满保这种极端的建议遭到在台官员的极力反对，其中以蓝鼎元为最。蓝鼎元一一指出“划界迁民”的弊端，并主张应该积极处理朱一贵起义的善后事宜，开放土番，以同化政策招徕未汉化之生番，最终实现汉番一体化。然而令人遗憾的是，他的主张未能改变清政府“划界迁民”的意向。次年，划界政策就在福建巡抚杨景素的执行下正式出笼。

清政府虽制定“划界迁民”政策，严禁汉人私入番地垦殖，但因时代的推移，其界时有变动，而且清廷在台文武官员对划界迁民政策，事实上也并没有严加执行，“使禁者自禁，侵垦者照旧侵垦”。有的垦主不论生番、熟番，越界侵占，并勾引伙党，入山搭寮。番人对他们仇恨之极，遂肆意杀害，造成所谓的“番害”。康末雍初，随着汉人移民与熟番的垦殖不断深入，生番与汉人及熟番的矛盾愈益激烈，生番杀害汉人的事件层出不穷，雍正年间最为频繁。仅雍正四年（1726年）八月至十一月就发生了八次生番袭击汉人事件，杀害汉人及熟番六十余人。频繁的“番害”事件引起了清政府的高度重视。雍正七年（1729 年），清政府即颁布《钦定六部处分条例》，其中明文规定严禁台湾民人偷越番境，并制定了对相关官员的处罚措施，“如民人越界垦地、搭寮，抽藤、吊鹿及私挟货物擅出界外者，失察之该管官降一级调用，该官上司罚俸一年。若有贿纵情弊，将该管官革职，计赃治罪。”乾隆以后，清政府又陆续颁布了一系列禁止汉民入番地、购买番田的谕令。封山禁垦令的颁行，虽然不利于台湾的进一步开发，但这一政策体现了清政府对土番的保护，和试图改善他们生产、生活状况的良好愿望。

道光二十年（1840 年）鸦片战争后，西方资本主义列强相继打开了中国的大门，侵略者的魔爪不仅伸向祖国大陆，也伸向美丽、富饶的宝岛台湾。同治六年（1867 年）“罗妹号事件”，充分暴露了美国妄图侵占台湾的阴谋。同治十年（1871 年）又爆发了日本侵台的“牡丹社事件”。西方列强对台湾一再入侵，尤其是“牡丹社事件”，终于使清政府深刻认识到，如果继续让番地处于分离状态，将生番视为化外之民，而不加管教，势必会威胁到台湾的安全。因此，必须将生番之地纳入政府管辖之内，避免番地沦入敌手。光绪元年（1875 年），清政府下旨废除了理番旧令，清政府的理番政策再次出现转变。

同治十三年（1874 年），沈葆桢在奏折中明确提出治台的要务首在“开山抚番”，正式提出了“开山抚番”的政策。他认为，开山、抚番是相辅相成的两件事，“开山若不先抚番，必无从下手，抚番而不先开山，则为空谈”。沈葆桢所谓的“抚番”，共包括选土目、查番户、通语言、禁仇杀、教耕稼、修道路、给茶盐、易冠服、设番学、变风俗等十一项措施，内容全面，其直接目的是促使番民汉化。沈葆桢在开山深入山地时，道路所经之处，随时随地招抚当地的“番社”，使之承诺愿意接受汉化，不再杀害汉人；对于其中有不服招抚或以武力抵抗者，则以兵力进行讨伐，直至其停止抵抗。此外，沈葆桢还认为，“抚番”工作要取得进展，必须解除限制大陆移民偷渡禁令，允许汉人进入山地，以及解除禁止“汉番通婚”等旧例，否则，“开山”将成空言。清政府对此全部予以准允。沈葆桢“抚番”措施取得了进展，据奏报称，截至光绪元年（1875 年）四月，就抚的番社共达三十九社，“计归化番丁、番口，凡七千三百九十二人”。

沈葆桢还加强对已归附生番的组织、抚绥和教化工作。生番一经归附，即将生番分别采取社分，查明丁口，造册通报。这一措施适应于番社内部组织情况，从而有利于清政府政令的贯彻和推行。清政府还重视对生番的抚绥教化措施，如归附后由官府“酌给粗布上、下衣”，并在归附的番社附近的市镇，广设义学，“令各社均送番童三数人学语言文字，以达其情”。如果他们学有进步，还给予一定奖励。此外，还教给番民耕织、修水利等技术。这些措施，无疑带有同化生番的性质，然而却在客观上有利于革除生番的一些陋习，消除汉民与生番之间的民族差别和隔阂。

丁日昌入台后，对“番务”极为重视，继续推行“开山抚番”。丁日昌处理“番务”大致可以分为教育、抚绥及征剿三项。在教育方面，鼓励番民汉化，特在台湾府应试中录取番民陈宝华，首开土番获取功名、登仕途之路。随后又奏请额外酌定名额，以资鼓励。在抚绥方面，主要是避免番民流离失所，并培养他们自力更生的能力。其具体措施是设立番汉疆界，严禁汉人越界。制定抚番善后章程二十一条，规定非常详备，以确保番民的利益。在征剿方面，对于那些滋生事端，不接受招抚的生番进行讨伐，例如南路的率芒、狮头等社，最为凶悍，拒受招抚，丁日昌乃派遣道员方动率兵三营，深入番地征剿，并攻克其据点。

刘铭传的“抚番”措施是“恩威并用”，“剿抚兼施”，以“抚”为主。抚之无效，再用武力，而剿番只是手段，威剿之后仍用恩抚，以德服人。在抚番方面，刘铭传专门设招抚局，总理番务，并设招抚分局，“以杜番斗”。在招徕番民方面，刘铭传对“熟番”与“生番”分别采取不同的策略。对于前者，给予一般居民同等的待遇，仿照街庄总理制度，改土目为头目，管理社务；改通事为董事，负责收取番租；并允许自由售卖土地。对于后者，刘铭传以利诱导，凡生番出山到抚垦局，则慰以酒食；番童入塾学习，每人每月还发给三元服装、伙食、纸笔费，各社头目发给口粮银；生番参加筑路开圳等工作，给以饭食和工资，并随时教以衣、食、语言、礼俗、耕稼等。对于“反复开导，不肯就抚”的顽固番，刘铭传曾亲赴番地督剿。光绪十二年（1886 年），中路苏鲁社叛变，刘铭传集师会剿，历时两个月始定。光绪十四年（1888 年），后山北路卑南吕家望社叛变，一时震动。刘铭传又请调北洋水师丁汝昌以军舰助阵，同样历时两个月，始加以肃清。之后刘铭传又多次粉碎番社叛乱。

此外，刘铭传还非常重视番人汉化教育，特在台北城内，设置模范学堂，从事番童教育，并专门制定了“五教五禁”，即：教正明、教恒业、教礼制、教法制、教善行；禁坐飨、禁仇杀、禁争产、禁佩带、禁迁避。除台北番学堂外，刘铭传还在全台各县广设义学，如恒春县义塾、凤山番社义学、卑南学堂等。因教学方法不当，或被洪水冲毁，这些学堂并没有起到多大效用，但刘铭传所推行的“抚番”政策总体上仍然取得了很大成效，生番归化者众多。据统计，后山北路田水尾至花莲港，有八十九社，一万五千人就抚；后山南路埤南、恒春、凤山有一百二十九个社，番丁三万五千余人剃发归化；前山各路生番两百六十余社、番丁三万八千余人，也各次第归化。

总的来看，清政府实行“开山抚番”政策，使生番得以迅速汉化，缓和了番人与汉族居民的矛盾，不仅促进了台湾的开发，而且有利于民族间的团结和融合。“开山抚番”后，清政府准许汉民前往开垦番地，从而使汉族的先进农耕技术在台湾得到进一步推广，改变了生番地区经济上的落后状态。同时，“开山抚番”政策的实行改变了许多番社长期孤立闭塞的局面，有利于民族团结，各族人民可以在生产斗争中密切往来。汉文化的影响，也使汉番人民之间在地理、风俗、语言、文化等方面的差异不断缩小，逐渐走向民族融合，出现了生番熟番化、熟番汉民化、汉番一致化的趋势。

第四节　海　防

台湾位于我国东南海滨，面临太平洋，和菲律宾、日本为邻，与祖国大陆一衣带水，历来被视为“东南数省之藩篱”，在中国海防上的地位极为重要。连横曰：“台湾为海上绝岛，群雄必争之地也，非兵莫守，非兵莫存。故可百年而不用，不可一日而不备”，因而加强台湾海防势在必行。但从明代中期到清初，当局推行的都是消极的“禁海”政策。康熙二十二年（1683 年）清统一台湾前后，台湾的弃留问题引起朝野的高度关注。当时，台湾处于西方殖民势力的威胁之下，朝廷许多有识之士清醒地认识到：只有重视和加强台湾的海防建设，才能防止国外势力的入侵，均对台湾海防的重要性提出正确的见解。闽浙总督姚启圣力陈守卫台湾，“今幸克取台湾矣，若弃而不守，势必仍做贼巢，此天之所以为皇上广舆图而大一统也，似未可轻言弃置也。”同年十二月，施琅也请求清廷留守台湾，他分析了台湾的战略地位，认为“台湾一地，虽属外岛，实关四省之要害”，“断断乎其不可弃”。由于施琅据理力陈，富有远见卓识，“留台”之议很快得到大学士李蔚的支持，接着侍郎苏拜和都察院左御史赵麟也上疏赞同施琅的意见，都认为守住台湾才能杜绝海滨之祸患。至此，康熙帝开始意识到台湾“弃而不守，尤为不可”，决定留守台湾。

康熙帝决意留守台湾后，实行闽、台联防的军事体制。初设总兵一员镇守台湾、水师副将两员以及辖兵十营，总共一万人，受驻扎厦门的福州将军和福建水师提督节制。清领台之初，台湾总兵、副将、千总和把总，每三年更换一次；参将、游击、都司和守备，每两年更换一次。

清政府在台湾大量添置水师战船，派重兵驻守台湾海口各要地。如抽调五百名兵力、六只战船镇守台郡之后门淡水；鸡笼（基隆）为台腹背要害，清政府在此添设水师一营，“以守备领官兵五百、战船七只防守其地，与淡水营为掎角之势”。至于淡水以南的后垄港，也是重要的入台通道，清政府增设千总、把总轮流镇守其地。此外，还在八里坌以下，加冬笨港、斗六门、半线等沿海口岸以及罗汉门、下淡水新园、郎峤等处增设兵力驻守，蓝鼎元在《鹿州全集》中说，“全台共计增兵三千六百名，必请旨额外添设”。针对台湾特殊的海防战略地位，强调要加强水师训练与海上巡哨，以“有济于意外者也”。

清政府还在台湾修筑炮台、建立船厂。清政府认为台湾有九处最重要口岸，其中如鹿耳门为全台咽喉出入要口，安平镇为台湾水师驻扎之地，共修炮台十一座。其他较次要的口岸有十五处，共有炮台十八座。澎湖为台湾的门户，有冲要口岸九处，共修炮台十座。至于建立船厂，据史料记载，福建各船厂承修的船只，福州厂承修额设战船四十六只；泉州厂承修额设战船四十八只；漳州厂承修额设战船五十二只；台湾厂承修额设战船九十六只……清代福建的四个船厂中，仅台湾厂承修的战船额就占福建全省总数的四成，可见，清政府充分认识到了台湾海防的重要性。

台湾海防的真正筹划始于同治十三年（1874 年）沈葆桢巡视台湾。清领台初期，虽然重视加强台湾海防建设，但台湾海防依然空虚。清末，时局日限，西方列强纷至沓来，东南局势捉襟见肘，闽台海防再次引起各方关注。嘉庆年间，康乾盛世已过，绿营战力渐低，开始代以勇营，也使得台湾的防御由防内而防外，海防的重要性更不待言。只是由于船政隳坏，水师人才渐少，又没有欧洲列强的船坚炮利，因此牡丹社一战，台湾的海防受到了极大的冲击，更暴露了海防的漏洞。牡丹社事件后，清朝政府更深刻地认识到台湾地位的重要，命沈葆桢督办南洋海防事宜。沈葆桢也深深体会到台湾海防孔亟，认为台湾“设防之事，万不容缓”，一抵达台湾即积极布置南北防务。

整顿营伍、充实台湾兵力，是沈葆桢办理台湾防务的一个重要方面。清治台时设班兵制，但这种制度已经产生很大的弊端，“班兵懒窳成性，募勇训练无素”。沈葆桢发现“台地班兵不可用”，遂奏请仿照淮、楚军营制裁撤台、澎的疲弱班兵，招募内地精壮兵源补充，以五百人为一营。光绪二年（1876 年）清廷发布上谕：“所奏各节，系为因时制宜起见，自应准如所请”。在接近日军营的南路，沈葆桢派台湾镇总兵张其光负责，该镇原设有部勇一营，分三哨驻扎彰化，两哨驻扎凤山；由内地调遣八营以阻止嚣张的日军。另派游击王开俊一营驻守台南的东港，总兵戴德祥一营驻凤山。台北一带在原有部勇一营的基础上，再添设一营，以杜防不测。同时，沈葆桢认识到日军有在台久踞之意，遂从大陆另调洋枪队五千人增援台湾，并作为各营的表率，其中三千人由北洋大臣借拨，两千人由南洋大臣借调。他还强调“民心可用”，令镇道“添招劲勇，着力训练，多筹子药煤炭，以备不虞”，以增强防务。后又招土著、乡勇五百人，驻守凤山，并命名为“安抚军”。

讲求武备，是沈葆桢筹划台湾海防的重要内容之一。为了加强海上防卫力量，沈葆桢以“军备不容或缓”，多次奏请购买铁甲船。他认为“陆待淮军，水待铁甲船，方为万全之策”，且“百号之艇路，不及一号之大兵轮船”。根据清政府谕令，沈葆桢乃调派福州船厂所建造的扬武、飞云、靖远、镇威、安澜、伏波等六艘兵轮常驻澎湖，跟随凌风轮（由日意格向赫德借的海关轮）演习和操阵式。另派炮舰“福星一号”驻防台北，运输舰“万年青”驻守厦门，运输轮“济安轮”驻守浮川，以巩固各海口门户，积极备战，与侵台日军武力对峙。

沈葆桢还决定仿照西洋新法，在各海口要隘修筑炮台。其中，最重要的是“安平”炮台的修建。同治十三年（1874 年）五月沈葆桢奏称：“郡城去海仅十里，为洋船炮力所及，海口安平，沙水交错，其中一小阜突出，俗称红毛台者，为荷兰据台时所筑，摆于是处，仿西洋新法，筑三合土大炮一座，安放西洋巨炮，使海口不得停泊兵船，而使郡城可守。”沈葆桢遂派候补府凌定国与法人柏而都勘定三鲲身基地，并详细绘图设计洋式炮台，于同年十月动工，光绪二年（1876 年）九月竣工，时称“安平大炮台”，这是中国最早用混凝土所建的新式炮台。为了防震及防雨，炮台的建造均经过特别的设计，墙都极厚，外围以方砖，内实以三合土、竹、木等，不使之有坍塌事故的发生。并且为防止炮台损毁，特从十里外运来所需之土，砖则全由泉州、厦门购运而来。在炮台城上，沈葆桢还亲自题写“亿载金城”四字，门外建木桥一座，以便利交通。此外，鉴于澎湖的重要战略地位，沈葆桢特令副将吴奇勋在澎湖添募新勇一营，先用巨筐装沙土、小石堆垛，再做藩篱，并命张其光派人到上海购买大铁炮十尊。又令罗大春在南澳山脊及南风澳构筑炮台。沈葆桢还在台南旗后海口凿山垒土，建造了六座炮台，旗后炮台由驻扎在凤山的淮军十一营监造。同时又购炮十尊，驻兵八百名于东港炮台，以加强南部的防卫。同时，沈葆桢还在台郡兴建造军装局和火药局，将备防时所购买的洋炮以及军火器械等“慎为存储”。

经过沈葆桢的整顿，台湾兵力逐渐壮大，武备、营制也日趋健全。台湾军备也有了很大改进，并已逐步迈向军事近代化的道路。沈葆桢的海防措施，奠定了台湾近代海防的基础。

光绪二年（1876 年）十二月，丁日昌离闽渡台后继承了沈葆桢的海防政策。丁日昌对台湾海防的重要性素有认识，早在任江苏巡抚向曾国藩建议《海洋水师章程》时，即拟以台湾为建置南洋海防中心。同治十三年（1874 年），丁日昌又倡议在台湾驻泊铁甲船，把其作为东南海防的枢纽。丁日昌对台湾海防的加强，其最具有成效者当属整顿军纪。他在初任福建巡抚时，即会同闽浙总督商量裁撤台湾不得力营兵，力行整顿军纪。他先后把台湾北路管带福靖右营参将黄得桂、管带镇海左营总兵朱名登、署台湾北路协副将郝富有、嘉义营参将洪金升、补用道凌定国等，均视情节严重，分别予以革职或降调。其原因主要是他们有的缺乏勇丁，指挥不力；有的纵容部属贪赃枉法，扰害良民；有的军务废弛、军纪涣散；有的徇私舞弊、中饱私囊等。经过丁日昌大刀阔斧的整顿，台地营伍中的积弊颓风一时有了很大的改观。丁日昌还密陈《请速筹台事全局》专折，系统地阐述了他对加强台湾海防的意见。他指出，必须添置铁甲船，练水雷数军，修筑炮台数座，练枪炮队各数十营，购机器，开铁路，建电线等。丁日昌的海防措施，均得到了沈葆桢的鼎力支持。但由于当时清政府财政短绌，经费不足，没有获得具体实施。因此，台湾海防虽经十年的整顿，仍距需求尚远。

台湾海防初具规模，是在刘铭传任台湾巡抚期间。光绪十年（1884 年），中法战争爆发，边疆危机再起。中法战争中，台湾自北迄南为法军所封锁，澎湖为法军所攻陷。同年六月，清政府命刘铭传以巡抚衔督办台湾事务。刘铭传受命后仓促赴台，虽集中兵力，将法军击败于淡水，但基隆却被法军占领，一直到中法战争结束。在此刺激下，刘铭传深感海防空虚，战争一结束，刘铭传即着手大力整顿台湾海防。中法战争结束，清廷丧失了南洋舰队与马尾造船厂，使清廷东南及台湾的海防吃紧，战争更暴露了清政府在海防上的漏洞。战后，清政府内部进行了一次加强海防的讨论，加强台湾防务成为这次讨论的重要内容之一，因而，对刘铭传整顿台湾海防，清政府予以支持。

刘铭传的海防措施，具体来说主要是在澎湖、旗后、安平、沪尾、基隆等主要的海口，筑造城垣、修筑炮台、添设兵轮等，约有以下几个方面：

1. 添购兵轮。在法军尚未侵台前，已经有“永保”、“琛航”两艘轮船专门航行于台、闽之间。自光绪七年（1881 年）即航行于安平、厦门、基隆之间。两艘船虽为战舰，但在当时已改装作为运输轮载运客货。其后，又增加“万年青”、“伏波”两轮。在中法战争中，除了“琛航”调离台湾外，其他三艘轮船均被法军击毁。刘铭传于是添购兵轮于台澎：购轮船“威力”、兵轮“海镜”专供澎湖差遣；光绪十三年（1887 年），又由英国承造飞捷水线船一艘，到台专供装接水线及水运之用；“驾时”、“斯美”两快船作商轮；后又雇洋匠自造“驳船一号”，往返于澎湖、厦门等处，驳运炮械，安置水雷；又见海口河道多被淤泥阻塞，“非挖泥船不能疏洗”，于是又定制“挖泥机器船一号”。共计购兵轮四艘、小轮船六艘。

2. 修筑炮台、添置枪炮。刘铭传意欲在澎湖、基隆、沪尾、安平、旗后五处赶制炮台、添筑新炮，以备“一有兵事，仓皇束手，海疆难安”。光绪十二年（1886 年），筑成十座洋灰铁筋炮台，计澎湖三座、基隆、沪尾、安平各两座，旗后四座。同时添购阿姆斯顿钢炮三十一尊，沉雷、碰雷二十个，在基隆和沪尾设水雷局和水雷营，使水雷与炮台相资为用。光绪十四年（1888 年），基隆炮台又由德国人龙斯督工重修。

3. 设局立所，制造弹药、储存枪械。为了防止“海运不通，接济断绝”，刘铭传认识到必须自制弹药，故于光绪十一年（1885 年），请张之洞代购机器，在台北开设机器局，以记名提督刘朝干为总办，以德国人彼得兰为工程师。小机器厂制造枪弹，同年六月动工兴建，十二月完工，共有正侧各屋及小机厂一百一十七间；大机器厂制造炮弹，光绪十四年（1888 年）改用东河补用知府丁达意为总办，向外国购料建成。同时由于台北弹药、军械无处储存，就机器厂偏西地方，建造军械所为储存之处，共有七十三间。

4. 调整台地兵力分布。刘铭传把战略重点放在台北，认为保住了台北府就保住了台湾。他首先在台北设立大营，外以基隆、沪尾两港作为据点，把防务中心由南部移往北部，以杜绝日本对台湾的觊觎。他把一万六千五百余兵力重新部署：曾文溪以南至恒春为南路，兵力五千，由兵备道刘璈统率；曾文溪以北、大甲溪以南为中路，兵力三千，由台湾镇总兵万国本统率；大甲溪以北至东海岸苏澳为北路，兵力四千，由刘铭传本人及福建提督曹志忠统率；后山一带为后路，兵力一千五百，由副将张兆连统率；澎湖高各岛为前路，兵力三千，由水师副将周善初统率。

此外，对于驻防台省的三十营防军，刘铭传均用洋枪武装，并聘请外国教习教练。对于台地的营制也有所变革，鉴于绿营的腐败，他极力主张整顿绿营，但由于已成定规，未获批准。刘铭传还特别关注联系大陆与台湾的澎湖。意识到澎湖的重要战略地位，认为澎湖“非独全台门户，实亦南北洋关键要区”，“欲夺台湾，必先守澎湖，欲保南北洋，亦必先保澎湖”。他在澎湖妈宫依山傍海建造了一座坚固的城堰，并派训练有素的吴宏洛的三营水师驻扎该岛。以台澎的地位论，当然需要一支强大的新式舰队。光绪十一年(1885 年)，刘铭传又奏请清政府划海军为三路，“津沽为北洋，吴淞为中洋，台澎为南洋”，清政府虽然承认有这个必要，但是建立海军毕竟不是一件唾手可得的事，也没有同时编练三支舰队的力量，只好先尽全力办理北洋，原定为台澎购置的四艘铁甲船也编入了北洋舰队。

在刘铭传的大力整顿之下，台湾海防日见充实，比过去前进了一大步。也正是由于刘铭传在海防方面的竭力整顿，才有效地保障了台湾的安全，才使台湾在中法战争结束后仍能在较为安定的环境中得到开发。然而令人惋惜的是，台湾的海防建设刚刚步入轨道甲午战争即爆发，台湾虽不是战场，也没有因军事上的失败而失去，却由于条约上的割让而成为牺牲品。

第四章 经 贸

第一节 农 业

台湾土壤肥沃，气候温暖，适宜水稻等农作物的种植。《裨海纪游》云：台湾“虽沿海沙岸，实平壤沃土，但土性轻浮，风起扬尘蔽天，雨过流为深沟。然宜种植，凡树艺芃芃郁茂，稻米有粒大如豆者，露重如雨，旱岁过夜转润，又近海无潦患；秋成纳稼倍于内地，更产糖蔗杂粮，有种必获”。台湾的农业作物主要是米稻，次为其他杂粮与蔬果之类。

台稻品种较多，其中很大一部分是汉移民从大陆带来的，计有早尖、南尖、尖仔、赤谷秫、虎皮秫、白尖秫、竹丝秫、过山香、鸭母湖、禾秫、番仔秫等，仅《台湾通史》记载，就有粳稻二十七个品种，糯稻十五个品种。粮食是民众的“养命之源”，清政府自然十分重视台地粮食作物的生产。自雍正五年（1727 年）以来，台湾每年举行“耕耤典礼”，之后历代官吏以增加粮食生产为己任，积极推行劝农政策。乾隆四年（1739 年）巡视台湾御史杨二酉，乾隆六年（1741 年）巡视台湾御史张湄，都写下了《东郊劝农诗》。其中杨二酉劝农诗云：“时雨既已足，命驾东郊行。岂不嗜游览，所重在民生。凉影走虹练，深竹鸣催耕。秧马踏畦碧，麦浪扬畴平。林烟间篱落，耆老欢相迎。烽消省烦役，赋薄无苛征。复此兆有年，谈笑尝君羹。残阳摇旆色，鸡犬含杀情。”乾隆十一年（1746 年），台湾知府褚禄尤其留心劝农，屡次躬身巡行附郭庄社，考察稼穑，并写成《诸罗道中即事》诗。

在清政府官员“劝农政策”的鼓励和推动下，台湾人民的种稻热情空前高涨。为提高稻谷粮食产量，台地人民在具体劳作过程中，不断探索，在改进稻谷种植技术和稻谷熟制方面作出了贡献。首先是引进和培育生育期较短的早熟品种，如内山早、清游早、红脚早、白肚早等，这些早熟稻种的引进与推广，改进了台稻熟制，使台稻种植由单季稻变成一年两熟的双季稻，大大提高了土地的复种指数，使台湾稻谷产量大幅度上升。其次是实行间作制，稻谷与其他作物间作种植，如诸罗地区，《台湾府舆图纂要》载："禾秸高而柔，虑为风雨摧折，杂种薏苡，薏秸粗梗，又差高于禾，如藩篱然，一畦之中，两种并获。"一田两获，不仅增加了产量，而且提高了土地利用率。

稻谷栽培必须具有充足的水源，因此，进行相应的水利建设取得灌溉用水是首要课题。据史料记载，早在明末台湾就有水利工程。荷兰据台时期，乡民在今台南附近筑有参差陂，今高雄筑有王田陂等。郑氏时代在台南筑有公爷陂、甘棠潭、王有潭等，高雄筑有大湖陂、赤山陂等十余陂塘。清领台之初，水利设施仍然缺乏，其灌溉用水的取得，多就近取自天然水潭或池沼。也有利用水陂取水，在水潭或池沼等地筑堤蓄水。其中"将军陂"是清领台湾后最先兴筑的著名水利工程，据《凤山县志》记载："将军陂位于凤山下庄，为将军施琅所筑"，这是由官方兴筑的水陂，主要是为了奖励稻作生产。然而，由于水陂的蓄水量毕竟有限，当台地被大片拓殖之后，水陂的储水即不敷灌溉之需，水圳便应运而生。

相对于陂，水圳的结构更为复杂，技术含量也更高，水圳由圳头、圳路、消水沟三部分组成，需要历时多年始能完成，工程费用也很庞大。由于水圳建筑的难度高，因此其兴筑往往采取合股经营的方式，由多人出资共同完成。《台湾通史》记载，清代所筑埤圳共二百一十七处，其中安平县五处，凤山县十二处，嘉义县三十四处，恒春县二处，台湾县十四处，彰化县十三处，云林县五处，苗栗县十七处，淡水县二十处，新竹县十三处。实际上清代兴筑的埤圳远远超过此数，《台北县志》就称："本县埤圳之设大都在清代乾隆朝及以后，较大的灌溉工程有瑠公圳及后村圳，至于小圳，为数不下数百，灌溉面积或仅数公顷至数十公顷而已。"

水圳有大小之分，小水圳多筑于丘陵地带，汲取泉水灌溉；大水圳多位于平原地区，截阻溪流大面积灌溉。清代台湾兴筑的水圳，较著名的主要有四座：1. 八堡圳。由施世榜投资兴筑，在清时已筑竣之埤圳中规模最大。因此圳是引浊水溪灌彰化境内十三堡半之八个堡，故得此名。又因由施氏所开筑，故又名厝圳。康熙四十八年（1709 年）开始动工兴筑，历时十年，于康熙五十八年（1719 年）完工。该圳修筑的过程并不顺利，水源的取得最为艰难，曾多次引浊水溪灌溉田地都未能成功，后以开凿方法，始告完成。此圳灌溉田地面积达一万九千余甲，为彰化平原的拓垦奠定了基础。2. 瑠公圳。乾隆五年（1740 年）由郭锡瑠所兴筑，前后花了二十余年的时间才完成，灌溉田园面积达一千二百余甲，台北平原的农垦因此顺利推动，受惠农民不计其数，当地老百姓为纪念他的遗德，称其为“瑠公圳”。3. 曹公圳。由凤山知县曹谨所提倡而得名。有新旧两圳，因新旧两圳之区域范围均为五里，故又称五里圳或五凤圳。曹公旧圳于道光十八年（1838 年）始动工兴筑，共筑水圳四十四条，引下淡水溪（今高屏溪）之水灌田。道光二十二年（1842 年），曹氏又命人开筑曹公新圳，共开新圳四十六条。新旧两圳灌溉面积达四千余甲，凤山地区农田的缺水现象由此改善。4. 大安圳。乾隆十五年（1750 年）由林成祖投入五万银两建成，是摆接平原（今板桥、土城一带）的主要供水水圳。该圳灌溉面积达千余甲，是一个规模较大的水利工程。除了这几座比较大规模的水圳，灌田二三百甲的中小圳比比皆是。

经过康、雍、乾三朝一百多年时间的兴筑，台湾水利灌溉系统逐渐完善，清末，台湾水田增至约二十万公顷，其中有埤圳灌溉及排水系统者达十万零九千七百公顷。一些新开发地区，初期由于缺乏充足的水源不能种植水稻，仅能种植甘蔗、番薯及花生等旱作，农业生产以粗放型为主，但随着水利系统的兴筑，部分地区的水田逐渐取代旱地，稻作成为主要的耕作方式。同时，水圳的开成，为台地水田稻作奠定了一个坚实的基础，一则水稻可二熟，二则每单位面积的产量提高，彰化平原和淡水就曾为台湾著名的产米之乡。乾隆末年有官员报告：“彰化淡水皆通溪，一年两熟，约计每甲可产谷四五十石至七八十石不等，丰收之年上田有收至百余石者”，折合起来平均每亩产谷四至七石，产量是不低的。水田化还引起稻田耕作制度的变化，大约从乾隆中期起，水田双熟制就逐渐取代了以前侧重晚稻的局面，早禾与晚禾同占一席之位。据《赤嵌笔谈》记载：“三县皆称沃壤，水土各殊，台湾县俱种晚稻，诸罗地广及凤山、淡水等社，近水陂处，可种早稻”，显示了台湾农民耕作技术的改变与进步。农田水田化改变了台稻熟制，被称为台湾农业史上的“第一次农业革命”。

台地农业生产，除了水利以外，农具也与之密切相关。台湾农具，以耕牛最为重要。早在荷据时期，郑芝龙即招饥民数万人，用海船载至台湾，台地刀耕火种的状况逐步改变。郑成功收复台湾后，大力发展农业生产，也推广牛耕技术，每社发给熟牛一头，并派农师教授牛耕之法，大大提高了生产力。经过郑氏时期的推广，到清代，牛在农业生产中发挥了更大的作用，不仅用于农耕，而且成为运输的重要工具，“耕田挽车，均借其力”。

牛的用途既广，野牛日减，终于发生过分利用的现象，《诸罗县志》记载，康熙末年就出现了“如遇酷暑，牛每困毙道旁”的情景。这促使清政府开始采取一些保护耕牛的措施。而此时关于耕牛的纠纷也层出不穷，到道光年间，设立牛墟制度，台湾各地出现了专门以买卖牛只为主要商品的牛墟，“凡贩牛，欲卖者必于牛墟，台地无设墟为市者，惟卖牛必到墟，墟有定率，以三日为期。如二五八、一四七类。墟设墟长，长由官立，给以戳记，凡买牛、卖牛者之字契，皆用墟长之戳记，如中保，然恐有盗窃之累，墟长必烙铸铁于牛，以字为号，而便识别。”然而，仍旧未能防止弊端，地方政府不得不刊布告示，加以禁止，可见当时政府对保护耕牛还是比较重视的。清后期，为了保护耕牛，政府还规定禁止滥杀、私宰牛只。光绪十五年(1889 年)，摆接堡标桥街有公立禁碑：“公禁牛肉毋许入街买卖，力田有功，昭律不得伤害，倘敢故违，听人夺去无碍，遇捉逞凶，定即拿送不贷。”

稻是清代台湾的主要粮食作物，除此之外还有麦、豆、薯、芋等杂粮。台麦有小麦、大麦、荞麦等。台湾气候较热，南北诸地均不适宜种植台麦，仅北路偏僻稍冷之地可以少量种植，“三月有收”。另有番麦，种植较多，“番麦，干似高粱，花开干稍，实生叶间，色黄味淡而香，四时常有”。薯类的种植，又可以分为番薯和树薯两种。番薯又名“地瓜”，明万历年间，从吕宋传入福建，又被漳、泉移民带往福建。它耐干旱，瘠土沙砾之地皆可种植，“植最易生，叶可肥猪，根可酿酒，切为粒，蒸曝贮之，是曰薯粮”，澎湖居民多以此为生。树薯是多年根生植物，种植后次年结实长块，有红、白及黑三种，红者偶尔供人吃，其他两种作粉或作家畜的饲料；芋是一种繁殖能力很强的农作物，能抵御风寒、虫害以及抗干旱。芋分水芋和里芋两种，水芋来自大陆，传到南方一些岛屿和台湾之后，由于气候适宜，发展很快；里芋多种于山地，最大者可达三四公斤重。粟，即小米，多种于山区及园，“小米均番耕种为粮，与内地无异”。由于自然条件和种植水平等方面的原因，这些杂粮在台湾某些地区成为当地居民的主食。如澎湖群岛，因岛上沙土广布，不宜种植水稻，基本上属于无稻区，乾隆时的《澎湖纪略》载：“大城北、西溪二社约有十数亩（稻田），遇雨水调匀之岁，则能种莳，否则，种杂粮。澎湖虽有稻，实无稻也。”内山生番，因其技术的落后和工具的简陋，难以种植对生产技术要求较高的农作物，多以种植杂粮为主，那些粟、芋、薯等耐干旱的杂粮，便成为它们重要的主粮生产作物。如北路大杰岭诸社，“耕种则用刀斧砍伐树根，栽种薯芋”；北路崩山八后垅诸葛亮社，“番地少播稻，多种黍、芝麻，饭皆黍米”。

在清政府劝农政策的影响下，尤其是后期，随着清政府政策的转变，开始全面经营台湾，台湾农业获得大幅度发展，然而台湾农业的进步，在很大程度上得益于大陆移民的不断涌入。移民入台的同时，稻、薯、瓜果蔬菜等各种农作物品种也传入台湾，丰富了台湾的农作物种类，如齐仔稻“种于瘠土可以收成，乾隆间始自中国传入”；唐山稻“种出福建，粒长皮薄色白，味香，有两种，一曰低脚润种，一曰软枝润种，播于水田，霜降后收，粒长皮薄，色白味香”；番薯“出吕宋，明万历中闽人得之，始入漳、泉”，后又被入台移民带至台湾；西瓜，其种虽出自西域，但汉时就传入中土，明末清初又从大陆传入台湾；菘（白菜），其中的一种土白菜（山东白菜），“种出山东，味甚肥美，冬时盛出”；桃，“又有水蜜桃，种出上海”，羊桃，“又有广东种者”。

台湾的农业技术也直接来自祖国大陆。来到台湾的移民，很多是掌握了当时大陆先进农耕技术的农民，他们的技术是世代相传和经验积累的结合。大陆移民到台湾后筚路蓝缕，垦拓荒岛，在开发的过程中，大陆先进的种植、耕牛等技术随之传播到台地。农作物品质和栽培技术也在台湾各族人民的辛勤劳作和长期培育下有了很大提高，尤其是在新稻种的培育方面，取得了很大的进步。至十九世纪末，祖国内地已有一千七百多种稻种在台湾土地上生长，稻、麦、蔗、茶、果等各类品种众多，标志着台湾传统农业技术有了相当发展。

第二节　手工业

一、制糖业

清领台二百余年间，随着台湾农业的发展，手工业也日益兴盛起来，其中以制糖业发展最为迅速，蔗糖是台湾最大宗的贸易产品之一。台湾的中、南部是蔗糖的主产地，据台湾《安平县杂记》载：“台南糖业，自康熙三十五年（1696 年）起，漳、泉二州移台居住之民，经营事业，扩充农家利路”。

台湾制蔗糖技术是由大陆移民传入的。台湾自明清以来海上交通便利，早在明郑时代，郑氏就派遣军师刘国轩到大陆大量输入竹蔗，并招请漳、泉两州的制糖名师渡台指导制糖方法，先进的制蔗糖技术很快传入台湾。

台糖的生产制作方法也完全移植于漳、泉，这在《安平县杂记》《台湾使槎录》《台湾通史》等书中也都有详细的记载。清领台时期，台湾的制糖技术有了很大的改进。对于台湾蔗糖的制作过程，连横在《台湾通史》中作了一番详细的描述："制糖之期，起于冬至之前，清明而止，每甲竹蔗可得青糖六七十担。制糖之时，须用糖师，以蔗浆入镬煮之，候其火色，入以石灰，俟糖将成，又投蓖麻油，恰中其节，乃移于槽，以棍搅之，渐冷渐坚，是为青糖。最佳者曰出类，次曰上斗，又次曰中斗。又有白糖，其法以成糖时，入镬于内，下承以锅，而受其汁，谓之糖水，上盖以泥，约十四日，其色渐白，易泥盖之，凡三次，悉白，唯下稍赤尔。白糖之佳者，曰头挡，色皎味香，从前盛销苏州。次曰二挡，又次曰三挡，色稍逊而味甘。台南郡治所制白糖，谓之府玉，驰名各埠。糖水再熬之糖曰赤沙，性凉可解毒，又以酿酒。白糖再熬成块，剖而为片，其坚若冰，谓之冰糖，亦曰糖霜，价较贵。"台湾的制糖工具是随着大批大陆移民传入台湾的，如其轧蔗工具是用畜力带动的石车，制糖技术是用石灰加快浓缩用糖漏封泥去糖水，这与大陆一脉相承。

清领台湾时期，台湾地区的制糖业不仅技术进步，而且已达到了相当规模。出现了具有手工工场性质的制糖工场——"糖廍"。对于糖廍的成立，史料载有"雍正三年（1725 年）八月，由列宪禀准督抚"语，可见，当年人民只要取得政府许可便可建糖廍。之后，台湾糖廍组织日趋完备，《赤嵌笔谈》记载了雍正以后的糖廍组织概况："十月内筑廍屋，置蔗车，雇募备工，动廍硖糖"，"每廍用十二牛，日夜硖蔗，另四牛载蔗到廍，又二牛负蔗尾以饲牛"，糖廍中人工有："糖师二人，化工二人，车工二人，牛婆二人，剥蔗七人，采蔗尾一人，看牛一人"。这种糖廍的制糖方式，一直持续到日据时代末期才被日本资本的新式制糖厂吞并殆尽。

二、制茶业

台湾的制茶业也十分发达。清代台湾茶叶，据连横《台湾通志》记载主要有两种：乌龙茶和包种茶。乌龙茶，"叶大，味浓"，是台湾最早制造的茶叶，远在嘉庆年间即随福建移民移植到台湾来。嘉庆十五年（1810年），柯朝从福建向台湾引种武夷茶，植茶为种子播种，此后台湾茶业逐步兴盛。据连横所著《台湾通史》一书，有如下之记载：“台北产茶近约百年，嘉庆时，有柯朝者归自福建，始以武夷之茶，植于鱼坑，发育甚佳。既以茶籽二斗播之，收成亦丰，遂互相传植”。就连横的这一段记述，可以使我们明了，台湾乌龙茶的产制技术以及茶树品种均来自福建武夷，且当时是开始繁殖于台北县文山区一带。

台湾乌龙茶经过加工包装后称包种茶，包种茶“叶细，味清”。此种茶叶在制作完成后，用方纸两张内外相称，放茶四两，包成长方形外观之四方包，以防茶香外溢，茶包上再加盖茶名行号印章，因清帝赐名为“包种”而得名。这种包装茶的方式，依据旧志的资料，是清末由福建省泉州府安溪县茶叶加工业者王义程所创制，由他创导并传授。光绪七年（1881 年），有福建省泉州府同安县茶商吴福源氏（许多文献称为吴福老）带技术工作人员渡台，在台北设源隆号专事制造包种茶；同时还有同府安溪县商人王安定及张古魁两人合伙组设建成号，亦经营包种茶。光绪十一年（1885 年）又有福建省安溪县王水绵、魏静相继到台湾，在台北七星区南港大坑地方，悉心从事台茶研究，从茶树种植到茶叶制造，加以全面研讨改进，以提高产制技术，同时将其研究心得传教同业，鼓励同业学习，遂使包种茶制造技术日渐改进。目前，台湾制造的包种茶、乌龙茶等优良地方品种，都是清时移民由福建带来之闽茶品种，早期制茶技术亦由福建制茶师赴台传授，因此台湾产制乌龙茶、包种茶之技术乃源自福建。

三、樟脑业

樟脑为台湾特产，仅次于茶、糖，被誉为台湾老三宝之一。台湾樟脑制作方法，传自大陆福建漳、泉一带。连横《台湾通史》载：“当郑芝龙居台时，其徒入山开垦，伐樟熬脑，为今嘉义县辖。配售日本，以供药料，其法传自泉州。”明郑时期，大陆福建一带人民的生活普遍动荡不安，纷纷渡海到台湾，企图在陌生的环境里建立一个安和的家园。而这样的垦荒人潮，也顺带引进了当时大陆沿海一带的制樟技术。尤其是漳州本来就为我国制脑业之一大中心，所以流传于漳州的小灶法制樟脑术遂随同入台，台湾早期的制樟业，也就是奠基于此。

台湾樟脑业的发展离不开清政府的管理。清政府封禁番地，禁止伐樟熬脑，但私熬屡禁不绝。到道光二年（1822 年）私煎之风愈来愈盛。咸丰年间，一些外商也开始进入台地私自采脑。于是清政府采纳台湾道陈方伯的建议，将樟脑业改归官办，并决定设局收买，对台湾樟脑实行专卖政策。同时禁止英国洋行在台湾民众中直接收购樟脑，外商欲购台湾的樟脑，必须同官局洽商；同治二年（1863 年），清政府又将艋舺料馆改为脑馆，竹堑、后垄、大甲等处均设小馆，以理其事；同治五年（1866 年），分巡台湾兵备道吴大廷又奏准进行整顿，一切有关樟脑事务，全部由脑馆包办，严禁民间与外商直接交易。清政府制定的这些措施，打破了英商的垄断经营，保护了民众的利益，受到台湾民众的欢迎。然而，清政府把樟脑收归国营，引起了外国樟脑投机商的大为不满，他们多方加以阻挠和破坏，于是便有了同治七年（1868 年）“樟脑战争”的事件发生。事后，清政府被迫颁布“外商采买樟脑章程”允许外商直接采购，并撤销了樟脑的官营。但是在十八年后（1886 年），台湾巡抚刘铭传上奏，台湾樟脑“民间私熬私售，每多械斗滋事，恳请归官收买出卖，发给执照出口”而“实于国计民生”，并在台北设总局，又在各主要产地设置分局，各地均安置若干“巡察委员”用于稽查。再度把樟脑收归官营。在刘铭传的辛勤经营下，使樟脑与糖、茶同列为当时台湾出口三大宗。

四、丝织业

台湾丝织业也是由大陆传入的。郑氏时期，已开始种棉，并且自己纺织，但成效不大。此后很长一段时间内，台湾居民仍不种棉苎，不善丝织业。《台湾通史》记载了雍正元年漳浦蓝鼎元对台湾丝织业的论述：“台地不种蚕桑，不种棉苎，故其民多游惰，妇女衣绮罗，妆珠翠，好游成俗，则桑麻之政不可缓也。制府满公抚闽时，尝著《蚕桑要法》，绘十二图，颁行郡县。台土宽旷，最宜树桑，可仿而行之。漳、泉多木棉，俗谓之吉贝，可令民于内地收其核，赴台种之，并令广种麻苎，织纴为冬夏布。妇女有蚕桑纺绩之务，则勤俭成风，民可富而俗可美也。”其后，至道光之间，台湾沿山之园始种麻苎，需要“配至汕头、宁波，用以织布，乃再配入”，所以“台人不能自绩也”。

到咸丰初年，江南大乱，南京织造局蔡某“始来郡治之上横街，织造绸缎纱罗，号曰云锦。本质柔韧，花样翻新，渲染之色，历久不褪，销路甚广，驰名各省，凡入京者多以此为土宜”。蔡某既死，子承父业。同治初年，又有城守营参将凌定国（广东人），“深以台湾蚕桑有利，自广东配入其种，租屋于做篾街，延工饲蚕，种桑东门之外。盖以台桑叶小，不宜养育，故移其佳种也”。光绪元年，巡道夏献纶命戍兵种棉于台东，“以兴地利”。至刘铭传任台湾巡抚，对种植业极为重视，“委云林知县李联奎等赴江、浙、安徽各省，搜集蚕桑之种，及其栽饲之法，编印成书，颁与人民，大为奖励。又购棉子，通饬厅县晓谕农家播种。于是淡水富绅林维源树桑于大稻埕，以筹养蚕之业，一时颇盛”。到光绪大婚之时，内廷命台湾布政使采贡，“帐袆衣褥之属，皆能照图织成，内廷大悦，以为江浙官局所织犹有逊色”。

五、盐业

台湾晒盐、制盐历史可追溯至元代，那时大陆泉州渔民已在澎湖岛煮海为盐。到明郑时代，陈永华将大陆的“以晒代煮”的新制盐方法传到台湾，在台湾曾就濑口地方（今台南市盐埕东南），修筑丘埕，泼海水为卤，暴晒作盐。清领台湾以后仍承袭了郑氏时期的制盐方法，盐业有了很大的发展，计有濑南、濑北、洲南、洲北四处盐埕。洲南、洲北在台湾（今台南县永康盐行一带）县，濑南、濑北在凤山县。到了乾隆二十一年（1756 年），由于销盐量的增加，于是又在凤山县添设濑东（今高雄小港大林埔）、濑西（今高雄县弥陀）两场。道光四年（1824 年），吴尚新承办洲南场迁场，在乾隆年间的大田场（今布袋内田）旧址北边（今布袋镇新厝里）收购民塭建改良新式盐滩，名称不变。同治七年（1868 年），设全台盐务总局，主持盐政，另在台南府特设台南盐务总局，主管产运销事务。光绪十年（1884 年）刘铭传改革盐制，令巡抚兼任盐务总理，并将台南盐务总局改为盐务分局，在台北府城内设全台盐务总局。之后，台湾制盐业达到全盛时期，沿着台湾西南沿海，嘉义、鹿港、台南、高雄等地一连串开辟了近十家盐场，年产量达到三十多万吨。

第三节　赋　税

台湾是由大陆移民开发而成的一片乐土。大陆移民入台后，筚路蓝缕，垦殖台湾荒土，并聚居成部落，“自生自养，以赡其家，固无政令以率之也”。天启四年（1624 年），荷兰人入台后，统辖了台湾所有的“王田”，并以甲为单位，按土质肥瘠分为上中下三则征收“官租”，进行苛征暴敛。所谓官租，就是台湾农民向东印度公司所交纳的地租，这是东印度公司的主要财源之一。这种“官租”极为苛刻，除了一般的地租外，还包含着各种的费用，租率之高也就自在意中了。荷兰殖民当局除由土地征收“官租”外，还征收人头税。凡台湾居民，不分男女，不论身份，每人每月均要纳税，这一收入随着移民的日渐增多而增加，最多之时，年达七万 real。台湾先住民又常以鹿皮缴付，故荷兰当局又常常低价征收，层层盘剥。荷兰殖民者在台湾征收的赋税科目繁多，除征收上述税收外，还有渔猎税、贡纳、关税、房税、矿税、酒税、赌税等以及其他临时杂税，可谓无所不征。荷兰殖民当局在台湾用各种手段对台湾人民进行搜刮，所搜刮的一切当然不会用于台湾的建设，为台湾人谋福利，而是全部成为东印度公司的财源。正如有人所指出的：“公司自租税方面的收入为数可观；但为台湾之利益而支出者，似极有限”。

明郑时期，台湾的地租有三类：一为“官田”租，二为“文武官田”租税，三为“营盘田”。郑氏入台后，即将荷兰时期的“王田”改为“官田”，但这仅仅是名目上的变化。由于“官田”实行租赋合一的田赋制度，因此“官田”的租率仍然很高，约占收成的三分之一。季麒光在《条陈台湾事宜文》中说：“官佃田园，尽属水田，每岁可收粟五十余石，伪郑征至十八石、十六石，又使之办糖、麻、豆、草、油、竹之供。”郑氏时期的官租包含了偿还在台湾生产建设的投资在内，因而与荷据时期相比又有所不同；“文武官田”，又称“私田”。由于“文武官田”与“官田”的投资方式不同，因此，“文武官田”的地租比租赋合一的官租要复杂。一般说来，“文武官田”的租率与官租相差无几，但除租之外还有税，而且税重于租，如果将两者合计，其率大体上已经超过官田；所谓营盘田，就是军屯田。“营盘田”开辟之初并不交纳赋税，但三年以后也未能例外，开始征收赋税。与其他地租不同，“营盘田”的开垦无需报明甲数，其山林陂池不征收赋税。

除地租外，郑氏时期还征收人头税，当时也称“人丁银”。据《台湾县志》所载：台湾“男子满十六岁，每月征银五分，即年征银六钱；当年承天府之民丁为八千五百二十八人，天兴为两千四百九十六人，万年为四千一百九十六人，澎湖为五百四十六人……年达九千四百二十九两。”对于台湾先住民，也征收人头税，又名“番饷”。对先住民征人头税，有的以“石”计，有的以“两”算，而实际上通常以鹿皮代替，每张鹿皮卖价银二钱四分，多的时候一年要征收五万张，最少的时候也要在一万张以上。此外还有户税，名为“厝饷”，有“瓦厝”、“草厝”之分。“厝饷”的征收只限于承天府和安平镇，合计年可达一千二百零四两。这一税收十分苛刻，据《台湾府志》记载，“片瓦寸草，均按册据追”，致使百姓多自毁房屋，以减轻负担。明郑时期还征收盐税、港饷及其他渔税。此外，对于制糖则有车饷；对于当铺则有当饷。这些税收大多以“饷”命名，足见当年政治之富于军事意义，这是郑氏政权推行藩镇统治的必然结果。

清领台初期大体上沿用郑氏旧制，后来杂税开始增加。但总的来说，清代台湾赋税可分为田赋、丁税、杂饷及关税四部分。

康熙二十三年（1684 年）清政府统一台湾后，康熙帝开始对台湾居民实行轻徭薄赋的宽松政策。当时，在朝廷中产生了弃台的争论，靖海将军施琅上《陈台湾弃留利害疏》后又上奏请减赋税：“然在郑氏当日，自为一国之用，因其人地，取其饷赋，未免重科。”于是奏定上田每甲征谷八石八斗，中园每甲征粟五石；中田七石四斗，中园每甲征粟四石；下田五石五斗，下园每甲征粟二石四斗。康熙帝接受施琅的建议，“减旧额十分之四”。与荷兰统治时期和郑氏统治时期，均有所下调。

然而由于“台湾全郡尽属沙壤，地气长开不降……每岁夏秋大雨、山水奔泻，冲为涧壑，流沙积、塾田多为荒壤”，许多大臣也指出台湾赋税不但没有减轻，反而重于内地各省，再加上地方官又照租征粮，致使农民粮无余粒，不得不将垦熟之田以多报少，所以导致台湾隐田现象非常严重。清政府终于在雍正九年（1731 年）发布上谕，将赋税政策予以下调：“诏以台土田自七年（1729 年）开垦及自报升科者，改照同安则例，化一甲为十亩三分有奇，计亩征银，仍代以粟。每银三钱六分折粟一石，粟一石折米五斗。”按同安县的赋率，原为下沙则田每亩征银五分七厘三丝，下沙则园每亩征银五分六厘一毫八丝；台湾仍以粟纳，每亩一石以银三十六分计，折合如上数。此次赋税下调的结果是比旧额减轻了约三分之一，大大减轻了农民的赋税负担，刺激了台地农民的开垦热情，垦田数大幅度增长，隐田欺隐之弊也有所缓解。

至乾隆九年（1744 年）清政府又有上谕，凡是年以后新垦田园，更照同安县则例，分上中下三则，按土地肥瘠，分别赋课。其诏曰：“以同安科则过轻，应将台地新垦之田园，按照台湾旧额输纳。”又因“朕念台民远隔海洋，应加薄赋之恩，以诏优恤。除从前开垦田园，照依旧额，毋庸减则外，其雍正七年以后报垦之地，仍遵雍正九年奉旨之案办理，其已照同安下则征收者，亦不必再议加赋。至嗣后垦辟田园，令地方官确勘肥瘠，酌量实在科则，照同安则例，分别上中下，定额征收，俾台民输纳宽舒，以昭加惠边方之至意”。至此台湾的田赋已经有三种，一为雍正七年（1729 年）以前开垦田园的旧额；二为自雍正七年至乾隆九年（1744 年）续垦田园的定额；三为乾隆九年以后新垦田园的赋率。

自此以后，台湾田赋等则无多大变动。然而虽屡有台赋不准议加之诏，以致田园日辟，田赋不增，但“台邑地狭，而赋视他邑为多”，台湾的地赋仍属过重。加上豪强的霸占与兼并，隐田过多，台湾人民虽辛勤力耕，仍不得一饱。至光绪十一年（1885 年），刘铭传任台湾巡抚时，决定推行“清丈田赋”政策，重新整顿台湾财政。次年，刘铭传请准在台湾举办清丈，并拟定章程。到光绪十四年（1888 年）清丈工作结束，完丈部分全部发给丈单，总计溢出原额田数倍，约四百万亩。刘铭传一面清丈，一面重订赋则。台湾的田赋南重北轻，十分悬殊，“嘉义、台湾、凤山，约沿郑氏旧例，失之过重，彰化、淡水则照同安下沙则征供粟，赋额较轻”，且台湾田赋负担，约为中国大陆的两倍。刘铭传将新丈田园，全部依照同安县例，田、园分别依其等则征收赋额，并仿照一条鞭法，化甲为亩，以一甲为十一亩，删去各项名目以便于执行，使胥吏无从剥削，所以台湾原额赋银是四十万元，经过刘氏整顿改制，省府收入反而变为九万七千四百余元，台湾土地制度的积弊扫除殆尽，人民的负担也因此减轻了。

除了上述田赋，还有其他各种收入，典型的如官庄、隆恩、抄封田的收入以及番租和屯租，略述于下：

1. 官庄的收入。施琅攻克台湾之后，看到台地肥沃，土旷人稀，于是奏请设立官庄，召集民众开垦。雍正元年，据连横《台湾通史》记载：“总兵蓝廷珍先垦猫雾捒之野，名曰蓝兴，即今台中郡治之地。其田最沃，有泉可溉，每甲岁可得谷百石。”又“八年，总兵王郡奏以台湾赏恤兵丁之款，购置业产，而收其利，照例纳租，由镇理之，派员征收。其后官庄一百二十有五所，年征糖、谷、牛磨、鱼塭等款三万七百三十九两九钱六分六厘，逐年增多。”

2. 隆恩的收入。乾隆五十一年（1786 年），钦差大臣福康安平定林爽文之役后，尚余兵饷五十余万两，于是奏请设立隆恩官庄，“募佃耕之，或购大租岁收其益，以充赈恤班兵之款”。台湾的士兵均调自福建，因离家远戍，其田多在彰、淡两属，租制与官庄同，岁征谷三千七百余石。光绪十八年（1892年），布政使唐景崧通饬各属：“台、澎各营原置隆恩官庄田园糖部，所收租息，除完纳正供外，余款由营造册送司，按年在请领台饷内扣存司库，入拨充饷。”后来因为递年租息参差不等，又奉部行令，按照乾隆五十四年（1789年）、五十五年两年租息，“统算折半，匀计作为定额，盈则尽数造报，绌则令承办营员赔补。”

3. 抄封田的收入，也就是“官租”，有两种，一为叛产。当年林爽文事件发生后，参与的党人，有的被没收其田，有的被株连，“所抄至数万石”。自此以后，遇到叛乱事件发生就援照此例，“为官署岁入之款，叛产之业，贌之于民，而收其税，岁征银约五万四千两”。一为生息。从前府道库款每存到数百万两，或数十万两时，就贷借给富民，收取他们的利息，利息是非常轻的。有事的时候就收回，通常仓促难缴，“或凌夷无力，亦籍其田，以取偿焉。售之于民，以抵款焉。按年出贌，而收其税，亦为官署入款之一”。

4. 番租。雍正五年（1727年），清政府设社田，大社留给五百甲，中社四百甲，小社三百甲，并与垦者建立番约，岁纳其租，称之为“番大租”，番大租有二，公有者谓之“公口粮租”，由土目征收，照其社例，以充公费；私有者谓之“私口粮租”，由番人自取。但它的租率不定，如活租则按照所收获的谷物征收田赋，有的征收一成，有的征收两成，有的则征收一成半。而死租则视土地的肥瘠来定，大约为一成，遇到凶年，也会减租。后来随着开辟日进，番族负担也越来越重。漳、泉移民开垦噶玛兰时，据连横《台湾通史》记载：“每甲定谷四石，凡丈地一千二百五十五甲二分。漳佃首二人，分地七百六十二甲余，纳租三千零五十石九斗三升九合，配社十二。泉佃首一，分地三百八十三甲余，纳租一千五百三十三石九斗五升七合，配社三。粤佃首一，分地一百三十五甲余，纳租五百五十八石八斗三升一合，配社一。自嘉庆十五年起，至二十三年，次第告竣，奏免升科，民番皆受其利。”光绪十三年（1887年）清赋之后，照大租例，去四留六，番田变为民田。水沙连六社化番，拥有广大的番地，于是招募汉人入垦，征纳所获的5%。“番大租”之外，有山租，阿里山为嘉义熟番，归化最久，其地甚广，汉人在这里垦拓，上田甲纳谷三石，中田两石，下田一石，园降一等，其土产按5%征收，谓之“山面杂租”。乾隆三十五年（1770年）由北路理番同知管理，由官给照。自清丈时，亦照大租之例，以六分与番，官得其四，充云林抚垦局之费。

5. 屯租。乾隆五十三年（1788 年），钦差大臣福康安奏请设立屯番，用作防务，其时才开始有屯租。“五十五年颁行清丈，查出侵垦田园三千七百三十四甲余，悉没之官。分则定租，岁可征谷四万一千数百石，充为屯田。募佃耕之，官收其谷，以二、八两月分给屯丁，谓之屯租。”次年，“每谷一石折色一圆，岁收四万一千二百六十一圆四角六分六厘四毫二丝。屯饷之余，以充隘饷，又其有余，为开辟水利之费，赏恤屯丁之款。”光绪十三年（1887 年），闽浙总督杨昌濬上奏说：“台湾当初设屯授地，征租支饷，订立章程，法良意美。顾今已百余年，积弊愈重，征收屯租，不充其额，支发屯饷，仅给其半。”台湾巡抚刘铭传颁行清丈后，觉得过重。于是减屯租四成，改为官租，照则定课，分给丈单，与民田相同。但是仍有很多佃户隐报，并且抗而不缴。光绪十六年（1890 年），全台所收租额，仅有三分之一。之后，屯租几近废弛。

6. 丁税，也就是人头税。康熙二十三年（1684 年）清政府领有台湾后，对台湾户口进行编查，对有家室的人口征收丁银，每人年征四钱七分六厘，比郑氏时代有所减轻（郑氏时代年征六钱），而独身流寓的可以蠲免，“以有室家者，均编客户，单丁不与焉”。康熙五十二年（1713 年），清政府诏令各省，根据丁册实收，新增加的人口不再加赋，台湾也在此列。雍正六年（1728 年），大陆改革丁银制度，实行摊丁入亩，称之为“地丁银”，但台湾没有实施，直至乾隆元年（1736 年），台湾才开始奉旨减轻丁银，“着将台湾四县丁银，悉照内地之例，酌中减则，每丁征银二钱，以纾缓民力”。这比过去减少了一半以上。乾隆十年（1745 年）到二十年（1755 年）台湾各地开始仿照大陆，陆续推行摊丁入亩。早在乾隆九年（1744 年），台湾人民就呈请“台地征银照内地，一体随粮办纳”，次年，清政府予以准允，台湾至此也改为地丁银制，但直到乾隆十九年（1754 年），台湾县才最先正式实施。凤山、诸罗、彰化三县及淡水厅，则直到乾隆二十年才开始实行。澎湖厅特予豁免，据《澎湖厅志》云：“澎湖原系台湾县属，人丁归并该县造报，其丁银拨归台邑田亩均征，豁免本处地粮摊派”。以后新建的行政区域，如噶玛兰厅，地丁银都给予豁免。

7. 杂饷，也称杂赋，是对土地以外的商业、渔业和手工业的课税，分路饷和水饷两种。前者包括厝饷、磨饷、廊饷、槟锒宅、瓦窑、当铺、菜园等；后者是对各种渔船、渡船、养鱼池的征收，包括谭塭饷、港沪饷、采捕乌鱼给旗饷等诸多项目。杂饷征收名目繁多，以致百弊丛生，人民受其苦不堪重负。据《赤嵌笔谈》记载，雍正元年（1723 年），有司查验府治房店“瓦厝每间一钱五分一厘九毫有奇，每户给以饷单，如倒坏无存者，许执单缴验注销”，“另查新屋顶补。磨三十首，共额征银一百六十八两，除磨坏人亡者，无从追比，现征十九首，官年赔解十一首；即十九首内，实在开市者不及十首余；皆牛磨倒坏，按册问赋，与厝饷等”。足见当时台湾杂饷制度的紊乱。更有甚者，如澎湖的“鱼规”，据《澎湖厅志》云：“先是施侯平台，令澎人岁输鱼规千二百两，名为赏兵之用”。可见，“吏役借此勒索，穷民益增苦累”，当年贪官污吏利用杂饷紊乱之际，肆意剥削渔民，追求私利。再如其他水饷，税目繁多，乾隆以来，虽然屡次革新，但官吏多阳奉阴违，因而成效并不大。光绪元年（1875 年）福建巡抚丁日昌上疏请求取消杂赋，清政府议准除塭饷、蔗车、糖廍，其弊尚易厘清外，其余各种，一律豁免。大量杂赋的废除，减轻了小民的负担，使农民有更多的资金投入到农业再生产。

8. 关税，在清代原有两种，一为旧海关常关税，一为新海关洋关税。所谓常关，就是本国船只装载货物征收关税的机关，即国内的贸易机关。自乾隆十八年（1753 年）起，因台湾是福建的一个府，所以台湾海关归闽海关管辖，初并无常关之设，仅在厦门设关征税，由海防同知管理。所谓洋关，是就外国船只装载货物征收关税的机关，即国外贸易的税关。康熙二十四年（1685 年），“诏以就外国贡船课税，有失柔远之意”，故予以免除。直到雍正年间，才始创征税之例。咸丰八年（1858 年），《天津条约》签订后，台湾始开放，到同治二年（1863 年），台湾开放的港口，计有安平、淡水、打狗、基隆四港。早在咸丰九年（1859 年），就有官吏合奏在台湾开设海关，同治元年淡水海关成立，由英国人赫德管辖。同治二年基隆也设关，次年，安平、打狗相继设关，但以淡水为本关，基隆、安平、打狗为支关。同治二年（1863 年），台湾关税年收入，计淡水（包括基隆）两万零三十九海关两，打狗（包括安平）一万六千二百一十海关两，合计三万六千二百四十九海关两。之后台湾海关税收，整体呈历年上涨的趋势，到光绪十八年（1892 年），计淡水（包括基隆）六十三万五千零八十海关两，打狗（包括安平）四十四万四千一百一十一海关两，合计一百零七万九千一百零一海关两。

第四节　货　　币

崇祯之前台湾主要沿用大陆唐、宋、元、明制钱，当地并未铸造货币。据武陵朱景英著《海东札记》，谈到他初上台湾岛时，发现岛上主要行用宋代历朝小平钱，“钱质小薄，千文贯之，长不盈尺”。明永历年间，郑氏政权曾三次委托日本铸造铜币“永历通宝”。据江日昇《台湾外记》载：永历五年（1651 年）十二月，郑成功驻军厦门，“令兄泰造大舰，洪旭佐之，以甥礼遣使通好日本，国王果大悦，相助铅铜，令官协理，铸铜熕、永历钱、盔甲、器械等物”。清康熙五年（1666 年）七月，“又别遣商船前往各港，多价购船料，载到台湾，兴造洋艘、鸟船，装白糖、鹿皮等物，上通日本；制造铜熕、倭刀，盔甲，并铸永历钱，下贩暹罗、交趾、东京各处以富国。从此台湾日盛，田畴市肆不让内地”。康熙十三年（1674 年）四月，郑经为固守台湾，大力训练士卒，修整舟师，“密令黄兴、杨信入泉、漳各处招集以为援。又差兵都事李德驾船往日本，铸永历钱、并铜熕、腰刀器械，以资兵用”。至康熙二十四年（1685 年）有官员上书朝廷，提议禁止民间通行的明代制钱。但季麒光从台湾社会经济的实际出发，请求朝廷“暂宽旧钱之禁”，新钱与旧钱一并使用，逐步回收旧钱，并为朝廷所采纳。因此，一直到康熙二十七年（1688 年）“永历通宝”才退出流通领域，前后共使用三十八年。

郑氏时期由于与西班牙、吕宋等国有密切的贸易往来，因而西班牙银币也在岛内广泛流通。连横《台湾通史》记载：“当是时，海舶通商于西南洋者，络绎于道，故钱货多随商务以来。而吕宋银尤夥，是为西班牙政府所铸，而画王象，则台人所称佛银者也，重六钱八分，市上贸易以此为准”。

清代台湾货币可分为铜币、银币和纸币三种，分述如下：

一、铜币

1. “康熙通宝”台字钱。清统一台湾后，康熙二十七年（1688 年），为稳定社会秩序，福建巡抚奏请台湾回收旧钱，就地铸新钱，称“康熙通宝”台字钱。连横《台湾通史》云：“当是时，天下殷富，各省多即山铸钱，唯台钱略小，每贯不及六斤，故不行于内地。商旅得钱，必降价易银归。铸日多而钱日贱，银一两至值钱三四千，而给兵饷者，定例银七钱三，兵民皆弗便。市上贸易，每生事。总兵殷化行屡请停铸，当事者不从。及调镇襄阳，入觐，力言台钱之害。旨下福建督抚议奏。三十一年，始停铸焉。”另据清唐与崑《制钱通考》记载：“康熙二十七年，福抚张仲举以台湾所用明桂王伪号钱文甚多，若一时骤行全禁，贫民无以为资，疏请开炉鼓铸，收买伪钱销毁改铸。经部议准行，令设炉开铸，背铸‘台’字”。但“康熙通宝”台字钱仅局限于岛内流通，并不能通行于内地。后又因铸币日多，钱价日益贬值，以致引起民众不满，屡生事端，终在康熙三十一年（1692 年）清政府下令停铸。

2. “乾隆通宝”福字钱。至乾隆初年，台湾出现通货紧缺、钱价日升的现象。《清高宗实录》记载了乾隆四年（1739 年）九月闽浙总督郝玉麟上报朝廷的报告，称：“台地钱价，其贵大异寻常，况兵丁远戍，所支粮饷银，以之换钱为日用薪水，操演办公，较前更觉拮据”，认为只有鼓铸一万余串钱文运济台地，才能解决目前所面临的问题。乾隆皇帝批准了他的请求，一万余串“乾隆通宝”福字钱很快铸成并运往台湾，这不但有利于台湾经济的发展，也稳定了台地的社会秩序。为了进一步解决台湾货币紧缺的现象，乾隆五年（1740 年）福建新任巡抚王士任又奏请采买滇铜二十万斤，连横《台湾通史》记载：“照鼓铸青钱之例，添办白铅、黑铅、点锡，合为四十万斤，在省开铸，阴画满文‘宝福’二字，先后计铸四万八千余贯，以时运至台湾，流衍市上。而海舶自天津、宁波运入者，岁率敷十万贯，每银一圆易钱二千。物价亦平，米一斗二百，肉一斤四十。生计充裕，兵戈不生，闽粤之氓先后而至，拓地远及两鄙”。由于福建的大力支援，台湾物价得到平定，经济开始稳定增长，这一时期是清代台湾经济发展的最好时期。

3. “咸丰通宝”台字钱。咸丰初年，台湾发生“林恭之变”，“而府库存元宝数十万两，滞重不易行”。为筹措军饷，台湾开始销毁旧炮铸造新钱，称“咸丰通宝”台字钱。《台湾通史》记载，该种钱“有值千、值百、值十三种。发资军饷，略得支持，事后乃少用焉”。

上述制钱皆为官铸钱，除此之外，清代还有私铸钱。据《台湾府志》称：“通宝钱：台所用，多古钱及小钱，北路即鹅眼钱亦皆通用。”小钱，即私钱，原来列为禁用，但自嘉庆以后禁用小钱已成为过去。当年台湾有所谓“一九钱”、“二八钱”、“三七钱”、“四六钱”以及“对开钱”等诸多种类，即证明当时政府已经公开承认私钱的流通使用。日本人北山氏曾形容台湾私钱之多，说台湾是大陆私钱的殖民地。

二、银币

1. 番银。清领时代，外国货币在台湾仍普遍流行，称之为“番银”。对于乾隆年间在台流通的“番货”种类，《台湾府志》曾作过列举：“剑银，以银铸成，重九钱，来自西洋；圆钱，一名花栏钱，重七钱二分，小者二当一，并有四当一者；方钱，重与圆钱同，俗呼番饼；中钱，重三钱三分；茇亦银钱，有重一钱八分，亦有重九分及四分五厘，以上皆来自咬溜吧，吕宋。”

由于台地纹银稀少，这些外国货币被当地居民广泛使用，康、乾、嘉、道时期是台湾官方、民间使用番银最盛的时期。《裨海纪游》记载了康熙三十六年（1697 年）台湾使用银币的情况：“市中用财，独尚番钱。番钱者红毛人所铸银币也。圆长不一式，上印番花，实即九三色。台人非此不用；有以库帑予之，每蹙额不顾，以非所习见耳。”《赤嵌笔谈》也记载了康熙末年（1721 年）台湾银币流通情形：“交易最尚番钱，红毛所铸银币也。长科无式，上印番字，银色低潮，以内地兼金与之，反多滞难用。”此处“红毛”，即泛指荷兰人与西班牙人，郑氏时期的西班牙银元在清领时代仍广为沿用。道光年间，分巡台湾兵备道姚莹上督抚《筹议商运台谷》书中也指出：“台属贸易俱用番饼，官民收用纹银，皆仰给台饷，给兵之后，散布民间，舍此则海外纹银断绝矣”。

2. 六八银元。即如意银（双如意银）、剑秤银、寿星银（老公仔银），总称“台湾纹银”。如意银，因上面有两如意交叉图像，故名；剑秤银，因有两剑与两秤模型，故名；寿星银，因有老人像，故名。至于这三种银币的制造缘由，连横在《台湾通史》中有较详细记载：“咸丰三年（1853 年），林恭之变，围攻郡治（今台南），塘时绝，藩饷不至，而府库存元宝数十万两，滞重不易行。乃为权宜之策，召匠鼓铸，为银三种：曰寿星，曰花蓝，曰剑秤，各就其形以名，重六钱八分，银面有文如其重，又有府库二字，所以别洋银也。是为台湾自铸之银。”从上可知，三种纹银制造的主要目的，还是在于战时临时接济，“为权宜之策”。然而直至光绪、宣统二朝，在台湾流通最广的还是墨西哥银元，重七钱二分。此种银元逐渐将“六八银元”排挤出流通领域，这是因为“六八银元”的含银量较重，根据劣币驱逐良币的基本原则，民间多收藏“六八银元”或熔化为银器，加上本来铸造的数量就不多，所以流行不久即在市场上停止。同时需要指出的是，据有些学者研究，除如意银铸造于咸丰三年外，其他两种银币可能是在道光年间铸造，如《南部台湾志》就记载说："台湾自归清国版图以来，本岛政费及由福建藩司运来纹银锭……再在台南铸造银币，以应需用。其所铸银币，曰老公仔银……咸丰三年，土匪为乱……以台南府库内留存纹银，熔铸如意银，以给兵饷，亦重六钱八分。"

3. 光绪元宝。光绪十四年（1888 年），清政府又开铸"光绪元宝"银元，重七钱二分，亦在台湾流通。因其背有龙纹，所以又称"龙银"。

除上述银币外，在台湾流通的还有香港银元等，以及银辅币。光绪十六年（1890 年），台湾地方政府还从德国购入铸币机器，在台北设置官银局，以台湾候补知府督办，先铸银辅币，以龙纹为饰，重七分二厘，每年铸造数十万枚，在台湾南北各路通用。

三、纸币

1. 同治元年（1862 年）台湾地方政府钞票。清领台以前，台湾并无政府发行的纸币。同治元年（1862 年），台湾彰化戴潮春领导起义，北路俱乱。兵备道洪毓琛驻郡治台中筹防，由于大陆兵饷迟迟未至，洪氏不得不向德记洋行借款白银十五万两，约定以台湾关税抵押。然而所筹军费犹嫌不足，只得发行台湾府地方钞票，这是台湾岛上最早由政府发行的纸币。

2. 刘铭传以"定捐借两法"发行银钱票。光绪十年（1884 年），中法战争爆发，边疆危机再起。法国舰队进入台湾海峡，企图占领福州、基隆。兵备道刘璈率军抵抗，然而台地库存银两不足，福建协济的军饷也未能及时入台。值此危难时刻，为解决岛内军饷及战争经费不足，台湾防务大臣刘铭传即决定推行"定捐借两法"，饬台湾兵备道刘璈筹办。具体措施，据《台湾通史》记载：两百万两白银"全台各县，彰化最广，殷户较多，应派四十万两。淡水、嘉义次之，各三十万。凤山、台湾、新竹、宜兰又次之，各二十万。澎湖地瘠，恒春新建，均免派。南北两郡郊商各十万，分为十月匀缴。凡家资万两者，以五厘计，应捐五百两。由地方官先供印票，俟奉部章，由官给予实收，从优奖叙。而借者以一分计，应一千两，亦由官给予印单，定以一年归还。逾期不归，逐月加息五厘，俟款到后，本息核还。其家资不及一万两者，暂免捐借。捐借之单为三连票，编列号数，由道盖印，转发府县加印，以一联给与银户，其一存县，一则送府，台报备查。台属连年丰稔，米谷甚多，现在封港，贷银两滞，捐借之款，应准八成缴银，二成缴米。缴米之法，以上白米为率，糙米照加一成，按该属时价折银，各就近防米铺具票缴纳。官中发饷，搭放二成，由营自向米铺支取。是为台湾筹办内债之法”。

台湾道刘璈以捐借的两百万两白银为准备金，在岛内广泛发行钞票。他委托当地殷实富商印制三联票式，自行编号，先盖商绅图章，再送各县官府加印。左右票根，一存县府备案，一存本银号备查，以便核对；而中票用以流通。银钱分一圆和五圆，票面额统一为五百文，各县征解正供、盐课、税厘缴纳，在民间一律通行，并且可以充当抵押贷款。同时规定，银号票锚如逢紧促短缺，准许向道、府、县三库暂借接济。在刘铭传、刘璈的大力推行下，终于解决了台湾兵饷与战争经费的燃眉之急。

3. 刘永福发行台南官银票。光绪二十年（1894 年）甲午战争爆发，不久，台北就被日军所占领，万分危急时刻，南澳镇总兵刘永福驻府治台南治军。战争既起，费用需要颇巨，刘永福即设官票局于府治台南，委托郊商庄明德主持办理。该官票局发行银票面值共有三种：一圆、五圆和十圆。票长九寸二分（合 30. 36 厘米），阔五寸二分（合 17. 16 厘米），为三联票。一存于局中，一为流通使用。票面上列号数及年月日，并钤盖“台湾总兵”、“台南知府”及“办理全台防务总局之印”，同时也有“台湾民主国”的印章。此种纸币发行后，多被民众使用。这是台湾，也是我国最早出现的以银元为本位的钞票。

4. 台湾股份票。继台南官银票发行之后，刘永福又开始发行股份票，虽名为“安全公司”，但实质上是台湾军事公债。该股份票发行的目的同样是为了筹措军费。股份票的票式钤印与银票相同，共有一圆、五圆、十圆三种。在股份票发行时，刘永福允诺，台湾收复之后付给三倍的利息。一时岛内居民多踊跃购买。但台湾股份票始发不久，嘉义、凤山诸县即被日军攻陷，刘永福等抗日将领不得不撤离台湾。因而，该种股份票样只有极少数被保存下来。

第五节　贸　易

台湾位居东亚大陆通往南洋及欧美大陆海上交通的要冲，自古即是东西贸易的重镇。康熙二十二年（1683 年），清朝统一台湾后，台湾逐渐恢复了往昔的对外贸易。据《福建通志》记载，彼时台地“商舶交于四省（江、浙、闽、广），偏于占城、暹罗、真腊、满剌加、浡泥、荷兰、吕宋、日本、苏禄、琉球诸国”。

大陆与台湾自古以来就有频繁的经贸往来。早在宋元时，台湾尚属于早期开发时期，海峡两岸即有交易，只是规模较小。明代大陆与台湾的贸易关系有了进一步发展，尤其是明中叶以后，随着大陆移民的增多和台湾经济的发展，海峡两岸的经贸关系更加密切。清领台湾后，康熙帝逐渐解除大陆沿海对台贸易的禁令，宣布“开海贸易”，台湾与祖国大陆的通商贸易开始进入新的历史时期。从康熙二十三年（1684 年）清政府决定开海贸易、设置海关为始，至乾隆四十九年（1784 年）为止，清政府实行的是台湾凤山县安平镇鹿耳门与厦门之间的单口对渡贸易的政策；之后又增加台湾彰化鹿仔港与泉州蚶江口为对渡口岸，实行双口对渡贸易政策；乾隆五十五年（1790 年），又准台湾淡水厅八里坌对渡福州五虎门，逐步发展到指定三口对渡贸易；再发展到准厦门、蚶江、五虎门船只通行台湾三口，进而又开通台湾海丰港、乌石港为正口。这一政策的演变不仅扫除了两岸贸易发展的障碍，而且给台湾岛内区域经济的发展创造了新的契机。台湾港口一经官方正式开口后，海峡两岸经贸往来更是盛况空前。

清统一台湾后，台湾与大陆各省间的前期物资交流，台湾主要提供的是农副产品。台湾“野沃土膏”，为“肥饶之区”，“糖谷之利甲天下”，盛产粮食作物与经济作物，号称“海外一大粮仓”。从康熙二十三年（1684 年）起，台湾商人开始向大陆闽粤等地输出粮食，尤其是台米源源不断输入祖国大陆。从清统一台湾的第二年起，台湾海商开始向福建、广东等地输出粮食，台湾丰收之年，“千仓万箱”，不但“本郡足食，并又资赡内地”，居民“肩贩舟载，不尽不休”。每当大陆“青黄不接，内地米价高昂”之时，台湾各式各样的船只满载稻米，源源不断地运贩内地。到雍正年间，福建沿海的近十万驻防军以及戍台官兵在内地的家眷的粮食便依赖于台米的供应。乾隆末年，福建沿海居民的粮食供应也全部仰仗于台米。嘉庆十四年（1809 年），台米不仅供应了福建沿海，还北上江苏、浙江，甚至天津。台米的大量内运，不但缓解了内地的粮食危机，也繁荣了台湾经济。因为台湾的社会生产主要是围绕农业生产来进行的，一旦台湾米谷外销不畅，立即会对台湾的社会经济造成严重冲击，造成“熟荒”现象。时任台湾道的姚莹即描述道：“米客不至，台人苦谷有余而乏日用。富家一切兴作皆罢，小民无从觅食，盗贼益多。”就连乾隆帝也大加赞赏，“历来闽省所恃者，乃台米也”。

与台米大量输往大陆遥相呼应的是，大陆向台湾主要提供自身进行生产势必所需的日常生活用品，诸如针线、雨伞、砖瓦、酒、锅、锄等，以及棉布、丝织品等，大陆的日用手工业品等源源不断输入台湾。清代台湾是一个典型的农业社会，没有形成一个自给自足的经济体系，许多生活用品无法自给。尤其是前期“台地不种蚕桑，不种棉花”，因此，除麻制品外，全部衣料包括日常用品多仰赖祖国大陆。连横《台湾通史》记载：“台人习尚奢华，绸缎纱罗之属，多来自江浙，棉布之类消用尤广，岁值百数万金，其布由宁波、福州、泉州所出，商船贸易，此为大宗”，“凡丝布锦绣之属，皆自内地”。又据《台湾府志》记载，由于台湾地区土质“不堪陶瓦……虽粗碗瓦盘亦不能成”，故泉州德化所产陶瓷器皿很多销往台湾，台湾民间所用“盘盂、杯、碗之属，多来自漳泉”。此外，木材、石料、砖瓦等也都自大陆而来，可谓无所不有。海峡两岸互通有无，发展商贸，台湾与大陆从而形成一方提供农产品、一方提供手工业品的互通有无、互惠互利的经济关系，正如嘉庆十四年（1809年）台湾淡水乡耆卢允霞等赴巡抚衙门所呈称：“缘淡水系产米之区，为内地泉、漳、蚶、厦民食攸关之处，而淡民需用农器货物，全藉蚶、厦以资。”台湾与大陆形成一方提供农产品、一方提供手工业品的互通有无、互惠互利的经济关系。

台湾与大陆的贸易稳步发展，推动了台湾对外贸易的迅速增长。如台湾蔗糖不但运往大陆，也行销海外各地。清代台湾的蔗糖产量，据《赤嵌笔谈》所记为“三县（台湾、凤山、诸罗）每岁所出蔗糖约六十余万篓”。台湾糖产量既多，岛内自然无法完全消费，除小部分供本岛消费外，大部分作为商品运销岛外各地。外销地点除中国的上海、天津、苏州外，又大量运往日本、吕宋、波斯等地。到乾嘉时期，贸易达到全盛，“北至京津，东贩日本，几为独揽”。光绪六年（1880年），台湾产糖量更高达七万吨左右，是年，台糖输出五万三千二百吨，出口量又创纪录。台湾糖商因此大发其财，有诗曰：“漫讶飞霜暑路中，舳舻货殖倍三农，海东千里饶甘蔗，何啻人间千户封。”直至今天，台湾蔗糖出口仍在出口总值中占有重要比例，成为世界上重要蔗糖出口地之一。又如台湾茶叶，据《台湾省通志稿·经济志》记载，光绪十二年（1886年）台茶出口为七十六万九千磅，光绪十六年（1890年）为一百三十六万七千万磅，到1893年台茶出口为一百九十六万六千磅。到光绪二十年（1894年），台茶出口量达九千吨，金额达六百九十万元，已首次超过台糖出口，跃居台湾出口商品贸易首位，台湾茶叶在国际市场上的地位越来越高。

台湾与沿海各省的经贸往来，互利互惠，必然促进台湾经济的持续繁荣。《台湾府志》记载：台湾府“商旅辐辏，器物流通；晚稻丰稔，千仓万箱资赡内地”；《噶玛兰厅志》也有记载：“台湾广不满二百里，绵长千余里，滨海之鹿耳门、鹿仔港、八里坌、五条港，船辐辏。”频繁的两岸贸易交流还直接促成了台地“郊”的出现和繁荣。随着台地对外贸易的发展，台湾商号林立，为协调行动，减少内耗，形成了对某行业、某地区市场的垄断，建立了以大商人为中心的商业集团——“郊”，又称为“郊行”、“行郊”、“郊商”。设在石狮，专门与台湾鹿港贸易的称为“鹿港郊”；设在台湾，与蚶江、永宁、深沪、崇武等地贸易的称为“泉郊”；与厦门等地贸易的称为“厦郊”。泉郊、厦郊、鹿港郊号称“三郊”，最为著名。据林再复先生的《闽南人》统计，清代时，仅台湾鹿港的“泉郊”就有两百余家，“厦郊”约一百家。在“台南三郊”中的“北郊”，拥有商号二十余家，南郊拥有商号三十多家，糖郊拥有商号五十多家，连横《台湾通史》记载，他们“各拥巨资，以操胜算。南至南洋，北及天津、牛庄、烟台、上海，舳舻相望，络绎于途”。此外，全台凡是有所开发的城镇，都有强大的郊行出现，如台北、淡水、澎湖、新港、月港、凤山等等。郊行内部组织系统通常比较完善，有董事、秘书长、总干事等，立纲陈纪，章法森严。从商务方面看郊行“聚货而分售各店”，与当今的商品批发中心颇有相似之处。郊行不仅经济实力雄厚，而且大都拥有强大的武装，涉足社会各种民政事宜和社会政治，在当时的社会生活中具有重要的作用。清领台时期，大大小小的帆船载满商品穿航于两岸各个港口，台湾的郊商和郊行经营者推动两岸贸易活动，为两岸社会经济的发展和相互间的商品流通作出了很大的贡献。郊行的出现，也是台湾商业发达的重要标志之一。

鸦片战争以后，由于外国资本主义势力的入侵，台湾与大陆之间的贸易关系无法正常维持，海峡两岸的贸易关系受到很大损害，尤其是大陆被迫实行“五口通商”后，洋米、洋布充斥，洋布逐渐夺走了大陆棉布在台湾的大部分市场，而台湾粮食的输出，也因“一般人食洋米而不食台米”，日渐减少。这在很大程度上破坏了大陆与台湾的通商贸易结构。时任分巡台湾兵备道的徐宗就痛心地说，台湾社会经济是“十年前之不如二十年前，五年前之不如十年前也，一二年内之不如五六年前也”，这种现象是由于台湾米谷的大陆市场被洋米占据造成的，“盖由内地食洋米而不食台米也，不食台米也，则台米无去处。而无内渡之米船，即无外来之货船。往年春夏外来洋元数十万，今则来者寥寥，已数月无厦口商船矣。各厅县虽有海口，几成虚设"。寥寥数语，淋漓尽致地勾勒台米滞销对台湾社会经济的严重影响，也从另一方面说明台米内销对台湾社会经济发展的重要性。然而，即便如此，由于资本主义的资源掠夺，台湾糖业、茶叶等生产高度发展，台湾的对外贸易仍有很快的发展。自台湾淡水开放为通商口岸后，台湾凭借其海上交通的优越地理条件，在对外贸易中所扮演的角色逾显重要。据相关史料统计，同治十三年（1874 年）后台湾贸易即呈出超状态，同治七年到光绪二十年(1868—1894 年)，台湾贸易总值年平均增长率为 8%，高于全国贸易值年平均增长率 3.4%，台湾对外贸易在全国对外贸易中依然占有重要地位。

第五章 教 育

第一节 教育政策

明郑以前，台湾尚未有系统与具体的教育制度，真正开始普遍在台湾实施教育的是明郑政权。郑成功出身儒生，对人才培养非常重视，早在攻取台湾之前，即曾于明永历八年（1654 年）设立储贤馆和育胄馆来培育人才。明永历十五年（1661 年）时，郑成功率军攻台，历经九个月的交战之后，荷兰人投降。然而接收台湾之后，郑成功却未及从事教育建设就去世了。

郑成功去世后，郑经一秉其遗风，任用明郑主要官员陈永华着手积极实施各项措施，大力推进教化工作。具有传统儒家理念的陈永华非常重视对人才培养至关重要的学校教育，并将科举制度视为选拔人才的方式而加以推广和应用。永历十九年（1665 年）陈永华向明郑政权提出“建圣庙、立学校”的主张，郑经以“荒服新创，地狭民寡”为由请其稍待，陈永华则力陈教化人才的重要性说：“国家之治，岂必广土众民，唯在国君之用人求贤，以相佐理尔。今台湾沃野千里，远滨海外，人民数十万，其俗素醇，若得贤才而理之，则十年生众，十年教养，三十年之后，足与中原抗衡，又何虑其狭小哉？夫逸居无数，则近于禽兽。今幸民食稍足，万兵待时，自当速行教化，以造人才，成国有贤士，邦以永宁，而世运日昌矣。”郑经最终同意了陈氏的建议，择承天府之卓仔埔（今台南市南门路）兴建孔庙。永历二十年（1666 年）圣庙建成，其旁设明伦堂，作为学子执经问业、砥砺学问的场所。这是全台湾第一所由官方出资兴办的教学场所，名字称为官学，因为设于孔庙内又称为儒学。圣庙落成后，郑经亲率文武百官，行释菜之礼，据《台湾通史》记载，“环泮宫而观者数千人，雍雍穆穆，皆有礼让之风焉”。台湾首座圣庙和明伦堂的建成，标志着大陆封建教育制度和体系向台湾移植的初步成功，这在台湾教育发展史上具有重要的意义。

圣庙建成后，为了让进学者有升学的机会，同年三月又建书院，由陈永华主持，并于学院内设国子监助教，以礼官叶亨为首任。郑经又通令各里、社广设学校，聘请教师以教育子弟读书，“凡民八岁入小学，课以经史文章”，“自此台人始知学”。为鼓励高山族子弟入学，郑氏政权还规定，入校读书的高山族子弟可减免部分赋税。

明郑时期，台湾逐渐建立了一套与大陆基本相同的自上而下的封建教育行政体系：中央教育行政单位有礼官与学院，礼官可以称为当时的中央教育行政长官，学院曾由陈永华兼理，所以中央教育行政权，其实由学院掌管，学院是中央教育行政的负责者。地方教育行政单位是府与州，其行政事务由府尹知事兼理。太学与院相当于高等院校，以下是府学、州学、社学中、初等教育。

在此时期，台湾教育的形态深受科举考试制度所影响，教学的目标在于培养为官的人才。学校课程内容大多局限于科举考试范围的四书、五经。对于学生的选拔，《台湾外记》称，天兴、万年两州三年两试，州试有名者送府，府试有名者送院，各试策论，院试取中者准入太学。

明永历十五年（1661 年）至清康熙二十二年（1683 年）期间的明郑政权的施教措施，使台湾子弟渐知礼教，步上文明之途，对台湾当时文教的发展起了显著的推动作用。但是对抗清王朝仍是其施教的首要方面，教育的基本目的是在于塑造民族意识以对抗清政府，所以其本质上仍包含着相当程度的政治企图。台湾教育的进一步发展，是在清政府收复台湾之后。

清政府对台湾的教育政策与其理台政策是遥相呼应的。清康熙二十二年（1683 年）清军入台，尽管台湾被并入清朝版图之中，然而由于政治因素影响，清政府采取比较消极的理台政策，当然教育建设也就未受到足够重视，这可从其教育行政人员人事政策和各项学训中看出。就人事政策而言，清代初期对于赴台的文武官员，包括教育行政人员在内，采取各种特殊的防治措施，如“任期以三年为限”，“禁止携眷入台”等，以免远在海外的台湾官员变节而形成乱源。因而清朝初期的对台政策是防乱重于兴利，教育政策也不例外。清政府颁布的学训中也证明了这一点。例如台湾府儒学所刊立的卧碑有这样的记载：“朝廷建立学校，选取生员……全要养成贤才，以供朝廷之用。诸生皆当上报国恩，下立人品！”其向生员灌输忠君尊上的意图甚是明显。但在台设立学校之事，在清领台伊始就引起了一部分官员的重视。首任诸罗县知县季麒光在《条陈台湾事宜文》中就指出：“不崇学校，无以敦弦诵，不行考试，无以励功名，则学宫与学官不可不设，进学之额，不可不定也，禀膳序贡之例，不可不行也。”台湾知府蒋毓英也持相同意见，认为“肇造新邦，礼乐教化，固为致治之大本”，并建议“台湾府与台、凤、诸三县，应各设儒学”。首任台厦道周昌对台湾的教育也很重视，他指出：“台湾既入版图，若不讲诗书、明礼仪，何以正人心而善风俗也?”然而由于经费问题，台湾创办学校仍被暂时搁置起来。

清朝末年，外患自海上接踵而来，清政府逐渐认识到台湾战略位置的重要性，尤其是中法战争爆发后，清政府更加深刻察觉到其理台政策需要改弦更张，日益重视台湾的地位。台湾建省后，首任台湾巡抚刘铭传的新政建设虽仍以防务为重，但他的教育改革政策却极富意义，“首开台湾新式教育之风”。由于新式事业的需要，刘铭传决心从根本上培育洋务人才。光绪十三年（1887 年）刘铭传在台北大稻埕创立西学堂，延聘英国人布茂林为教习，并派汉教习两人于西学余闲兼课中国经史文字，使内外贯通，培养通晓近代科学、善于对外交涉的人才。第一期招收二十人，课程主要有外语、地理、历史、测绘、算学、理化及汉文等，学生在校经费由官府拨给，到光绪十七年（1891 年）共培养六十余人，这些毕业生后来大多成为台湾新式企业的栋梁之才。次年，为培养电报技术人才，刘铭传又于大稻埕电报总局内设立电报学堂，招收西学堂和福建船政学堂电信学生。开办时有学生十八名，课程以电信技术为主，学习有关电讯技术的各门课程，“学生皆给官费，每年约用一万余两”，该电报学堂的创办，开启了台湾培养专门技术人才的先河。加强对高山族同胞的教育也被提上了日程。光绪十六年（1890 年）刘铭传设番学堂于台北，招收高山族资质聪慧的儿童二十名，以大陆罗步韩为教头，以当地台湾人吴化龙为教师教授番童读书写字，并教以大陆礼法习惯等，“起居礼仪，悉仿汉制”。刘铭传经常莅临学堂视察，鼓励番童问学，对于学习成绩优秀者，赏以“番秀才”称号。

刘铭传在理台时推行的教育政策已调整为“变西法、罢科举、开西校、译西书、拔真才”，由此，台湾教育迈入了新的历史时期，涌现出一批通晓中西文化的知识分子。然而，这样的教育政策推行不过数年，即为继任台湾巡抚邵友濂所废。光绪十七年（1891 年），台湾巡抚刘铭传离职后，继任巡抚邵友濂面对台湾财政亏空，被迫对新政采取紧缩政策，先后裁撤刘铭传设立的西学堂、番学堂和电报学堂，新式教育没有得到应有的发展空间。

通观清代台湾教育的发展情况，应当说，在两岸统一的政治局面下，清政府将大陆的教育制度，包括学政管理、学校种类、教育思想和教学方法等，移植到台湾，使台湾文风蒸蒸日上，教育为之一新。据史料统计，清政府治台两百余年间，台湾地区共考取举人三百四十人，进士三十二人。清领台时期，平民和番童与富家子弟一样享有受教育的权利，这大大提高了汉文化在台地普及的程度。到清领台晚期，台湾的教育事业日渐发达，在推进台地人民教育水平的同时，也增加了台地人民对祖国的向心力。

第二节　教育系统

清代台湾的办学模式基本移植自大陆。台湾的教育分为府县儒学、书院、义学、社学、民学等。儒学为地方政府的最高教育行政机构，先后设立了十三处；书院为主持地方文运的机构，全台计有六十二处；义学由官方设立，以教贫童；社学由一般读书人集合设立；民学则由私人延聘教师。儒学、书院属于中等教育，义学、社学、民学属于初等教育。府州县学的学生，称为生员，要经过县试、府试、院试，取得秀才资格才能入学。学生有等级之分，一等的叫廪膳生员，简称廪生，每年国库拨给白银四两。二等的叫增广生员，简称增生，增生不领廪饩银，但可以补廪生的缺额。三等的叫附学生员，简称附生。廪生和增生的名额有限定，各省府学定额四十名，州学三十名，县学二十名。

提督学政为地方教育之最高长官，掌管一省之教育行政与学校教育，以及科举有关事宜。清领前期，台湾学政理应由福建省提督学政负责，但因台湾孤悬海外，提督学政不便远涉重洋而兼顾，于是由在台的高级官员兼任，当时台湾的教育行政业务，或由掌管军政的兵备道管理，或由汉籍巡台御史监管。在府州县方面，府由知府兼管学务。台湾原未设州，虽然后来有台东州的设置，但一直没有设立州学。县的学务行政由知县掌管，但真正负责教化的是县儒学的教谕。

教育经费来源主要有三种：府县税课库银、学田收入和私人捐输。府县学主要由库银支应，以学田和私人捐输作为其补充。义学和书院的设立也经常由库银拨付，但同时也借助于学田的收入和社会的捐资。社学则通常由民间自办，束脩是其重要的维持费。这三种经费来源中，库银和捐资通常会受人为因素的影响，如果官员不重视教育或地方富贾不愿慷慨捐输，那么台湾教育经费马上就会受到影响。而相对来说，学田是稳定的教育财源，在台地教育中能发挥极大的辅助功能，对于台湾教育经费的提供有一定的贡献。

关于清代台湾的教育系统及办学情况分述如下：

一、儒学

儒学即清政府举办的与科举制度相适应的官学。京都儒学称“太学”或“国子监”，是国家最高学府，其就读学生通称国子监生或太学生；府、州、县等地方政府所设之府学、州学与县学等各系学校为地方学校，也称儒学，相当于中等教育，其就读学生称“生员”、“诸生”，俗称“秀才”。儒学为台湾地方政府的最高教育行政机构。

依据《大清会典儒学规制》，儒学设置的目的是：第一，建学宫、祀先师，以示遵规范；第二，设明伦堂、督生员，以应科举考试。就学校制度而言，台湾府儒学隶属知府，由“由省派教授一员”，以理学务；县儒学隶属知县，由教谕主持，隶于学政（相当省教育界最高官员），掌理一县的教育行政事务。后来两者各增训导一员，延请中土名儒，授以经史文章，试以诗、赋、策论，以为教授及教谕之副，并同时都受学政的监督。厅儒学则设置较迟，有设有不设。其不设者，均由原县兼管，如澎湖厅就不设儒学，其学务由台湾县兼管；另外，噶玛兰厅也不设儒学，其学务由淡水厅兼管。

清朝管辖台湾后，由于官方的推动，大陆的学校制度被移植到台地，儒学即在台湾迅速发展。据连横《台湾通史》记载，清代台湾最早的儒学创始于康熙二十三年（1684 年）首任知府蒋毓英任内，即安平县儒学和嘉义县儒学。此后，台南府（1685 年）、诸罗县（1686 年）、凤山县（1696 年）、彰化县（1726 年）、新竹县（1817 年）、宜兰县（1876 年）、台北府（1880 年）、台湾府（1889 年）等等，各府县儒学纷纷建立。台湾府儒学为全台最高学府，兼理台湾教育行政，又称“全台首学”，设于台南孔庙，亦即明郑时期文庙、太学旧地（今台南市文庙路三号），由“省派教授一员，以理学务”。这样，台湾在与祖国大陆统一后短短的几年内，最初的行政区划一府三县很快都设置起了儒学。之后，随着台湾增设新的府县，儒学数量也相应增加。终清一代，台湾共置儒学十三所。其中有三所府学，分别是台南府儒学、台北府儒学及台湾府儒学（在台中）。县学则前后设了十所，分别在安平、凤山、诸罗、彰化、新竹、宜兰、恒春、淡水、苗栗、云林等地设置。

具备儒学入学资格的，是那些经过学政主考及格的秀才。考试以八股文为主，通过考试的秀才就可以入学，但实际上并不授课，只是在规定的时间来学应考，领取膏火（赏银）而已。至于诸生的出路，台地入学学生须先行取得太学资格，方可参加廷试考取官员，极少数可以升入国子监。也可通过在校科试，取得乡试资格，大多是参加福建省的乡试，考试及格者称举人。

二、书院

书院是有别于官学的另一种教育系统。由于儒学兼理教育行政及地方科举考试，平时开课讲学时间有限，“不敷所需”，于是，书院应运而生。中国的书院发端于唐朝，五代时，规制逐渐完备，至宋元时期达到鼎盛，并凌驾于国学之上。迄于明清时期，仍维持不坠，前后历经约千年，并能随着时代的推移而演变。

台湾的书院，也是由大陆移植而来的。清初，刚入主中原而立足未稳的清政权，为防止书院广聚生徒、反清复明，对书院的设置采取抑制态度。台湾书院由于其特殊的社会背景和地理环境，除金门外，清代之前没有设立过书院。清统一台湾后，书院在台湾各地先后设置。台湾最早的书院为台南西定坊书院，该书院系康熙二十二年（1683 年）靖海将军施琅所创。康熙二十九年（1690 年）知府蒋毓英创建了镇北坊书院；康熙三十一年（1692 年）台令王兆升设立了弥陀室书院。据统计，仅在康熙年间，台湾就设立了十一所书院。但这些书院实质上属于由义学过渡到正式书院的雏形书院，即便如此，这仍与同一时期大陆地区的禁设书院形成了鲜明的对比。在设立书院的问题上，统治者对福建（包括台湾）采取了和大陆其他地区截然不同的态度，这表明在闽台地区实行的文化政策有着明显的特殊性。之所以这样做，一方面是因为清初统治者急于笼络汉族知识分子，巩固在闽台的治理；另一方面也是为了发展闽台文化教育事业，培养人才。在清政府的特殊政策推动下，书院这种教育形式很快在台湾获得长足的发展。

据连横《台湾通史》记载：“台湾为海上新服，躬耕之士，多属遗民，麦秀禾油，眷怀故国，故多不乐仕进。康熙四十三年，知府卫台揆始建崇文书院；五十九年，分巡道梁文煊亦建海东书院。各县先后继起，以为诸生肄业之地。”从此，续建书院逐渐遍布于台湾各地。台湾首座具有规模的书院当推崇文书院，该书院原在台南府治东安坊，后移至台南府府学西则。海东书院最初位于台南府府学西则，后移至台湾县县署旧地。康熙年间创设的台南府这两大书院，对台湾汉文化教育事业发生了重大影响。此后，台湾各地书院继起，遍设府县。如台南府的南湖书院和奎楼书院、台湾府的宏文书院、台北府的登瀛书院、明道书院和学海书院，台湾县的正音书院、引心书院和澎湖书院，凤山县的凤仪书院和屏东书院，嘉义县的玉峰书院，彰化县的白沙书院和文开书院，云林县的龙门书院、蓝田书院，苗栗县的英才书院，新竹县的明志书院，宜兰县仰山书院，还有基隆厅崇基书院和澎湖厅文石书院等，全台共计四十四座。

清领台两百余年间，台湾究竟设立了多少所书院，各家说法不一。有的认为有六十八所，有的认为有四十五所，有的认为有三十七所。但学者普遍认为大小书院有六十一所之多，数量与全国相比毫不逊色。台湾书院在两百年间，从“混沌狉獉，非优先王之教”中建起，能短时间内取得如此成绩，已经是很可观了。

清代台湾书院的组织机构设置，承袭了大陆的传统。但由于台湾的特殊环境，又使得台湾的书院呈现出了部分的差异性。台湾书院的组织结构经历了一个逐渐演化的过程。初期设置的台湾书院组织结构比较单一，几乎都属官宪倡建的性质，师资、经费等也由地方官府提供，书院的重大事宜基本上由创办者独断，因而官府指导的意味很重，例如西定坊书院及崇文、海东书院，其发起者大多为高官。雍正年间，台湾出现了官民倡建的书院。此种性质的书院由官府与士绅共同创办，其表现形式是，或由地方官根据兴教化的需要邀集当地有影响的士绅创办，或由士绅筹划后呈请地方官出面创办，以增加权威性。书院的组织结构也由此出现了新的变化，即由作为办学主体的地方官府和当地士绅中的代表人物联合组成一个类似“董事会”的管理体系，官方代表大都为地方亲民之官，如知县、通判、同知等，不再是前类较高级官员，地方官仍为“董事长”，但不像前类那么独断，“董事会”有较大的发言权。这种类型的书院为数不少，如明志书院、文石书院、蓝田书院、引心书院等。此外，在这一时期还出现了完全由绅民自力兴办即民间倡建的书院。其组织形式为绅民为主，官府声援，“董事会”全部由绅民组成，偶尔也有官宪列名，但并不负责管理。所以此类书院的权利都在绅民自己手中，如龙门书院、凤仪书院、振文书院、屏东书院等等。

与大陆书院一样，台湾书院无论组织形式如何，院长（山长）都是其中的重要人物。院长即宋以来的“山长”，乾隆年间改山长为“院长”，但是，“山长”这一称呼一直被沿用，原因是书院一般建在山林里，书院的主持者自然也就被称为“山长”。作为书院行政组织中最重要的职务，清政府对院长的资格要求颇严，首重品格，次求学问，需“经明修行，足为多士模范者”，且院长之职必须专任。台湾书院的院长大都具备上述条件，只未遵行“专任”一项，常由儒学教授、教谕、训导或其他文行优长者兼任。如登瀛书院院长由台北府儒学教授兼任，学海书院院长由淡水县儒学教谕兼任，明志书院院长由新竹县儒学训导兼任等。清政府亦对此持宽容态度。院长负责日常教务和训导工作。教务工作包括教学和考课。教学即一般升堂讲书、批答疑难、查阅“读书分年日程”等。考课也为院长的重要职务，是按月对书院生童加以考试，通常每月两次，一次是官课，由官府进行；一次是师课，由院长进行。

台湾书院属常设机构，业务繁冗，非院长一人所能担任。除了官宪、院长、绅耆最高领导层外，尚有绅耆选出的人负责不同事务性工作的各类职务：总董、董事、监院、首事、管事、当事、礼书、礼房、炉主、会东、倡首者、租赶、租差、传代、财帛、斋长、值董、院丁、院夫、书丁、拾字纸等。书院不同，称呼亦不同，分工也不同，没有定制。总董负责庶务、会计、财产，只有文石书院等极少数书院设置此职位。其他大多数书院将其职权分为三块：炉主（如奎璧）、监院（如罗山）、首事（如龙门）、倡首者（如奎文）管庶务；监院（如崇文）、礼书（如仰山）、礼房、财帛（如龙门）主会计；会东、当事、斋长管财产。至于征收租谷则由租赶、租差、管事（如白沙）、传代（如奎文）、斋长（如罗山）、监院（如海东）、礼房（如崇文）等负责。炉主、值董（如文石）司祭祀。打杂由院丁、院夫（如仰山）、书丁、拾字纸等为之。人员编制视各书院规模、经费多少而定。清代台湾书院各职位，名额不定，任期不定，薪资或有或无、或多或少不统一。从中也可知，台湾的书院制度仍处于演化之中，未成定制，但整个组织机构已初具规模。

由于台湾书院的性质不同，经费的来源也多种多样，即便是同类性质的书院，经费来源也不尽相同。一般而言，官立书院的经费来自官署公银、官庄、抄地等，偶尔也接受绅民的捐助。如官立的海东书院，康熙五十九年（1720 年）由分巡台厦兵备道梁文煊倡建，其经费来源除公银拨支外，尚有田租、田底租、园租、利息及店税等项。公银拨支和田租是该书院较固定的收入。但在乾隆五年（1740 年）因台湾府士子远隔重洋，赴省城鳌峰书院肄业不便，又有拔贡生施世榜捐水田千亩充膏火之资。合建的书院的经费来自创办人所捐助学田的田租收入，官府也会拨给一部分补助，主要用于膏火补助和书院建筑的修缮，以及弥补祭祀费用之不足等，如澎湖书院、白沙书院等。民间创建的书院则以绅民捐献为主力，官府偶尔给予补助。如英才、龙门等书院。

台湾书院的建筑也取法大陆书院格式，继承了大陆建筑的优良传统。或前后二门（如龙门书院）；或三进（如明志书院），即中为讲堂，后祀朱子神位，左右两旁各房为生童肄业。甚至建筑材料和工人，也从大陆运来。至于书院的名称也与大陆书院相同，如仰山书院，以“景仰杨龟山而得名”，由于仰山书院与福建书院关系十分密切，所以据《噶玛兰厅志》记载，道光六年（1826年），福建巡抚孙尔准到台湾巡视时，曾从福建鳌峰书院藏书中，拨出《史记》、《诸葛武侯集》、《陆宣公文集》、《韩魏公集》、《司马温公集》、《二程文集》、《二程语录》等共四十五种一百六十六本书给台湾的仰山书院，以“为诸生稽览之资”，从而有力地支持了台湾书院的发展。

三、社学

社学是我国封建社会在乡村里设置的一种初等教育办学形式，这一教育形式在明代便已出现了。明洪武八年（1375年），我国出现了当时最早的社学。明弘治十八年（1505年），明政府要求各府州县普遍设立社学。清统一台湾后，清政府鉴于儒学多设于城市，而乡村里社则少有学校之设，于是要求各地的地方官员广设社学，台地隶于福建自然也不例外，台地官员盖仿大陆在大乡巨堡普设社学，延师施教。

清代台湾社学有“民社学”（又称“汉人社学”）和“番社学”（又称“先住民社学”）之分，因为台地居民有汉人和土著之分。台湾在康熙二十三年（1684年），就开始设置民社学，并不断推广。这一年，台湾知府蒋毓英以台湾初入版图，为安定民心，移风易俗，在台南的东安坊设立了两所社学，延聘儒士，以教诲穷民子弟，实为清代台湾最早设立的社学。康熙二十八年（1689年），分巡台厦兵备道王效宗于府治镇北坊又建设了一所社学。同年，蒋毓英在凤山县也设立了一所社学。康熙四十八年（1709年），福建巡抚张伯行令诸罗知县刘作梓在该县的乡村创立了八所社学。

在地方官员的大力推动下，台湾中南部各地社学纷纷设立。据史料记载，仅凤山一个县就设立了数百处社学。此后，随着台地由南向北的开发，社学的设置也由南向北遍布全台。而汉族聚居地的民社学，虽一度较为普及，但自康熙末年朱一贵事变后开始衰微，渐为义学所替代。及至乾隆末年，所谓社学，则不再是一个乡村教育机构，已经演变为文人士子会文结社的文社，如乾隆年间嘉义县的文彦社、道光年间彰化县的振文社等，虽称社学，但是已经不再具有学校的功能了。尽管如此，清末台湾个别县份又曾广泛兴办社学，如据载光绪年间凤山县辖内计有社学两百三十八所，以此在本县推广教育。

台湾的“番社学”是官方为教化番童而在土番居住区设立的，是一种特殊的社学教育形式，此种学校对于传播大陆文化起了重要的作用。清统一台湾后，非常重视对高山族的教育，康熙二十五年（1686 年），台湾知府高拱乾上疏曰：“学校之设，所以明伦。台湾既入版图，若不讲诗书、明礼仪，何以正人心而善风俗也？从来经国之要，应重于收人心……万年起化之源，正在今日。此移风易俗，厚生与正德相维为用。宪台与道宪之请建学校，行考校，诚审乎教养之根本，为海天第一要务也”。是年，诸罗知县樊维屏在新港社、目加溜湾社、麻豆社、肖垅社四处，设立了四所社学，“以教番童”，这是台湾最早出现的土番社学，首任台湾府学教授林谦光在《台湾纪略》中对此给予极高评价：“今道府设立社学，教诲番童，彬彬有文学之风”。康熙五十四年（1715 年），台湾知县周钟瑄又在诸罗山社，打狸社、哆啰国社、大武垅社建立了四所社学。雍正十二年（1734 年）分巡台湾道张嗣昌廷认南北两路均设土番社学，各社学置社师一人以教番童，在他的推动下，番社教育得到了普及。

此后，各地土番社学又有进一步的发展。据刘良璧《续修台湾府志》记载，乾隆年间，台地共有土番社学五十一所，其中，台湾县土番社学五所；凤山县土番社学八所；诸罗县土番社学十一所；彰化县土番社学二十一所；淡水土番社学六所。由于广设土番社学，传播大陆文化，使中原的教化逐渐取代昔日荷人教化之影响。如乾隆元年（1736 年）台湾道尹士俍就目睹了这种变化，他在《台湾志略》中写道：“各社遵设义学，延师教训番童，讲明经礼义，课读诗书，各县训导督导其事，按季考验，以作奖励，几同凡民俊秀。从前各社中有习红毛字者，以鹅笔蘸墨，由左而右横书，谓之‘教册’，社中出入簿籍，皆经其手。今则簿籍皆用汉字，每至一社，番童各执所读之经书，背诵以邀赏。”土番社学的设立，大大提高了土番各族的文化水平，受到他们的普遍欢迎。康熙五十二年（1713 年），北路营参将阮蔡文出巡番社，考察教育状况，“山谷诸番具牛羊酒食，迎爬道旁”。嘉庆以后，台湾外患频仍，内乱迭起，多数土番社学逐渐废弛。至道光年间，因平铺族急速汉化，或已大规模迁徙，于是政府不再施行特殊教育，平铺族生童多就近进入义塾就读。

清代台湾民社学的教师称为“社师”。社师是社里唯一的教员，责任重大，所以担任社师的条件也较为严格。在社师的选聘上，“务取年四十以上，良心未丧（必有良心，始不误人子弟）、志向颇端之士。不拘已未入学，如果见识近正，音韵不差，文理粗通，讲解亦是者，拔为社师”。这里既有德行方面的要求，也有学行方面的标准，甚至对德行的要求超过了学行。这其中的主要原因，主要是因为清政府认为社师必须品行端正，必须具备为人师表的形象，才能担当起启蒙教化的重任。社师的选聘要求严格，然而一旦被聘为社师，则享受“免其差役，给禀饩优膳”的待遇，比较优厚。但社师也要接受地方官的考察监督，一般每六年考察一次，如果考察合格则予以提拔，即“准予充贡”；土番社学的教师多由汉族知识分子担任，除汉人社师外，也有相当部分的熟番生童经教化后担任社师。番人社师的任用，大大扩大了土番各族的受教育面。他们的待遇往往是“给以馆谷”作为报酬。同汉人社学的教师一样，土番社学的教师也要定期接受考察。其考察方式，有知县定期派遣县儒学训导赴各地巡查，也有各地方官不定期巡视番社社学，查看社师教学情况。

台湾民社学教育的目标在于为科举考试作准备，要求八岁以下的学生先读《三字经》以习见闻，《百家姓》以便日用，《千字文》以明义理。此外，其课程还包括了与应试教育相关的不少内容，如《四书集注》、《四书白文》、《诗》、《书》、《礼》、《义》、《春秋》等。八股文、《圣谕广训》更是他们要掌握的内容，以便成为忠于朝廷之士。县儒学的训导按季对社学学生的学习情况进行考察。社学学生的学习年限也没有统一的规则。学生学完社学的课程后，经过“童试”，考试成绩优秀者可以升入官学取得康生资，或以增广生员、附学生员的资格入学；土番社学的学生，因教学对象是土番子弟，文化程度低，其教学方式则沿袭以往的认字、句读、背诵、默写等，社师“训以官音，教以礼义，学以文字”。教材也多为《三字经》、《百家姓》及《四书》、《毛诗》等儒家基础经典，如《四书》、《毛诗》、《左传》等。土番社学学生入学后可免除徭役，对于读书成绩优异者，还施以各种实物奖励。或“劳以酒食，各给四书一册，时宪书一伙”，或“给予纸笔，以为鼓励”，或对“能读四子者、习一经者，复其身，给乐舜巾，以风励之”。土番社学的学生学完课程后可以参加“乡试”，还可以进入当地官学中学习。这样，无论是民社学还是番社学，都被纳入了封建学校教育体系之中。

台湾民社学由各县地方官管理，办学经费主要由官方拨给，也吸纳来自民间的捐助。社学的办学经费一般包括修建房舍、聘请社师、购买书籍文具、学生膏火等。然而支配经费的往往不是社学中的成员，而是由各县儒学的教谕管理。凡社学开支均应登记在册，申报核准后方能开支。多余的经费还可以向外放贷以收取利息。同汉人社学一样，土番社学的经费也有官府拨给，也接受一部分民间捐款。如道光元年（1821 年），淡水厅有些番社的番人就自愿捐出一部分口粮作为学租，以鼓励番童上学。

四、义学

清代的义学，俗称义塾，是专为贫寒家庭子弟施行启蒙教育而设立的一种学校。从清初起福建境内即有义学之设，之后设置越发广泛，以致到了道光年间，“推诸一邑之内，无不设塾之乡，无不入塾之童”。清领台湾后，义学这种特殊的教育形式也由大陆传入台湾。

义学本源于社学，康熙二十八年（1689 年）台湾知府蒋毓英在台湾县创办了两所社学，以教育贫寒子弟，可谓台湾官办义学的渊源。台湾真正意义上的义学的设置始于康熙四十五年（1706 年），这一年，台湾知府卫台揆创建了三所义学，成为台湾官办义学的肇端。以后的三十余年间，在台地官员的支持和鼓励之下，官办义学在台湾陆续建置。

有识之士对义学的设立极为重视。如康熙六十年（1721 年），蓝鼎元即针对台湾教育的状况，在《覆制军台疆经理书》中指出：“郡县既有城池，兵防既已周密，哀鸿安宅，匪类革心，而后可施富教，而台湾之患，又不在富而在教，兴学校，重师儒，自郡邑以至乡村，多设义学，延有品行者为师，朔望宣讲圣谕十六条，多方开导，家喻户晓，以‘孝悌忠信礼义廉耻’八字转移士习民风，斯又今日之急务也”，呼吁在台湾广设义学以振兴文教。及至雍正二年（1724 年），他又在《与吴观察论治台事宜书》中强调指出：鉴于“台人未知问学，应试多内地生童，然文艺亦鲜佳者”，建议“延内地名宿文行素著者为之师，讲明父子君臣长幼之道，身心性命之理，使知孝悌忠信，即可以造于圣贤。为文章必本经史古文先辈大家，无取平庸软靡之。每月有课，第其高下而奖赏之，朔望进诸生而谆切教诲之。台邑、凤山、诸罗、彰化、淡水各设义学，凡有志读书者皆入焉。学行进益者，升之书院为上舍生。则观感兴奋，人文必日盛”。在蓝鼎元的积极呼吁下，时任分巡台厦兵备道的吴晶柞采纳他的建议，并全力加以推广，不仅府、县、厅设置了学校，连各要冲之地也设置了义学。由此，台湾义学如雨后春笋般发展起来，逐渐取代了社学原来的地位，并成为台湾一种新兴的重要教育形式。

清代台湾义学有官办和民办两种性质。所谓官办，是由道府县署创办并管理；所谓民办，多由当地乡绅富户创办并管理。初期台湾设立的义学为官办，当时较有特色的有：观音亭庄之义学（台湾县）、四门义学（嘉义县）、南厂义学（台湾府）。之后比较知名的官办义学有道宪十八义学和淡水十八义塾。由于当时清政府对台湾府、县学之设置并不是很积极，反倒是一些热心文教普及的官吏与士绅所建立的民间义学普及到了台湾各区，其中最著名的是道光年间设置在淡水厅芝兰堡的芝山文昌祠义塾（今台北士林）和枋桥的大观义学（在今台北板桥），《台湾省通志稿》云：“以规模及设备之完整著称，而成绩可观者，当推淡水厅下芝兰一堡即之士林镇芝山文昌祠，及枋桥街之大观义学。”民间纷纷捐资兴办义学，这在很大程度上带动了台湾文教事业的发展。

义学是专为穷苦家庭实施启蒙教育的场所，不收费用，有时还发给赏银。担任义学的教师都是每年从府县儒学生员中选拔出来的。选拔的方式是进行一篇四书文和一首五言诗的考试，成绩赫赫的生员依高低分为十五个等级，依次任用。由于义学在很大程度上是社学的延续，因而义学的教材内容，不外《圣谕广训》、政令宣导，以及儒家经典的诵读、八股文的习作等。就义学的学生而言，他们的年龄大多在六岁至十七岁之间，在学校除了读书、识字之外，也把参加府、县学的入学考试作为其学习的目的。与社学一样，清代台湾的义学也要定期接受考察。考察人员主要是由一些有名望的书院山长兼任总查或帮查，定期巡视义学，以达到监督的作用。其具体的职责是：考课生徒，发给成绩上等和中等者一定数量的赏银；考察教师的勤惰。

学田收入是台湾义学经费的主要来源之一。如凤山县义学，在康熙年间共有两块学田，一是康熙四十八年（1709 年）由知县宋永清购买的下则园二十甲，地址在凤山县硫黄水土番园。一是同年知县宋永清购买的下则园四甲三分，位置在兴隆庄，每年除交粮食十石三斗两升外，还提供了一部分教师的束脩。此外台湾义学也吸纳官员士绅的捐助。例如位于凤山县港西里阿猴街的义学，是当地士绅每年捐出六十元，作为教师的束脩。此外，光绪元年（1875年），台湾道夏献纶在凤山县的港西里和港东里共设立了六所招收先住民子弟的义学，并捐助了办学经费。但需要指出的是，也有相当一部分义学并没有稳定持久的办学经费，一旦筹资的一方有变故，义学的经费来源即告枯竭。

五、私塾

私塾俗称“学堂”、“书馆”等，在台湾的名称多种多样，多称之为“书房”。私塾这种办学形式，早在明郑时代就由大陆移民传至台湾。明郑时期，沈光文、徐孚远等人携眷在目加溜湾社、新港社等地躬耕，并开设私学，培养了一批人才，使得中原文化在台湾落地生根，这成为台湾设置私塾的发端。

清领台湾私塾渐趋发达离不开台地官员的支持。乾隆年间胡建伟在任澎湖通判期间，即为振兴澎湖文教事业做了大量的工作。由于私塾是一种初级教育，主要是获得识字的能力，以应付平常生活之需要，设备简单，所以特别适合于经济不发达的地区。澎湖原隶台湾县时就没有儒学，后来改为澎湖厅也没有儒学，但在胡建伟的积极倡导下，澎湖私塾发展很快，乾隆《澎湖志略》记载：“澎湖一十三澳，俱有塾以训童蒙。大澳三五处，小澳亦不下二三处”。又如淡水同知严金清，从同治九年（1870年）起先后在淡水地区共设立了八所私塾，包括：新竹城内的东西南北四个方向各一所，新竹城外两所，红毛港堡新庄仔和中堡港天后宫各一所。再如光绪末年担任台湾兵备道兼学政长达六年的徐宗干，鉴于郡城向无私塾，以官方名义设立了一所私塾，招收十五岁以下少年儿童二十余名入学。

不但台湾地方官员对兴办私塾很关注，民间士绅也开始自办私塾。乾隆四十八年（1783年），年仅十九岁的福建金门监生郑崇和在淡水厅开设私塾，当地富家子弟争相前来就学，由于业绩突出，颇有声誉。由郑崇和开风气之先，于是淡水“私塾之设有增无减，其数实冠全台”；道光年间，淡北绅士陈逊言在台北延聘教师，储存典籍，自设家学，为当时书房教育里的佼佼者；咸丰年间，关渡人黄敬、艋舺街人颜一瓢、摆接堡港仔嘴人曹敬，以及加蚋庄人杨克彰等，在当地开设私塾，聚徒教学，也盛极一时。及至光绪末年，台湾私塾的设置更加普遍，成为推广和普及教育的重要形式之一。

清代台湾私塾，就教学内容而言可分为两类：一类是教读书写字的，俗称“蒙馆”；一类是教学生作诗、文、赋、论策的，俗称“经馆”。而事实上，台湾各地私塾大多为蒙馆，经馆很少，这主要是因为私塾往往缺乏高水准的塾师，能担任经官的老师，本身已具备应科举考试的能力，求其次也能到书院、义学和社学中去任教，因而不必去私塾中任教。以经费来源区分，一为富贵之家聘师在家教读子弟，称坐馆或家塾；二为地方（村）、宗族捐助钱财、学田，聘师设塾以教贫寒子弟，称村塾、族塾（宗塾）；三为塾师私人设馆收费教授生徒的，称门馆、教馆、学馆、书屋或私塾。此外，官办私塾通常免费招收各阶层人士的子弟，也接纳来自贫苦家庭的子弟入学，其办学经费或来自官府，或来自民间义捐。

私塾教师多为落第秀才或老童生，通常一所私塾只有一位教师，大的村塾则不定。学生人学年龄不限，自五六岁至二十岁左右的都有，其中以十二三岁以下的居多，学生少则一两人，多则可达三四十人。学生入学时间不定，但以每年阴历正月十五日至二月初一日开学期间入学者为数最多。入学时除了送束脩外，还得准备砂糖、豆、芹、葱、蛋、金银纸、线香、爆竹等礼物送给教师。入学的仪式庄严肃穆，一般程序为：教师把新入学的孩子带到孔子的神位或画像前，领其烧香跪拜，然后再行拜师礼，其他的学生则分站两旁观礼。烧完金银纸后算是礼成，教师将学生所送的蛋、糖、豆等分给所有的学生吃，接着便点名开始读书。

学生入塾后因为由塾师个别教授，所以没有学级之区分。教室或在教师自宅，或借庙宇、宗祠等场所，学生自备桌椅并轮流打扫教室。私塾的课本大致有《三字经》、《论语》、《孟子》甚至《左传》，以四书五经居多。年幼儿童先识“方块字”（书写在一寸多见方纸上的楷书字），识至千字左右后，教读《三字经》、《百家姓》、《千字文》。亦有直接教读四书的，教法大多为先教学生熟读背诵，然后在适当的时候由教师逐句讲解。除读书背诵外，有习字课，从教师扶手润字开始，再描红，再写映本，进而临帖。学童粗解字义后，则教以作对，为做诗做准备。“四书”读完后，即读“五经”，兼读古文，如《东莱博议》、《古文观止》等，并开始学习作文。由于科举取士深入人心，学塾也重视制科文字（八股文）的习作，为科举考试作准备。由此我们可以看出，这种私塾教育形式的主要目的，仍在于培养学生识字读书的能力，使学生获得参加科举考试所需的知识，以便为日后应考作准备。虽然私塾只是一种不完全的普通基础教育，但台湾很多学者都认为，这种性质的办学，对于传播中原的传统文化及教育，无疑起了不可忽视的重要作用。

第三节　科举制度

早在明郑政权时期，台湾就已形成了初步的科举制度。据江日升的《台湾外记》记载：永历二十年（1666 年）时，陈永华与郑经“议两州三年两试，照科、岁例开试儒童。州试有名送府，府试有名送院，院试取中，准充入太学，仍按月月课。三年取中式者，补六官内都事，擢用升转”。其中的“中式”在明朝科举制度里是专指科举的“乡、会试”。在台湾实行科举考试的过程中，陈永华起了主导性作用。在陈永华的设计下，万年和天兴每三年举行两次岁科试，合格者移承天府参加府试。府试合格者还要参加一个特定机构———学院的考试，试以策论，通过者准其进入太学学习。在太学学习期间，每月考试一次，三年经过大考合格者，按成绩优劣分派到明郑政权的吏、户、礼、兵、刑、工等部门任职。可以说，台湾科举制度的设计者和具体执行者是陈永华。

陈永华在台推行的考试制度，主要借鉴了明代的科举考试制度。如考试内容一般为四书、五经和五言六韵诗。考试结果以等级评分：一等“文理平通”，二等“文理亦通”，三等“文理略通”，四等“文理有疵”，五等“文理荒谬”，六等“文理不通”，这些都与明代相似。在他的主持下，台湾的考生经过学院三年学习考试合格即可分派官职，实际上是以学院取士代替了明代的三级考试，这是根据台湾特定的政治和文化状况所做出的一种合理变更。

明郑时期的科举考试制度存在时间较短，开科也较少；当地人口少，考试者亦少，中额无多。由于文教还比较落后，从科第中产生的博学人物自然也不多。虽然明郑时期的考选制度还不够完善，但当时确已开科取士则是不争的事实。虽然科举制度当时在大陆已成为一种刻板的制度，但在文教事业初兴的台湾，这一制度的推行对中华传统文化的传播有一定的促进作用。明郑时期开科取士的效果直至清初才显现出来。

清领台湾后，大陆的科举制度被全盘移植到台地。周昌在《详请开科考试文》中对台湾的科举考试提出了比较详细的建议：“岁、科两考，文武生员照依各府大县事例，府学取进二十名，县学各进十五名，以鼓士气，大比之年，一体赴本省应试，下次考校，帮助廪、增。至于考试责任，应否照广东琼州事例，则非本道所敢擅便也。”他的建议得到了大多数官员的支持，经省、道、府、县各级机构的认真具体探讨后，即呈报清朝中央政府。清政府认为台湾童试、岁科两试均可按大陆科举制度进行，但同时鉴于台湾学校系统成立不久，应考之人有限，所以其名额暂时不能按照大陆府县设定。

所谓童试，又称"小试"或"童子试"，俗称秀才考试，每三年举行两次。逢辰、戌、丑、未年，称为岁试，文武童生并考，逢寅、申、已、亥年，称为科试，只考文童生。每次的考试，都必须经过县试、府试、院试三个阶段，考生无论年纪多大，通称为"童生"，但考试时则分"已冠"（十六岁以上）、"未冠"（十五岁以下）两个层级出题。童生只有在通过童试成为生员后，才表明具备了基本的文化知识和写作能力，方可进入府学、州学、县学的儒学就读。

生员的录取名额按文风高下、钱粮丁口的多寡，分为大、中、小三个标准。据《钦定大清会典事例》记载，康熙九年（1670 年），清政府定文生员录取名额为大府二十名、大州县十五名、中县十二名、小县八至十名。以后随着台湾经济的不断发展，府县的不断增设和儒学的不断增加，各府县儒学的名额也不断扩充。如雍正元年（1723 年）设彰化县学，岁试取进文武童生各八名。嘉庆十二年（1807 年），依据台地行政建置，台湾共设台湾府学、台湾县学、凤山县学、嘉义县学、彰化县学等五所儒学，取进生员学额共计八十二名，其中台湾府学三十名、其他四县学各为十三名。到道光十年（1830 年），台湾文风渐盛，应试者逐年增加，据相关文献记载，这一年全台参加童试的童生达两千余人。全台六所官学共取进文生员九十八名，录取率达 4.9%。到光绪十五年（1889 年），全台应试文童有四千余人，共计取进文生员一百三十二名，但录取率不足 3.3%。

清代各府县儒学生员还要进行科考。科考是对文武生员的考试，只有经过科试甄拔并通过科考的生员才有资格参加乡试。乡试在京城及各省省城举行，三年考试一次，台湾旧属福建省，因此每年秋八月，各厅县的秀才们，便得冒着风涛之险，渡海到福州应试。光绪年间，台湾建省以后，仍是如此。乡试有正规的考场，叫做贡院。每次须考三场，日各一场。乡试取中的称举人，考中了举人，可以参加全国性的会试，就是会试未能取中，也具备了做官的资格。

通过了乡试的举人，可以参加次年二月在京举行的会试。会试和乡试相同，都是三年一科，在乡试后的隔年春天举行。会试考试仍是三场，赴试的举子，都享受公费待遇，或公家供应车船，称为“公车”。中式会试，称为“贡士”，贡士第一名为“会元”，前十名为“元魁”，第十一至二十名为“会魁”，清代的台湾共出了两名会魁，一是淡水厅籍的黄骧云，一是台湾县籍的许南英，即名作家许地山尊人。黄骧云是客家籍，许南英也是具有客家血统的福佬客，为台湾科举史上的殊荣。贡士要经过保和殿覆试，才有资格参加殿试。殿试也叫廷试，例于四月二十二日举行，地点是保和殿。殿试试卷写法有一定的格式，每份试卷，都须经八位读卷官阅过，最后拟定前十名进呈御览，钦定名次，一甲共三名，依次为状元、榜眼、探花，其他两名列入二甲。新进士受职前，又须经过朝考，之后核计覆试、殿试、朝考三者的等第授职，优者授翰林院庶吉士或庶吉士。清代台湾籍进士中，获选翰林院庶吉士的仅彰化县籍的曾维桢一人。

台湾士子参加科举考试，无论是乡试，还是会试，清政府都给予名额保障。清领台之初，鉴于各省每科乡试录取举人名额有限，再加上台湾教育不发达，所以每科应试者寥寥无几。为鼓励台湾生员积极到大陆应考，康熙二十六年（1687 年），福建陆路提督张云翼提出台士乡试应按照甘肃、新疆之例，准福建台湾府乡试另编字号，额外录取举人一名，以示鼓励士子。《清代科举考试述录》一书对此记载说：“中额有另编字号以资识别者，其制始于宋绍兴九年，明代亦仿其例，皆恐边方风气偏僻士子中式不易之故。至清代之另编字号，有因须分别地域户籍而为之者，有因偏隅士子亦可获得科名以求普及者。”张云翼的建议很快便得到礼部的赞同。设立保障名额对于台湾生员的应考起了很大的推动作用，也有力地推动了台湾科举考试的发展，当年台湾就有五名生员远涉重洋抵福建应考，结果凤山县籍的苏峨考中，成为台湾的首位举人。

然而，康熙三十六年（1697 年）清政府因闽浙总督郭世隆所奏而撤去另号，从而大大影响了台湾生员的积极性，赴福州参加乡试的乃日渐减少。雍正七年（1729 年），清政府从巡台御史兼提督学政夏之芳所奏，台湾生员仍照旧例另编台字号，此后，在福建省的录取名额中仍旧给予台湾士子一名保障名额。雍正十三年（1735 年）清政府又批准福建巡抚卢焯的奏请，于福建省举人名额内，将台字号再加中一名。到了嘉庆年间，福建总督阿林保、巡抚张师诚鉴于台湾来福州应试的士子日益增多，已达千余人，便于嘉庆十二年（1807 年）请求再增加保障名额。当年，礼部便批复将保障名额从两名增为三名。嘉庆十五年（1810 年），清政府平定海寇蔡牵，而台湾的读书人捐了不少钱，于是以“台士急公向义”为由，特别加了一名保障名额。至道光三年（1823年），台湾赴京会试的举人已达十一名，道光皇帝于是根据礼部的建议，下旨允许从台湾士子中取中一名，此后形成惯例。可见，无论是乡试还是会试，清政府对台湾士子都给予了很大的关照。

粤籍士人参加乡试、会试的名额同样得到清政府保障。初期，粤籍生员参加乡试因人数不多，只能附于闽省生员内应试。到道光八年（1828年），鉴于入台粤籍人愈来愈多，闽浙总督孙尔准再奏准别取一名，以保障粤籍生员，得到清政府的批准。至此全台的闽、粤解额共四名，闽籍以至字号定额三名，粤籍田字号定额一名，并成为定例。

清政府还宽予台湾秀才名额。据高拱乾《台湾府志》所载，康熙二十五年（1686年）首任分巡台厦道周昌指出，台湾已经纳入版图，推广教育自当是“海天第一要务”，而且台民尽属南闽之人，“天资多有聪慧、机智多有明敏，一经学问化同时雨，故宜广其功名之路”，乃奏请取进文武童生府学二十名，台湾县学十五名，凤山县学与诸罗县学各十二名，增加取进生员名额。当年清政府就完全批准了周昌所请，宽予台湾取进文童生学额五十六名，其中台湾府学二十名，台湾县、凤山县与诸罗县三县学各十二名。台湾客家秀才名额同样得到保障。乾隆六年（1741年），随着粤民在台的日渐增多，应试粤童已达七百余人，巡台御史兼提督学政杨二酉建议粤童另编新字号应试，清政府同意了他的请求，取八名附入府学。

对台地士人入内陆应试，清政府还采取了许多优惠政策。台湾虽与大陆仅一海之隔，但由于台湾海峡风急浪高，渡海异常艰险，应考者时刻面临着葬身鱼腹之中的生命危险。咸丰二年（1852年）和同治四年（1865年），都曾发生多名台湾考生在赴福州途中于海上遇难的事件。在台湾的读书人中流传着这样一些话：“乡试诸生，小暑节前内渡，过此勿往。”“乡试文武生，勿轻出海口，文于小暑前，武于白露后。”足以看出渡海应考的危险。为了鼓励台湾生员渡海报名应考，清政府对不幸遇难者“准给训导衔，以作赈恤”。同治十三年（1874年）清政府为了保护应考者的生命安全，还专门派遣轮船，由淡水港护送至福州，名曰“官送”，彰化县吴德功在《纪海上小景》中对此作了记载：“从前台湾士子，赴福州乡试，皆由帆船，有时亦遭覆溺，群视为畏途，每科乡试者甚少，予于甲戌初次乡试起，官派轮船，由沪尾内渡。”如此使台湾应考者的生命安全得到很大保障，入大陆应考者人数也日渐增多。地方官员对入内陆的应考者也提供了一些便利措施。

光绪九年（1883年），就有台湾地方官特拨一万五千两银子在福州贡院附近购地，建造台北、台南两郡试馆，供台湾参考士子居住。与此同时，台湾的士绅也在福州建会馆，为台湾士子提供住宿方便。如同治初年，台湾府学训导魏缉熙利用澎湖绅士蔡继所捐善款在福州南台购地建置台湾会馆，专供赴福州参加乡试的台湾士子住宿之用。

然而，清政府对台地应考者的名额保障政策，却吸引了一些闽粤籍士子冒籍到台湾应试。清领台时期，台地"草莱初开辟，民人无暇文教"，这与内地人多额少的情形相比，在台地获取功名相对要容易得多，从而出现了一些"内郡之不得志于有司者，群问渡而东"，一旦取中，即"飞扬而归故里"。据蓝鼎元《平台纪略》记载，十八世纪二十年代中期，在台参加童试的考生很多都是内地童生。又据《诸罗县志》记载，在其建学三十年时，"其高中者多内地寄籍之士"，县学的学生彰泉籍就占了一半，兴福次之，而台地土著人却寥寥无几。

鉴于这种情形，雍正五年（1727年），总督高其倬乃奏请将台湾各学寄籍诸生改归本籍，当年清政府即下令"凡前冒进兹泮者改归原籍，嗣后必生长台地及眷室有凭者，方得与试"，但由于台地流民众多，再加上户籍管理尚不完备，因此对冒籍应试者的监管存在很大困难。到乾隆二十五年（1760年），据《福建通志·台湾府》记载，"福建之福、兴、泉、漳四府仍有不少稍通文墨，且不得志本籍者，指同姓在台居住者认弟侄，远涉重洋，或两地重考，或顶名混冒"。对于冒籍占用台湾名额之事，乾隆二十年（1755年）台湾诸罗县一些士绅甚至愤而立碑，严格禁止冒籍者应考。乾隆二十九年（1764年）清政府听取巡台御史李宜青的建议再次严令禁止冒籍者入台赴考，此后，冒籍应试者才逐渐减少。可以看出，清政府对台地应考者处处采取保护措施。

清领台湾时期，虽然科举制度在大陆已成为一种刻板的考试制度，弊端日益凸显，但在文教事业初兴的台湾，这一制度的推行仍然取得了显著成果，产生了深远的影响。

第一，在科举制度下，台湾一大批人取得功名，走上了仕途。据统计，光绪十五年（1889年），台湾省参加考试的童生约五千两百五十名，录取秀才一百二十八名。光绪十七年（1891年），录取秀才一百五十名。从光绪二年（1876年）到光绪二十年（1894年），台湾举人九次进京参加会试，考中进士十八名。近代台湾的著名爱国志士、教育家、诗人丘逢甲，就是光绪十五年（1889年）殿试三甲第九十六名进士。清政府在台湾推行科举考试以才取人，考取的就可以到中央或地方政府中做官，使大批地位低下和出身寒微的优秀人才脱颖而出，所谓“朝为田舍郎，暮登天子堂”，同时也为清政府选拔官员提供了重要依据。

第二，科举考试使台地文风盛行，大大改变了清初台湾武风盛行的局面。清初，文风不盛，而武风却颇盛行。据统计，清初的半个世纪间，台湾无人中文进士，中文举人的也只有十五人。但中武进士者却有六人，中武举人者更多达六十七人，合计有七十三人，接近同时期文进士举人总数的五倍。这主要是因为台湾初被纳入版图，社会文教事业并不发达，而且到台湾的大陆移民中有不少来自福建漳泉一带，而这一带移民具有强悍好勇的特性。移民在台开发土地的过程中，不同祖籍的人分别聚集，互相械斗，一直是清朝时期台湾严重的社会问题。随着台湾教育的不断发展，台地文风蒸蒸日上，及至晚清咸丰同治光绪（1851—1895年）四十四年之间，台湾居然无人中武进士，仅六十六人中武举人，但高中文进士者则多达二十二人，中文举人者更高达一百四十九人，合计一百七十一人，约为同时期武进士举人总数的三倍。

第三，对台湾中下等平民来说，科举制在当时不失为一种形式上公开平等的竞争制度。科举考试虽有种种弊端，但由于考生不分出身，地位一律平等，考生凭借其自身的才学考取功名，因而给中小地主阶级和平民百姓通过科举入仕提供了一个公平竞争的平台。不论是哪个阶层，哪怕是穷乡寒素家庭的子弟，一旦高中，即可以享受清政府授予的荣耀和权利，因而在清代台湾，科举考试仍具有一定的公信力。《台湾六记》就记载了一位加拿大籍宣教师神学博士马偕（George Leslie Mackay）所描述的台士科举及第者荣归时的情形：同治九年（1870年）初，“如果一个青年考试及第，即使是最低级的，他的家里也会预备极盛大的庆祝，以欢迎他回来。非目击者不能想象其盛况，家里要大开宴席，往往也请戏子作戏，派大队的人去迎接他。他非常得意，趾高气扬，几乎近于愚蠢，还要去拜访亲友，亲友们认为他很谦虚，因此十分感激，这种风俗当然会使得考试及第的人变成虚荣骄傲的”。这位外国宣教师所描述的情形，从侧面反映了当时科举制在台湾还是受民众肯定的。

第六章　文　　化

第一节　书　　画

台湾的文化直接传承自中国大陆是显而易见的史实，书画也不例外。台湾的绘画传自福建，福建地区的风尚决定了台湾绘画的发展倾向。台湾借福建与江浙相邻的关系，与大陆绘画中心也有近缘之利。清代中叶以后，移民日渐增多，交通也日益频繁，台湾绘画的发展也更为迅速，也受惠于大陆绘画直接而深远的影响。

一、书画家

清代，台湾的书画家主要是从大陆移民过去的，主要由三部分人组成：一是文人、官吏，如谢曦、周凯、沈葆祯等；二是受岛上豪绅大户邀聘来台的画师、工匠，如吕世宜、谢琯樵、龚植、许筠、陈邦选、叶化成等；三是民间画铺画工，如庄敬夫等。

《台湾省通志》根据诸文献整理，指出乾嘉时期的书画家有张珏（雍正年间）、卢周臣、许远、王之敬、孙朱疐、徐元、林元敬、释澄声、庄敬夫、陈必琛、徐恢讃、释莲芳、马琬、林觉、林朝英、吕成家、吴鸿业等人。

这些书画家大都集中于台南，因为这里最早被开发，是当时的政治经济中心，文化荟萃，书画家也自然聚集于此。如名士陈必琛（善舆地风俗图）、徐恢讃（山水花鸟人物兼擅）、林朝英（书画双全）、叶文舟（工指画），都是台南书画家。

其中最值得一提的是林朝英、林觉两人。

林朝英（1739—1816），台南府治人，字伯彦，号鲸湖英，自署一峰亭，是当时重道崇文的重要文人。他写字多作竹叶形，故称“竹叶书”，劲挺怪逸，与明末大书家泉州人张瑞图一脉相承，但他的独特风格，在书法史上实可与中原书家争一席之地。同时，他画花鸟及水墨淋漓的样子，与明代徐文长之画颇似。

林觉，字铃子，号卧云子，亦号眠月山人，嘉义人，一谓台南人，或言泉州人。道光年间，他的足迹遍及台南、嘉义、新竹。他擅长人物画，墨趣之美，有超越扬州八怪之一黄慎之处。

乾嘉年间，台湾的经济条件逐渐可以支持艺术活动，除了文人之外的一般百姓也有艺术方面的需求，使民间画师应运而生。

著名民间画师庄敬夫，号松园，其现存作品多为松鹿图，构图大致相同，可见根据同一粉本，一画再画，正是民间画师的特色。

张朝翔，字羽仪，为台湾县学贡生，历乾隆、嘉庆、道光三朝，书法学朱熹，甚至被尊为台湾书法之宗匠，他擅写大字，如行书中堂或道光十七年（1837年）所书匾额“高山可仰”，字字挺拔，恰如文意。

道光至同治年间，因升平日久，官纪渐弛，政局不稳，内忧外患频至。此时出现的几个具备庞大经济力量的家庭，在充裕经济条件支持下，追求精神生活方面的满足，设有画楼水榭，常开诗酒之会，甚至远至内地聘请文人士子来台，这些都有助于台湾书画艺术的发展。

在此期间活跃的书画家，台南地区有陈如珪（画鹰）、詹道薪（花鸟）、李如苞（花鸟）、吴尚霑（四君子）、王献琛（墨蟹）、谢彬（人物）、许南英（墨梅、书法）、郭藻臣（墨梅）。嘉义地区有许龙（人物）、苏云涛（兰竹）。彰化有：黄元璧（兰竹）、施少雨（墨卉）。苑里有陈润泽（墨梅）。新竹有林占梅（书画）、彭廷选（书画）。桃园有邓彪（绘画）；台北地区有吴鸿业（画蝶）、曹敬（书画、雕刻）、朱长（墨蟹、人物）、王承烈（墨卉）；基隆有何焕三（绘画）；宜兰有沧海（绘画）等。

内地来台的有：周凯、胡国荣、王霖（山水）、沈葆桢（书法）、陈邦选（人物）、洪章（山水）、曾茂西（花鸟）、蒲玉田（人物）、谢颖苏（书画）、叶化成（书法、山水）、吕世宜（书法）等。其中较有名的是谢颖苏、吕世宜。这二人都是台北板桥富户林本源家聘请来台建造林家园林的。

谢颖苏（1811—1864），字琯樵、管樵，号北溪渔隐、懒云散人、书画禅，福建诏安人。他的诗文书画俱精，尤擅水墨兰竹、花鸟。他留下的作品不少，对于台湾书画影响贡献很大。他在台湾期间，不时与淡北诸名士聚会，又曾客居竹堑潜园，饮誉甚高。他又喜谈兵法，同治三年（1864年）随林文察进剿太平军，死于漳州万松关，享年五十四岁，著有《谈画偶录》。

吕世宜（1784—1858或1859），字西村，一字一瓢道人，号百花瓢主、种花道人、顽皮汉子、不翁，泉州同安之金门人。他于道光十七、十八年左右，到台湾并居住在板桥林家，为林家购置书籍数万卷及金石拓本十余种，后来坊间流传的善本旧拓，多源自林家，这也是吕世宜的一大功绩。当时，他与叶东谷（化成）、陈南金、林枢北（国华）号称“东西南北”四名家。他的书法对后世影响也很大。

清末，台湾的名士、硕儒无不以舞文弄墨为能事，如许南英、丘逢甲、林启东、蔡凌霄、洪以南及吕汝寿、郑淮波、李普同、蔡文哲、苏朗晨、林知义、洪雍平、杜逢时等，都以书法知名。

二、文人画

中国大陆的绘画主流引导台湾绘画的发展倾向。

台湾初辟，设施简陋，画具不易齐备，受过严谨训练的绘画人材也非常缺乏，所以绘画的发展自然倾向于简逸的文人画，并且还以文人画中较易学习的部分为主。从现存的作品看，清代绘画的题材以水墨花鸟、四君子为最多，人物类次之，山水类最少。

清代石涛、恽寿平及扬州八怪等画家都擅长水墨花卉、四君子画。台湾画家明显受到这股喜好花竹的风气的影响，也是以水墨花卉、四君子类绘画较多。明末的徐渭与清初的郑燮，不但在绘画方面有超逸的表现，一生也充满了传奇性趣味性的故事，成为台湾画家最重要的师法对象。谢颖苏的作品即以水墨花卉、兰竹类绘画居多。其他如吴尚霑善墨兰，余玉龙、陈植东、许南英、郭彝专画墨梅，黄元璧、许筠擅长兰竹，林觉、曾茂西、李如苞有水墨花鸟作品。

人物画方面，不像水墨花鸟及四君子类，对大陆绘画潮流具有明显的反映，这与人物画本身的衰落有着密切的关系。台湾画家对人物画的师承也局限于以福建画家为主，其中，扬州八怪之一的黄慎，为福建宁化人，又为扬州八怪之一，闽台人士特别喜欢仿效。台湾画家如林觉、谢彬、许龙、朱长等人都追随黄慎的画风。

人物画虽然衰落，但在民间仍保持着相当重要的地位，因为人物画和民间熟悉的史实、故事、传说、神话结合在一起，是生活中使大众感觉亲切的艺术，也是寺庙中的主要绘画题材。因此，虽不及花竹类绘画之盛，但仍有佳品流传。林觉、谢彬本是为寺庙及其他建筑作画的职业画家，所以擅长人物画。

山水画自唐代兴起后，清代一直延续其盛况，可是这项最为士大夫推崇的绘画艺术，在台湾却几乎没有什么发展。道光以后，才有少数的作品出现，如林觉的山水四屏等。

台湾画家中的谢颖苏有仿唐寅山水的画作，叶化成之作近似王翬的风貌。林朝英画的坡石、洪章画的山水，用笔简明大胆，以粗疏的线条为皴，这种画风与徐渭、张风等的放逸笔意较为近似。

台湾绘画无时无刻不受大陆绘画的影响，甚至清代刊印画谱盛行之风，也曾影响台湾绘画发展，清代台湾一些名画家以画谱自修，如朱长、林天爵少年时，即以芥子园画谱为师。林朝英也曾雕秋兴八首，并附刻兰竹之作，这与当时雕版风气盛行也有密切关系。

第二节　文　学

从中国文学史上看，台湾古代文学迟至明末清初才获得最初的发展，然它的起点较高。明末清初，中原板荡，沧桑骤变，不少爱国的遗民诗人在抗清斗争失败后辗转到台湾。由于受到历史风潮的强烈冲击，他们的诗作一反明代脱离现实的诗风，具有深沉的现实感和震撼人心的艺术感染力。这些渡海移台的遗民文士作为台湾文学的开拓者，给台湾文学带来了中国古典诗歌转折期中富有生气的诗风。这一时期台湾特殊的社会历史条件，也使台湾遗民诗歌呈现出有异于大陆遗民诗的独特风貌。除了和大陆遗民诗人一样，其诗中常抒写对明亡的悲痛和怀念之外，在其中还交织着无尽的乡愁。这使之既不同于一般悲国哀民的遗民文学，也有别于传统的旅人乡愁文学。民族恨和家乡愁结合在一起，构成了此期台湾文学的鲜明特色。

在这些台湾近代文学的开拓者中，贡献最大的首推沈光文。沈光文(1612—1688)，字文开，号斯庵，浙江鄞县人，官太仆少卿。他曾与史可法一起抗击清军，后到台湾，受到郑成功的礼遇。沈光文与一些到台湾的文人组织了“福台新咏”诗社，他是最早在台湾定居而有文学作品于史可考的遗民诗人，一直被誉为台湾文学始祖。全祖望《沈太仆传》称：“海东文献，推为初祖”；徐祚永《闽游诗话》称：“台湾诗学，倡自鄞人沈斯庵”；季麒光《题沈斯庵杂志诗》则称：“台湾无文矣，斯庵来而有文矣”。

沈光文的诗歌，散见于《文开诗文集》、《台湾赋》、《台湾舆图考》、《流寓考》、《草木杂志》等著作，其诗多是抒写居台期间穷愁不遇，寂寞凄怆的怀乡思归心境，如《忆感》：暂将一苇向东溟，来往随波总未宁。忽见游云归别坞，又看飞雁落前汀。梦中尚有娇儿女，灯下惟余瘦影形。苦趣不堪重记忆，临晨独眺远山青。再如《山居八首》中的一首：念此朝宗义，孤衷每郁寥。未能支厦屋，袛可托渔樵。冀作云中鹤，来听海上潮。长安难得去，不是为途遥。

明郑时期较著名的遗民诗人还有徐孚远（1599—1665）、朱术桂（1618—1683）等人。徐孚远是几社的领袖，居台时间不长，连横在《台湾诗乘》中称他的诗："大都眷怀君国，独抱忠贞，虽在流离颠沛之时，仍寓温柔敦厚之意；人格之高，诗品之正，足立典型，固非藻绘之士所能媲也"。

从清政府统一台湾，到1895年台湾被割让给日本为止的二百余年期间，在台湾文学发展上，约可划分为前后两个阶段。

前一阶段，从清政府统一台湾到鸦片战争爆发前，台湾文学经过明郑时代的萌生期之后，走上新的发展道路。表现为：一是作品题材的多样化。明郑时代遗民文士的题材多是描写孤寂困顿和怀乡思归的遗民生活。随着台湾统一后两岸的交往日增，以及台湾的日渐开发，居台文士由此获得了新的感受，在题材上不断突破，如出现了赞美台湾的美丽富饶，描写台湾民情风俗等方面的作品。二是散文的兴起。明郑时代诗歌几乎一统天下，至此期诗歌虽仍是主流，但散文开始空前活跃起来，并且纪游散文和传记散文还有不少佳作问世。郁永河、陈梦林、蓝鼎元等人在诗歌创作之外，都有散文传世。郁永河的《裨海纪游》和黄叔璥的《台海使槎录》是这时期最有代表性的散文作品。《裨海纪游》是根据作者居台半年多的经历，真实地记叙了作者眼中的台湾山川、风俗和民情。《台海使槎录》，由"赤嵌笔谈"、"番俗六考"、"番俗杂记"等三部分组成，其中对台湾南岛语族的记载，至今仍为众多史家所引用。台湾作家、文学史家叶石涛在《台湾文学史纲》中称这两部作品是"描写台湾风土人物景观的散文双璧"。

这一时期，在台湾文坛上开始出现一批本土成长起来的文士。台南人陈辉、章甫、曹曰唯，凤山人卓肇昌、黄清泰、陈思敬，澎湖人蔡建廷等是其中的代表。

后一阶段，从1840年鸦片战争爆发到1895年台湾被日本所占，是台湾古代文学向现代文学过渡的时期。

鸦片战争爆发后的十年间，反映这场抗英斗争，表达爱国主义思想，是这时期文学最重大的主题。当时的不少诗人，如姚莹（时在台湾兵备道任上）、熊一本（时在台湾知府任上）、郑用锡（时以“在籍礼部员外郎”居于新竹）、林占梅（时以贡生居于新竹）、曹谨（时先后在凤山县令、淡水同知任上）都亲身参加了这场战争，他们大量抗英爱国斗争的诗文创作，揭开了台湾文学史上新的篇章。

在1850年前后，台湾文坛盛行“采风问俗”之风，采风问俗新作将民情风俗入诗，别有一番情趣，是后来发展起来的乡土文学的先声，也是向现代文学阶段乡土文学发展的一个必要过渡。主要作品有：徐宗干（1796—1868）的《丁戊随笔》、《斐亭随笔》等，对台湾民风民俗多有生动记载。他编成的《瀛洲校士录》收录彭廷远、许廷蒿等多人的采风之作。此外，刘家谋的《海音诗》、陈震曜的《归田问俗记》、王凯泰等的《台湾杂咏》、《台湾续咏》、黄逢昶的《台湾杂记》等都是这时期采风文学的重要作品。施琼芳（1815—1868）任海东书院山长期间，也有《北港进香词》、《地瓜》、《薄饼》等多种诗咏。

1883年中法战争爆发，战火延及台湾沿海。许多台湾诗人如祁征祥、施士洁、张景祈、李望洋、杨浚等，以中法战争为题，写下大量充满爱国主义精神的诗篇。

大约在1886年至1893年间，台湾文坛兴起“击钵吟”创作。击钵吟创作是一种竞技性的集体活动，参与击钵吟创作活动的，有本岛诗人，也有大陆到台湾宦游的诗人和在台官宦。击钵吟的兴起，促进了各地、各派文士的联谊和击钵吟诗艺的切磋，与此伴随而生的是诗人结社成风，主要诗社有斐亭诗社、竹梅诗社、荔谱诗社、浪吟诗社、牡丹诗社、海东诗社等。结集的击钵吟作品有《澄怀园唱和集》、《诗畸》等。丘逢甲也参与了击钵吟创作，且作品中不乏佳作。

1894年甲午战争前后的反殖民抗日诗作给晚清台湾文坛带来一股生气。丘逢甲、许南英、施士洁等著名诗人，投身反殖民活动，诗人吴汤兴、吴彭年在战斗中为国捐躯。他们的诗作激越悲壮，情深意切。丘逢甲诗作可为代表，其居台期间的作品主要有《台湾竹枝词》、《柏庄诗草》及洪弃生《寄鹤斋诗话》、连雅堂《台湾诗乘》等收录的零星诗作。离台内渡后的作品多收于《岭云海日楼诗钞》。丘逢甲的诗作多以时政为主题，具有鲜明的爱国思想和真挚的民族情怀。

第三节 民间戏剧

台湾戏剧种类繁多，连横在《台湾通史》中说：“台湾之剧，一曰乱弹，传自江南，故曰正音。其所唱者，大都二黄西皮，间有昆腔。今则日少，非独演者无人，知音亦不易也。二曰四平，来自潮州，语多粤音，降于乱弹一等。三曰七子班，则古梨园之制，唱词道白，皆用泉音，而所演者则男女之悲欢离合也。又有傀儡班，掌中班，削木为人，以手演之，事多稗史，与说书同。夫台湾演剧，多以赛神，坊里之间，醵资合奏，村桥野店，日夜喧阗，男女聚视，履交错，颇有欢虞之象。又有采茶戏者，出自台北，一男一女，互相唱酬，淫靡之风，侔于郑、卫，有司禁之。”由此可知清代台湾民间戏剧活动的盛况。

清代台湾民间戏剧多是从大陆传入的。汉移民入台，不仅带去了自己的宗教信仰，而且带去了以歌谣戏曲为主体的民间文化。因为当时民间信仰活动与民间戏曲演出紧密结合在一起。演出多以村落为中心组织进行。村民出钱聘请戏班演出多是出于敬神酬神的心理，也可以说演戏成为祭祀的一种。台湾民间戏曲大多是由闽南一带传入的，其次是福州、汀州、兴化以及广东的嘉应州、潮州、惠州等地。

一、南管与南管戏

南管是从中原地区传入福建，同当地民间音乐逐渐融合，形成的一种具有浓厚地方特色的音乐。当年清乾隆皇帝六十寿辰时，看了这种演出后，不禁拍手叫好，并赐为“御前清曲”，南管因此名声大振。清初南管从泉州首先传入鹿港，后在台湾各地流行起来。南管曲调清雅委婉，乐曲优美动人，多数曲子节奏舒缓，演唱内容多取材于古代民间流传的故事；伴奏乐器有南音琵琶、洞萧、二弦、三弦，称为“四管”，这四管是其他乐曲中少用的，但配起来音色古雅，保留着两千年来中原古典音乐的特点。

在南管的基础上，又发展出一种“南管戏”，即在南管的伴奏下，以装扮后上台演唱的形式代替南管乐的单纯演奏和清唱，其中以梨园戏最为著名。梨园戏于明末清初传入台湾，其悠长清雅的曲调和文雅细腻的动作，一度使无数观众痴迷，被视为高尚典雅的戏曲，因此庆典必请南管戏班演出。

“一府二鹿三艋舺”为梨园戏的大本营。至清中叶以前，梨园戏长盛不衰，一直受到民众的喜爱。演出曲目主要有《陈三五娘》、《孟姜女》、《王昭君》等数十种。

二、北管与北管戏

北管使用的乐器主要有七音锣、大小鼓、响盏、古琴、唢呐、大管弦、二弦、三弦、京胡（吊规仔）、椰胡、箫、筝、笛等，节奏明快强烈，曲调高亢激越，是婚丧嫁娶、迎神祭典中最能渲染气氛、振奋人心的一种民俗音乐。

由北管乐器伴奏演唱的戏剧叫“北管戏”。北管戏班多是由农村富家子弟组成的业余戏班，故称“子弟班”。北管戏的唱腔和道白使用的多是带闽南腔的“官话”（即“湖广话”），但为了达到逗笑的艺术效果，剧中的丑角一般使用台湾方言（职业北管戏班对白使用正统闽南语）。在台湾狭义上的北管戏是指乱弹琴戏。它最初在台南演出时，大多是临时搭台演出的，简单且有些“粗俗”，所以被称为“乱弹”。

乱弹戏因使用的琴弦不同而分为西皮和福禄（福路）两派。“西皮”属于新派，以皮黄系统为主，京胡是主奏乐器，音调较高亢激越，演出时舞台布幔挂的是“当朝一品”，供奉的戏神是“田都元帅”。传说田都元帅是唐朝乐工雷海青，其母不孕而育，故视其为不吉，将之弃于水田，幸有青蟹以泡沫喂养他，才使之存活。后来，田都元帅的神像，脸部都绘有一只小青蟹，西皮派的艺人也忌食青蟹，以此报答当初它们救助田都元帅的大恩。至于“西皮”，据说是台胞看到京胡的竹筒上裹着一层蛇皮，就称这种戏曲为“蛇皮”，流传久了，便讹为“西皮”了。

“福禄”属于旧派，以秦腔为主，椰胡为主奏乐器，音调低沉浑厚，舞台布幔挂的是“天官赐福”，供奉戏神是“西奉王爷”。关于西奉王爷众说纷纭，有人说是唐玄宗，有人说是后唐庄宗。两者都是中国历史上最喜欢戏曲的皇帝。而“福禄”据说是因为椰胡的形状像葫芦，所以被台民称为“福禄”。

北管戏以打击乐器为主要配乐，剧情引人入胜，武戏的动作设计精彩，加之服装考究，因此自清初以来，北管戏在台湾经久不衰，以至台湾俗语说：“猪肉吃三层，看戏看乱弹”（三层指五花肉，层，闽南语音为 zan）。在神佛圣诞、寺庙庆典时，北管戏常被选作正棚戏演出，即在正对庙门之处搭台演出。

三、歌仔戏

歌仔戏是一种乡土气息浓厚、流行最广、最具代表性的台湾地方戏剧。它的原型是流行于漳州芗江一带的锦歌，因为据台湾民族音乐学者考察而知，歌仔戏的原始主要曲调与锦歌的主要曲调同根并源。

锦歌，原名“杂锦歌”，后简称“锦歌”，其历史悠久，早在南宋末年因流传于闽南锦江（今江东桥到海澄一带）两岸而得名。它继承了明代南词小调的许多曲牌，吸收了当地民间小戏、民歌及部分佛曲的一些曲调，音乐丰富，曲调柔和抒情，为民众所喜爱。早期主要是农民和市民逢年过节时业余演唱，后来出现了不少民间艺人。

到了明末清初，锦歌从闽南渡海传入台湾。那时东南沿海武装集团的首领郑芝龙，曾引福建沿海饥民数万到台湾垦殖。于是，大批闽南人来到台湾，后来民族英雄郑成功率领军队东渡，赶走荷兰殖民者，他的军队将士及其家属也多是闽南人。到台的闽南籍军民，眷念家乡，常在上山砍柴、下海捕鱼或茶余饭后，唱几句锦歌调子，寄托其相思念祖之情。于是锦歌渐成在台的闽南人民生活中不可缺少的内容，人们称锦歌为“歌仔”（有民间歌谣之意），用来与在台湾流行的大戏相区别。

一般认为，歌仔戏的发祥地是宜兰，其创始者为“歌仔助”。据考证，歌仔助即欧来助，同治十年（1871 年）生于宜兰员山头份堡（今圆山乡结头份村）。欧来助以善歌闻名乡里，乡人乃称之为“歌仔助”。1910 年左右，歌仔助应乡里父老邀请，每天晚饭后偕对门好友教授学徒。乡民用桂竹和稻草搭盖一间可以遮风挡雨的棚寮，他们在里面教乡里子弟演唱，因此这棚寮被称为“歌仔寮”。在原来锦歌的基础上他们演化出更适合演唱的故事，并很快风靡宜兰，宜兰人就把它叫做“本地歌仔”或“宜兰歌仔”。据 1971 年出版的《台湾省通志》记载，歌仔助将山歌改编为有剧情之歌词，传授门下，试为演出，博得佳评，遂有人出而组织剧团，名之曰“歌仔戏”。

其实歌仔助并非歌仔戏的鼻祖。随着福建移民入台，台湾早就传唱着闽南歌谣，大约于清末，有来自大陆的擅长锦歌和车鼓戏歌谣说唱家，如猫仔源、陈高犁，他们开班授徒，以歌谣演唱故事，教出像歌仔助、陈三如、简四匀、杨顺枝、流氓帅等出色的弟子，其中佼佼者为歌仔助，因此歌仔助被推为歌仔戏的开山鼻祖。歌仔助所创的歌仔戏，不仅吸收了锦歌的精华，还吸收了闽南民间歌舞，如“采茶调”、“平鼓”等曲调的唱曲，糅合了台湾民间的“七字四言”小曲，并借鉴中国传统戏剧的演出形式，逐渐形成一种以闽南语演唱的古装歌唱剧种。

歌仔戏的最初演出方式是男女对答，男扮女装，慢慢地变为一句七字，且句脚押韵的叙述故事的长歌词，题材以民间故事为主，剧目有《陈三五娘》、《刘秀复国》、《八仙过海》、《济公传》、《梁山伯与祝英台》等。早期演出时，演员腰上系着脚帛（裹脚布），丑角和花旦手摇扇子，边走边扭边唱。起初只是作流动性演出，舞台相当简单，只需在广场四周拉起场子，即可权充舞台，随意演出，这种演出方式称为“落地扫”。当它在祭祀阵头行列演出时就被称作“歌仔阵”。

据说，歌仔阵的登台演出是借助于一次偶然的机会。在某次的酬神节庆中，四平戏搭台演唱，四平戏刚唱完，舞台暂空着，歌仔阵的演员趁机上台演出，结果很受观众的欢迎。从此，歌仔阵渐渐从祭祀的阵头分化出来，大约在清末民初之际由游行演出转变为舞台演出，此时的歌仔戏被称为野台歌仔戏。

随着名号日响，歌仔助不仅在本地教唱，也先后到台北县和宜兰员山乡十八母（今湖北村）开班授徒，歌仔戏也逐渐由小戏变成大戏，演出剧情也由滑稽散句而为全本戏，但音乐舞蹈大抵保持原来的样子。在进入城市发展后，为适应城市观众的需求，歌仔戏继续广汲博取大陆传入台湾的京剧、南北管、潮州白字戏等舞台艺术。1913 年左右，歌仔戏由野台进入戏院，其艺术水准有了长足进展，形成了各种条件比较完备的独特剧种，达到其成熟阶段，很快在台湾各乡镇流行起来，渐渐代替了当时的“外江戏”（指福建以外的剧种）的地位。

特别值得一提的是，歌仔戏在台湾成为大戏后又回流至闽南。1928 年，台湾“三乐轩”、“双珠凤”两个戏班，回到福建同安县的石美乡（现属龙海县）演出《孟姜女》、《梁山伯与祝英台》等剧目，其乡音和曲调深深地感染着家乡的观众，演出大获成功。第二年，石美乡人从台湾请来歌仔戏的师傅，教练歌仔戏，在台湾师傅的帮助下，石美乡歌仔戏名角不断涌现，演技大大提高，歌仔戏很快在闽南地区流行开来。台湾歌仔戏是在吸收锦歌的基础上创造出来的，成熟的歌仔戏传回锦歌的故乡后，催生了闽南的歌仔戏，而闽南歌仔戏又以新的唱腔丰富了台湾歌仔戏艺术。这种双向反哺的现象，反映了闽台之间文化交融的互动过程。

四、布袋戏

布袋戏，又称掌中戏（因所用木偶除头、手、足外，躯体部分均以布做成，身形如同布袋，又以手掌操弄，故名之），是台湾地方戏剧的一种。

布袋戏创始于大陆，尤以福建漳州、泉州及潮州一带为盛。民间相传，明末清初有位穷书生梁炳麟（一说为孙巧仁）进京考试，不幸名落孙山，由于落地秀才满腹经纶不得志，又梦见一老翁掌中题有“功名归掌上”，因此借操弄布袋戏偶，编演戏剧暗讽朝廷时政。未料布袋戏却广受民众喜爱，逐渐流传开来。流行于泉州一带的以南音为主要唱腔，称为南管布袋戏；流行于漳州一带的多取乱弹戏的皮黄为主要唱腔，称为北管布袋戏。

布袋戏在明末清初随着大陆闽粤移民传入台湾。最初传入的是泉州的南管布袋戏，从泉州到台湾的“金泉堂”和“龙凤阁”两个戏班各有绝技，竞争激烈。南管布袋戏在表演上采用梨园戏的做派，演技、道白、唱腔都较讲究，其戏文出自文人之手，戏迷多为读书人。后来，龙凤阁戏班的林金水嫌这种布袋戏过于文雅，节奏缓慢，于是将文戏改为武戏，将热闹的北管代替幽雅的南管。这一改革使之更适合一般民众的欣赏口味，于是北管布袋戏逐渐流行起来。

起初的布袋戏类似肩担戏的模式，操纵者躲在布帏下，头顶上是人偶的舞台。清朝中叶之后，融入地方戏曲，舞台加大，木偶的雕刻也更为精致。传入台湾之后，由于广受欢迎，发展迅速。传统的布袋戏也因台湾环境的变迁而逐渐变化。内容上，加入了台湾的戏曲和武侠戏份，不再拘泥于历史典故、章回小说之曲目。在形态上，传统的小型掌中戏偶改良成近乎与人身大小的大型戏偶，同时出现了比较活泼多变的金光戏偶。

台湾布袋戏在继承传统的基础上不断发展，按戏路、词调、乐调不同，可分成不同的流派，主要有南管、北管、潮调、外江和歌仔调等。它们各具特色，相互影响渗透，逐渐形成了具有浓郁地方色彩且十分精美的民间戏曲艺术。由于它规模小，在庙口、空地、花园、街角，只要搭好一座高及宽仅四尺，深仅一尺的木雕戏台即可演出。因此，布袋戏成为台湾民间迎神赛会、婚礼节庆、生日祝寿最常见的娱乐方式，深受台湾同胞的喜爱。

五、皮影戏

十七世纪以来，汉人开始大规模移垦台湾，戏剧活动也随着农耕经验和民间信仰而流传入台，成为民间重要的文化娱乐形式。

皮影戏于清中叶以前便已传入台湾，由于具有人员简单、装备精少、演出价廉、搬迁容易等优势，在台湾南部分布范围相当广阔，主要流传于台湾南部的台南、高雄、屏东等地，尤以高雄为主。已故皮影艺人张天宝根据其祖父流传下来的说法，谓清末仅冈山一地就有四十余戏团，而路竹下寮一庄则有三十余戏团，可见高雄县皮影演出之盛。皮影戏没有传播到台湾其他各地的原因，一是早期皮影戏艺师迁徙到台湾后主要定居在高雄县，由于当时交通困难，艺人只能在高雄县附近区域活动、流传；二是皮影戏艺人的技术历来多为家族传承，即传子不传外人。

皮影戏是借光与影来表演的一种偶戏，它带给观众一种虚幻、神秘的感受。早期，表演区是封闭式的，这更让观众充满了好奇与想象。皮影戏的演出除了有表演者之外，还需要舞台、影窗、灯光、影偶，缺一不可。

早期台湾农村的皮影戏演出舞台极为简单，最方便的是使用一张桌子，一块幕布即可，舞台外所有空地，只要观众能立足观看即是剧场。牛车经常用来作为演出的舞台。皮影戏是属于农业社会中农民闲暇时所从事的一种副业，多半就地取材，牛车是当时极为普遍的工具，因此也就成为早期皮影表演最简易且方便取得的舞台。民众利用丰收或岁时庆典，共同出资，聘请皮影戏艺人来演出，或在乡村空地，或在庙前广场，只要一二辆牛车四周围起来，以帆布或苇席搭造屋顶，即可上演。

当皮影戏随着移民从潮州传到台湾时，演出的方式也承袭了潮州的固有形式，成为潮州影戏的一支。潮州称影戏为纸影，潮州影戏历来以纸为窗，传入台湾，情况仍是如此。台湾早期的传统皮影戏，其影幕也是用纸糊成的。艺人将白米饭揉成糨糊，再把白纸粘在木框上，黏性很强的米糊将纸紧紧地绷住，形成牢固的纸窗。

灯，在早期使用的是油灯。影偶起先是素纸做成的，后来改用皮制。因为台湾牛多，一般艺人多使用水牛的最外层皮和第二层皮制作皮偶。传统皮偶造型多为平面、侧身、单目，大小在八寸至一尺之间。

台湾的传统皮影戏在音乐唱腔上承自潮州影戏，其伴奏的音乐及演唱的曲调，采用的是“潮调”音乐，其中的道白为闽南方言。

第四节　建筑

清代台湾的建筑，主要是大陆南方建筑传统的直接继承，以闽南式为主，粤东的客家式建筑为辅。由于工匠、材料都来自唐山，因此，可以说台湾传统建筑是闽粤建筑模式横的移植。清代的台湾建筑普遍采用硬山顶，山形马背，重要建筑用歇山顶，民居为单檐马背式，庙宇为重檐燕尾式。其歇山屋顶强调重脊的装饰，往往叠砌数层，成为反翘弯曲的形状。在色彩上，清代台湾的建筑颇有特色，墙身为红砖，屋顶为红瓦，木作部分的上色，清代初期多用黑、朱、金，对比很高雅；而道光之后，使用靛青、朱、白，对比则很强烈。台湾建筑还广泛使用花砖、釉烧陶竹节、花瓶式作窗和栏杆。

一、民居

台湾民间传统居屋，称为"住宅"或者"旧厝"。早期的民间住宅较矮小，在西南部是集体群居。清朝中叶以后，北部出现大型住房，大都以散居为主。台湾民房最基本的平面形式是长方形，三开间或五开间。后来又发展成三合院、四合院式，也有采取一颗印式（中间有天井）或离散式的布置。

台湾的传统民居可分闽式与粤式，其中闽式影响最大，数量最多。闽式（主要指闽南）民居建筑对台湾民居建筑的影响，是随着闽人迁移到台湾而产生的，加之闽台在地理气候、生活习俗等方面比较接近，因此，台湾民居的闽式特点表现得很明显。

在布局上，台湾民居讲究对称平衡。不论规模大小，格局却是大同小异。一般以厅堂为中心组织空间，组成封闭型的多院落的宅第，或三间张、或五间张。最常见的房屋成一字排开，像龙的形状，也叫做"一条龙"。正面中央有一正厅，供奉祖先牌位和神佛塑像，也作为客厅，喜庆丧吊也在此举行。小型住屋的三开间排成一列，正厅两侧各有卧房，旁门是相通的。如果不够用，就在两旁各增建一间比正厅低的房屋，成为五开间。或各由最外的两间卧室向外伸延，作为厨房、仓库之用。三间排成一列，就是三间起，左右两房再向外伸展成五间一列，就是五间起。正厅左右两间为正房，俗称正身，而加盖的厢房则称为"护龙"。台湾的院落规模不大，一般为前后两进，精致小巧。

三合院和四合院的屋宅，也是由一条龙式加盖护龙衍变而成的。一条龙式向前加盖左右护龙，形成凹形，中间空地作为庭院，即是三合院式屋宅，此为一进。如三合院再加一进，是为二进，形成四状。将护龙按三开间或五开间的方式连接，而围成一个天井，成为四合院。

台湾各式民宅的各个空间，不是绝对隔离的，而是用窗、门、墙、廊来把它们连成一体，再配合光线明暗的变化，营造出“柳暗花明”的意境。室内的空间也不完全一致。台湾民居的护龙的高度较低，空间上显得明朗而轻松；而卧房则用半截阁楼，把空间降低，代替了天花板，形成亲密而温暖的空间，当光线从雕花窗透射进来的时候，就形成了柔和而幽幻的情景。

台湾住屋的屋顶，采用硬山式与悬山式两种：硬山式是房屋左右两边的墙直立到屋顶；悬山式则是垂脊的屋檐，支出了墙壁之外。其屋顶轮廓或高低错落，或弯曲飞翘。民宅住屋屋顶采用中脊二分法，以横向划分一前一后两面斜坡，中脊中段低平，两端曲脊较为隆起。屋顶上大多有泥塑浮雕等装饰，并多有泥塑厌胜物。

墙是屋子的主要部分，普通人家的墙，上部涂白灰，下部用红砖砌成，比较讲究的全部用红砖砌成。红砖部分砌得非常有序，常见的是一竖一横及一纵一横。除有助于墙面结构的均衡，也富有韵律感，更具匠心的是以每块砖为单位，排列成万字形、龟甲形、八卦形等图案。此外，还有用红砖做凸凹起伏的排列的，用阴影营造空间的立体感。也有在墙上用石灰底作画的，有花鸟、诗词、对联等装饰，或作浮雕彩绘。

台湾北部因多雨，民房的材料多用砖，砖墙一直到屋檐，走廊设于屋内，称为“火库起”。台湾南部因阳光强烈，屋檐多伸出墙外，借以蔽荫，称为“出庭起”。在台湾建筑中最具特色的是在正厅前再加盖一座方亭，作为进入正厅的缓冲地带。

在雕饰上，大多讲究精雕细作，雕梁画栋，门窗隔扇，椽头柱础，都布满了各类雕饰，有的甚至达到令人眩目的程度。

台湾民居建筑讲究风水和礼俗，建房方向一般选择坐北朝南或坐东朝西。建房从择地、勘正、堪舆、定向、动土、穿屏、掮架、上梁、合脊直至收规过程，都要进行一系列繁杂的仪式。

清初的民居代表有张百万大宅、郑经宅邸、黄安宅邸、陈永华别墅等，但此期的民居早已湮没或被改建。

清代中后期，台湾涌现出庞大而华美的豪族住宅，达到台湾中国式样建筑的高峰。著名的有雾峰林家下厝官保第、台北安泰厝、台南石鼎美宅等。

雾峰林宅位于台中县，为台湾所存最庞大的传统民居建筑群，由顶厝、下厝、颐园和菜园四部分构成。其下厝为林文察建于咸丰元年（1851 年），共有四栋大厝，其中以官保第为代表。其面宽十一开间，分前后五进，第一进为三川门，第二进以靛蓝色为主色调，第三进以黑色为主色调，第四进被误拆，第五进亦为黑色。各院落极为宽敞，且各类艺术装饰令人目不暇接。

安泰厝位于台北的滨江公园内，为单层二进式四合院。该宅建于乾隆四十八年（1783 年），后被误拆，1985 年按原貌原材料复旧。房屋为红砖红瓦，屋脊为燕尾式，线条流畅平和。整体布局前低后高，其最大特点是做工考究细腻，如大量使用榫头结合而不用铁钉，各处的雕刻精细且多样，堪称精品。

石鼎美宅，建于道光二十三年（1843 年），石家先祖石时荣于乾隆年间从福建渡海到台湾，因经营有方，至道光年间便成为台南府首富，遂将店号改为“石鼎”。该宅始建时为三进式四合院，现仅存两进，厅与两侧建筑成凹型。屋身正面裙堵上刻有夔龙，四角衬以四只蝙蝠，刀法精湛，虽饱经风霜却依然清晰可辨。

此外，由于科举盛行，台湾的文人阶层在清中后期颇有发展，社会上雅好吟咏，流风所及，造园风气亦随之兴起，如台南紫春园、归园、潜园、北郭园、板桥林本源庭园等。

台南紫春园，为富商吴商新于道光十年（1830 年）所建，规模不算大，有长方形池塘，池上有凉亭，池塘周围环植花卉。潜园位于新竹，为富绅林占梅于道光二十八年（1848 年）所建。园中以水池为中心，四周有亭、阁、堂等建筑，池水取自城外的护城河。池塘规模之大，端午节时可在其中举行龙舟赛。板桥林本源庭园在台北，园内厅、房、厢、廊、庭、台、楼、阁左通右连，曲折回环。庭园自白花厅进入后，经汲古书屋，向左弯至方鉴斋，中间隔着一个方形池塘与戏台相对。右侧依壁假山重叠，再经走廊至来青阁，来青阁为园中最精致的建筑，是一座两层楼，屋顶是庑殿式。园中建筑的窗户图案各式各样，有竹形、桃形、石榴形、香炉形、八角形、六角形、蝶形等等，建筑物上的木雕、泥塑，形态各异。

二、寺庙

大陆移民入台，不仅带去了自己的宗教信仰，还在新的家园建造了各式各样的庙宇。起初，庙宇作为移民社会的集聚中心，是乡党结社、议事之地。台湾建筑史家李乾朗指出，台湾庙宇建筑之所以特别发达且精致，其原因之一是源于垦殖时期（明郑时期）对宗教信仰的依赖与感恩。据记载，寺庙有武庙、城隍庙、岳帝庙、真武庙、弥陀庙、妈祖楼、沙陶宫等。

比较典型的寺庙，清初有鹿港的龙山寺、台南的三山国王庙。其中，鹿港龙山寺坐落在彰化县鹿港镇，曾在清嘉庆年间为泉州开元寺分寺。其殿前龙柱雕刻得极为精致，前后三进，各不相同，均玲珑浮出。戏台的藻井称为“八卦顶”，以精巧木雕配上精密设计的榫头组成。诸殿屋脊均为燕尾式，脊上饰有凤凰。门前镇守的一对石狮是两百余年前从泉州运来的。寺中藏有道光年间的古碑《重修龙山寺碑记》与《援倡首敬捐六月十九筹费碑记》，记载了泉厦商人运载砖石建筑寺庙的情况。在庙中，可明显感受到闽南寺院的风格。

清中期的庙宇有台北的大稻埕慈圣宫，建于咸丰八年（1858 年）；淡水的鄞山寺，建于道光二年（1822 年），艋舺（台北旧称）的清水祖师庙，建于乾隆五十二年（1787 年）。清末主要有台北的龙山寺、大龙峒保安宫，二者与清水祖师庙，合为台北三大庙。此外，还有位于台南的延平郡王祠，为圭形山墙马背，将重脊燕尾照壁与外墙合而为一，又开两处拱门，造成一种豁然开朗的印象。

第五节　中医中药

闽粤沿海人民出于谋生、商贸、文化教育的需要，在清朝时期大批移居台湾，特别是清朝统一台湾后，许多中医、中药人员赴台，中医药学也在台湾各民族医疗保健中逐渐发挥重要的作用，大陆中医药学者迁台与年俱增。

清代，政府与民间设有不少“恤政”机构，其中包括诊治与救济病患者的养济院，据地方志记载，此期台湾各地均建立了养济院。如康熙二十三年（1684 年）台南、凤山、诸罗各地均建立了养济院。乾隆元年（1736 年）彰化建养济院，收养麻风残疾之人。此外，在嘉庆年间的凤山县、光绪五年（1879 年）的台北、光绪六年（1880 年）的新竹县也均建立了养济院。除了养济院以外，自乾隆后，台湾尚有普济堂、养留局、棲留所等建置，目的也在于收养社会上无人照顾的孤老残疾者。如道光二十九年（1849 年）淡水厅治东门内（今新竹市）设有回生洞（后改为回春院），收留无亲属可依之四方行旅病人。除供养外，并加以医治，死后则为之收埋。

清代，中医药学在台湾取得了空前的发展，仅据日本占据台湾后（1897 年）的统计，台湾中医药人员共有一千零七十人。其中博通医书、讲究方脉，有良好声誉者二十九人，以儒学而兼施医者九十一人，自称祖传世医九十七人，其他则为稍有文字素养的一般时医，占绝大多数。1901 年，日本当局举办了中医考试，申请者多达两千一百二十六人，经考试及格者有一千零九十七人；还有未经考试而有许可证者六百五十人，以及考试虽不及格而给予同情许可者一百五十六人。当时台湾共有行医执照的中医一千九百零三人，足可证明台湾中医发展之一斑。

一、大陆中医赴台与台湾中医

由于历史的原因，譬如最初赴台之中医，多出于谋生，或寻求出路之故，其技术水平并不高明。据有关文献记述，赴台中医之最早者可能是沈佺期与沈光文二人。他们于明末在台医疗病人虽不甚广泛，但影响不小。

沈佺期（1608－1682），字云佑，号鹤斋，福建南安人。崇祯十六年（1643 年）进士，授以吏部郎中，精医药。明亡南下，后抵台湾，以医术济台人，对患疾病者不分富贵贫穷，一视同仁，治愈者颇众，为民众所敬重。

沈光文（1611－1685?），字文开，号斯庵，浙江鄞县人。居台三十余年。初受郑成功礼遇，郑成功死后，其子郑经继位，沈光文一度与其不和，乃入山为僧，以教读为生，同时用自己的医术为当地民众诊治疾病，深得群众的敬重。

清政府重视在台湾兴办教育，提高台湾民众的文化知识，这为台湾人民学习中医创造了条件。同时，两岸医药交流日趋发展，也使台湾中医大量增加，医疗水平不断提高。台湾地方志等所收载之清代至民国初名医多达八十余人。主要有：

胡焯猷（生卒年不详），字瑞铨。少时以家累，弃儒业医，康熙年间渡海至台湾淡水，以行医为业，求者颇众。于乾隆时在淡水创建“西云崖”，后改名“明志书院”，广施义学，开台北之文风。

吴沙（1731—1798），福建漳浦人，善医，擅长痘疹。中岁赴台，寄居淡水，与高山族交往密切。嘉庆二年（1797 年），高山族三十六社天花流行，死亡甚众。吴沙为其传授方药，病者疑而不敢服用，有的病者服用后，痘病多愈，经他治疗而痊愈者百数十人。由此，高山族人视之为神，纳土谢之。

徐麟书（1781—1849），原籍广东蕉岭。出生于六世医药世家，从祖上起代代均以经营中药材为业，同时以精通医道为人治病为专长。麟书继承祖上，对医药知识、技术之钻研勤奋，造诣很深，独具匠心，对妙剂良方积累发明尤多，颇受世人好评。清道光年间曾被征为太医院御医。徐氏因清廷腐败，决意远离京都而赴台，于台湾新屋后源柯悬壶行医，以其医术高明而名声渐盛。一时以“和扁再世”之誉而闻名遐迩。他还将所用妙剂良方编撰成书，名《秘传医书》。该书是为后代子孙继承其医业而撰，故多经验心得以及临证时诸种诊疗等要点，或可视之为传世之作，故其子孙世代均继承其学，名于时。

范元成（1844—1922），字瑞嘉，自幼随父由泉州渡台，居基隆，潜心医术，尤擅外科，名闻遐迩。光绪十年（1884 年），法国军舰侵犯台湾，台胞被炮伤者甚众，元成一一为之悉心救治，被治愈者不计其数，一时医名鹊起。基隆海防分府局知林源荣，聘元成为官医；有海军舰长颈部患奇疾，群医束手，命在顷刻，经元成诊治而愈，船长誉之“华佗再世”。为此，舰长特聘元成为军医，随舰游历各埠，及壮年而归，隐居故乡，求医者益众，名噪一时。

二、防治霍乱、鼠疫等传染病与黄玉阶的贡献

黄玉阶（1850—1910），台湾台中人。先习汉学，年二十跟随中医师李清机学习医学，后即为人诊治疾病，边学习边诊治疾病，医术进步很快，约于光绪八年（1882 年）由台中迁居台北悬壶，医术精良，求诊者日众，加之每多免费施舍，为民众所敬重。光绪十年（1884 年）台北地区霍乱流行，死亡甚众，黄氏精选良方，独创合剂，诊治施药，治愈者达七八百人。光绪二十一年（1895 年）台北再次霍乱流行，黄氏除了诊治外，并印发《霍乱吊脚痧》医书千册分送全台。据称经他治愈者千余人。其后，台湾鼠疫流行，蔓延数年，其间斑疹也流行开来，黄氏更加忙于诊治，均取得显著成绩。特别是鼠疫蔓延之势甚猛，民众缺乏防治知识，他请求当局准予成立“黑死病治疗所”，自任该所主任，号召社会捐款，自己以身示范捐款五百元，对防治工作进行全盘计划，并编撰《黑死病疙瘩瘟治法新编》，印刷数千册以遍赠全台各地，为阻遏疫症之传染流行发挥了重要作用。由于他医术高明，疗效显著，热心疾病防治等社会公益事业，在民众中与社会高层均有很高的知名度，为人们所崇敬和尊重，许多医疗机构聘请他作顾问、会长、

主任等。例如，台北县黑死病治疗所医务嘱托、仁济医院嘱托、检疫委员、传染病预防委员、医生会会长、艋舺保安医院传染病隔离所医务主任等等。他在繁忙的治疗与社会兼职中，任劳任怨，勤恳奋进，作出了重大贡献。与此同时，他还很重视学生培养，跟从学习者甚众，其中尤以叶炼金、尤子樵、王成渠、周仪垲等最为出色。

中医界参与防治台北十九世纪鼠疫的医师还有黄守乾，他是台北人，本名鹿港，人称鹿港乾，是当时台北又一知名中医师，被人们誉为台北中医界之翘楚，门庭若市，疗效卓著，处方用药只是聊聊数味，附有药论，并兼用针灸。日本侵占之初，台湾地区鼠疫流行，死者枕藉，他被聘为艋舺（今台北）传染病院（今仁济院）中医部主任医师，被他治愈的鼠疫病人甚众。鼠疫平息后，他仍回寓所行医，求诊者更多。他于民国初卒，年近六十岁。

关于医学著作，此期尚少。《台湾杂记》载有：清·黄逢昶《医方》一书，据称“台湾横山跨海，烟瘴迷漫，忽雨忽睛，湿热又相乘为患，内地人不合水土，致病亡，爰拟医方。壬午三月禀请岑宫保刊行，医人多资调治，板藏台北府考棚内，后为滇军取去”，未见。

三、台湾中医药学的发展与普及

清代台湾中医学虽有显著进步与发展，普及也较快，但因医家忙于诊务而很少著作留传，对其实际状况也难以得到确切的依据。黄叔璥（1680—1758），清顺天大兴（今北京境内）人，康熙进士，曾奉命以御使巡视台湾，撰《台海使槎录》八卷，详述了他在任职时对台湾史、地、政治、经贸、民俗等等的调查情况。该书有鲁煜序曰：“煜闻先生之言曰：余之订是编也，凡禽鱼草木之细，必验其形焉，别其色焉，辨其族焉，察其性焉，询之耆老，诘之医师，毫厘之疑，靡所不耀，而后即安……先生必务详审精密。”由此可见黄氏在其著作中关于药物、医疗病症的记述当是十分认真的，有着很高的可信性。现将其所述摘引如下，从而可以了解当时台湾医药学发展水平的一个侧面。黄叔璥述说：“志载药材，有内地所不经见者：如斑节草、柏菰、蒜茶菰、穿山龙草、土木瓜、风藤、水烛；亦有志所不载者：如金锁匙治疳；铃草、茶匙草、虎咬黄、龙鳞草、四时春、马蹄香（一名一枝香）、金剑草、龙舌黄、羊耳草、治黄姜、蔚子黄、金子龙、船花、正埔姜、鱼签草、苦麻草、鸡骨黄等去风解热；乌甜叶（一名对面乌）止血；柏子草、半天飞凉血；鸡卵藤、宜梧草、万年薯、撮鼻草治疯，鸭嘴黄（一名定经草）调经；千里光治目”等。

所记述之中草药共计一百三十三种，所治病证种类共计二十七种。分析二十七个病种，属内科杂病者八种，属外科（包括骨伤、肿瘤）者十五种，属妇科者一种，属儿科者两种，其他为眼科、喉科各一种。可知台湾当时依靠中医药治疗疾病的状况，医师们医疗病种之特点与水平。（清·黄叔璥《台海使槎录》卷三，丛书集成本，商务印书馆 1936 年版）

清代台湾与内地的医学交流更广泛。顺治年间，张学礼曾使台湾，在其《使琉球纪》中说：“补差天文生李光宏、太医吴燕时，聘请从客陈翼等”。可见有太医前往台湾。在药材等交流方面更强调实际需要，康熙五年（1666 年），对并非台湾之土产者免其进贡。康熙二十五年（1686 年），台地向中央贡物中有：丁香三十担，冰片三十二斤，甜肉豆蔻四瓮。镶金小箱内，装有丁香油、蔷薇油、桂花油各一罐，由此知其香料药物之档次也进一步提高了。台地之医疗技术，如“台地村舍后每广植（蕉）之”指出“性寒，妇人产后，每以蕉果少许，置儿口中，谓能清热”，“用火炙椰，其油自出，疗齿痛、冻疮，极效”，也相继为大陆学者所沿用。如《本草纲目拾遗》引《台海使槎录》资料等，以“椰油”入药。又该书列香蕉为药。称《本草纲目》“于香蕉独未明晰，今依《粤志》补之”。虽然赵氏叙述香蕉条源于《粤志》，但所述内容与台地相似，亦可说明其渊源关系是密切的。

台湾在日本侵占之初，中医队伍还很壮大，且不乏医术高明之士。据有关文献收载，综合其知名者约六十人，比明清之知名者高出倍余。现仅举其代表人物简介如下：

吴得福（？—1895），台北大安庄人，吴氏崇尚道教，兼通医药，治病多效，名闻乡里。

丁宝鋆（1874—1911），字锡奎，号士庄，赋性聪敏，为人厚道忠诚，勤于攻读，博采群书，年二十一岁因反抗日军占领台湾，随兄到泉州避难，适逢晋江科期，乃报名应试，及第庠生。不久，于光绪二十四年（1898 年）回到台湾，此时台湾鼠疫流行，死者甚众，他触景伤情，发奋攻读医书，得张仲景《伤寒论》与《金匮要略》朝夕诵读以求明医之理，其后又钻研《黄帝内经》与《难经》等经典医籍，对医理与临床诊治经验的积累日丰，治疗效果也不断提高，人谓“手出药方，多见奇效”。他医德高尚，不收谢礼，惜年仅三十七岁而终。

黄瑶琨（1874—1925?），号青华，著名中医黄玉阶之介弟，少时学习岐黄之术，医术精良，光绪二十三年（1897 年）毕业于国语学校第三附属速成科。后入“本省人医师养成所”肄业，适逢该校改为医学校，成为该校的第一届毕业生，是为台省人最早的西医师，任台北医院医务助手，工作三年后辞职，自己开设“日新医馆”。后又任台中厅员林公医，于 1914 年返回台北，再次在大稻埕悬壶问世，并对地方公益事业贡献颇多。

杨棕（1881—1932），彰化街（今彰化市）人，字炳棕，其高祖于清代中期迁居台湾鹿港棋盘厝，光绪十四年（1888 年）移居彰化街西门。祖父杨地富，父亲杨安坐，均以医为业。杨棕为安坐之长子，继承父、祖之遗志，在彰化悬壶济世，很受群众敬重，光绪二十六年（1900 年）杨棕创办“杨棕医院”，求医者日众。杨氏医德高尚，若有贫寒者就医，不但不收药费，有时还自备出诊轿车往治，甚至遇有不治之病患，死后无力埋葬者，他还赠予棺木等费用。1930 年为了满足需要还扩建贫民病房十余间，收治贫民患者住院治疗，改“杨棕医院”为“璜溪医院”，扩大了诊治范围，由此名闻遐迩，北至新竹，南到嘉义，叩门求医者络绎不绝。

尤子樵，台北人，初学儒，后跟台湾著名中医学家黄玉阶攻读岐黄之术，特别对慢性疑难病症颇多治验，与当时名医鹿港乾、叶炼金齐名。尤以妇科、伤寒之病症，每因中西医诊治罔效者，经他施治多转危为安，被誉为台北首屈一指的中医。

许一壶，原籍海南，移居嘉邑之竹林庄。名如栋，早年父母双亡，稍长即外出游浪，为人司会计事，其间多与方技家交往，虚心请教学习。凡葛洪《肘后方》之书，华佗五禽戏之术，都勤学博采，极意搜寻，务得其要领而后罢。多年的积累，使自己医疗技术日益丰富，求其诊治者接踵而至，时人以董奉杏林誉之，医名大振。由于台地山岚瘴气严重，谋财之奸商庸医不少，劣药充市，许氏对此十分愤慨。他常说：“人命非可草荐视者，……吾其为韩伯休乎”。对自己所用之药“非地道者不采置”，更加勤奋考证《神农本草经》、《雷公》遗法，尊古炮制，做到药精而价廉，颇为人们所崇敬，晚年入山林隐居不出，享年七十四岁。

第七章　民　　俗

第一节　台湾节令

一、春节

春节，是中华民族历史悠久、最为隆重的民间传统佳节。由于历史文化、风土人情、生活习俗、亲缘血统等均与祖国大陆，特别是与福建闽南地区一脉相承，清代台湾岛内的春节习俗与祖国大陆大同小异。

农历腊月二十四是“祭灶”之日，即送灶神上天之日。旧时，人们认为灶神除了司火，还监察所在的一家人的善恶功过。每年到这天灶神会上天奏报天帝，天帝则据灶神所言，作为降福或降灾给所在人家的凭据。在祭送灶神时，台湾同胞将灶神画像贴于灶上，灶神身着天宫官服，两旁有一幅“上天言好事，回宫降吉祥”或“上天言好事，下界保平安”的对联。然后摆上各种供品，多为甜园仔、米饵、糖豆浆、甜瓜、糖果等，这些供品或甜或黏，主要是为了甜灶神的嘴巴，让他多说好话，黏灶神的嘴巴，让他张不开口说坏话。有人还以酒糟涂抹灶门来醺醉灶神，以示讨好贿赂之意，再烧香放鞭炮，为灶神送行。从这天起，“过年”也就开始了。

腊月十六日是“尾牙”。在台湾，每月的初二、十六是商家“做牙”（打牙祭）的日子，也是祭拜土地公的日子。由于农历十二月十六是一年中的最后一次“做牙”，所以称为“尾牙”。做“尾牙”是感谢土地公一年来对事业生意和农作收成的庇佑，所以比平常的“做牙”日更为隆重。这天，公司行号的老板宴请犒赏伙计以慰劳其一年来的辛苦。按传统旧俗，宴席间鸡头对准谁，即暗示主人来年要解雇谁。

除夕，是“过年”中最重要的日子。一大早，家家户户都在准备除旧布新，在家中内外重要部位张贴春联春字，台湾民间俗称“辉春”。自进入腊月以来，即有文人墨客在市肆檐下摆摊写春联春字。除夕这天，家家户户要先将象征新春祥瑞、万事如意、招财进宝等内容的春联春字，贴在自家的门窗、粮囤、猪圈、井台等处。一般来说，厅门贴封联，大门贴门神，粮囤贴“满”字，窗户贴“春”字，禽畜舍上要贴“六畜兴旺”，厨房要贴“山珍海味”等。

除夕下午的祭拜，台湾人俗称“辞年”或“辞岁”，是为了感谢这一年来神明及祖先的保佑，祈求来年继续赐福。全家老小都要穿戴整齐，在厅堂的神明及祖先的牌位桌前陈列牺醴，花生、糕仔粒、冬瓜枣、红枣等供品。较讲究的家庭，还在神案上“叠柑塔”。祭品中一定少不了年糕，台湾人称之为“年粿”，它是用石磨研碎的糯米，再添加各种调味品久蒸而成的。年粿有甜粿、发粿、菜头粿之分。台湾乡下有俗谚：“甜粿过年，发粿赚钱，菜头粿吃应时”。在摆设甜粿、发粿、菜头粿于神案上时，要插上饭春花(一种纸花，因春字的台语谐音“剩”，取年年有余的意思。)。祭祀过后，年粿便成为新春期间的可口点心，并且吃年粿有“年年高升”之意。

辞岁之后，就进入过年的高潮——吃年夜饭。年夜饭又称“围年饭”。除夕之夜，全家人都要欢聚在一起“围炉”，一家人不分尊卑男女，团团围坐在火炉旁吃年夜饭（清代的台湾闽南人旧俗，平常吃饭时男人先吃，女人后吃)，意味着来年全家人和乐圆满。除非有特殊原因，一般出门在外的人都会尽量赶回家团聚。围炉时必须使炉火熊熊燃烧，表示一家兴旺隆盛。年夜饭中，除了要吃象征全家团圆的鱼丸、肉丸和寓有“食鸡起家”之意的鸡肉，以及表示“年寿长久”的韭菜，还有一种“长年菜”，即将整株的芥菜用清水煮熟，不去头尾，取意有头有尾；不加细切，取意绵绵不断。除夕之夜吃的时候，要一根一根先头后尾，不能横食，也不能嚼断而食，这表示对父母祝寿。年夜饭要慢慢吃，有的人家甚至一直吃到深夜。餐后，每人要吃一块“发粿”，表示新年发财之意。

围炉后，清代的台湾还有“跳火囤”之俗。将稻草、蔗叶点燃放在盆中，家中男性成员面向正厅，依长幼次序跳跃火盆，妇女则围在盆边加火。跳火盆时，一家人口中念讨吉利的顺口溜，如“公担金，婆担银，跳入厝，代代福”。火熄后，将灰烬放在各人的衣裙上，拿到厨房的大灶里，口中也要念吉语。

在清代的台湾，长辈们给子孙赠送“压岁钱”也是在围炉之后。晚辈们要先向端坐在堂上的家中最年长的大人叩拜辞岁，长辈在接受晚辈们的吉祥祝福后，将事先准备好的红包分给晚辈。习惯上，红包内的金额必须是偶数，忌讳奇数，取吉利之意。

年夜饭吃过之后，还要“守岁”。守岁对年长者而言是辞旧岁，有珍惜光阴之意，对年轻人而言，有为父母增寿的意思，所以凡父母健在的人，都必须守岁。守岁到十二点，钟声一响，全家人由长辈带领着烧香拜神祭宗祠，由尊至卑依次向神明行三跪九叩之礼。

正月初一日，台湾叫“新正”。这天人们都会早早起床，梳妆打扮和洗漱停当之后，便开始了“拜正”、“贺正”，即互相拜年、问好、祝福。主人家以各种甜食、甜茶招待客人，叫做“食甜”。客人食甜时，依俗都要说些吉利恭贺之话。若客人携带孩童，主人往往会赠送红包。有的人家还要在门口张灯结彩，门口竖立一支“长年蔗”（连根带叶的甘蔗），取意家庭坚固，长年吉利。长年蔗从初一起一直到初五或十五才取下。除了拜年，有的人还要到寺庙朝圣祭拜，有的人则找风景名胜踏春玩耍，这叫“走春”。

初一的禁忌极多。早上要吃素菜，不吃荤的，也不煮，吃的饭菜必须是除夕日预做的，谓之“隔年饭”，表示去年的饭吃不完还有剩余。这一天忌煎粿（因粿类经油煎后，颜色变成赤色的，“赤”与“赤贫如洗”的“赤”同音，不吉祥），要吃干饭，不吃稀饭。为讨个好兆头，从除夕起便禁止吵闹，不准吵架，不准哭叫，更忌讳讨债、还债。据说岁末到新春期间，会有财神到人间赐福，如遇有讨债还债之事，会影响未来的财运和福运。

从大年初一开始，到处都可看到“喷春”的人。喷春，即“鼓吹阵”，是由三四人组织而成的小乐队，锣鼓喧天地吹奏起来，挨家挨户地奏乐助兴。各家各户为讨个吉利，就让他们在门口大奏“天官赐福”、“招财进宝”、“迎春接福”等吉祥乐曲，然后送一个红包给他们。

大年初二，是出嫁的女儿回娘家探亲的日子，台湾称为“返外家”、“回外家”、“作客”。作媳妇的一大早就准备好，偕同女婿、子女一起回娘家。古时女子不得无故擅自归宁，初二回娘家时多由娘家兄弟或父母前来迎接。“返外家”不能空手，携带的礼物称为“伴手”或“等路”。娘家兄弟有子女的，也要赠送红包。女儿带回的孩子由娘家赠送鸡腿，或用红绒线系古钱，挂在孩子的颈上，称为“结彩带”。

清代时台湾的“过年”，一直要到正月十五才算结束。在新春这一时段，民间节目繁多，气氛热闹而严肃，我们可从当时流传的歌谣中感知一二。如：初一早，初二巧，初三无通巧，初四顿顿饱，初五隔开，初六舀肥，初七七元，初八原全，初九天公生，初十有食食，十一概概，十二漏屎，十三吃场粥配芥菜，十四结灯棚，十五上元暝。上面这首民谣用台湾话念起来很押韵，短短数语，几乎把春节期间的民间节目及生活习俗，形容得淋漓尽致。

民俗是一方人民代代相传的风土民情。虽然随着台湾社会性质由农业社会转变为工业社会，相应的，清代时的台湾春节习俗也已发生了很大变化，但是春节的某些习俗或者说法至今在台湾仍存在。

二、元宵节

正月十五是元宵节，又称灯节或上元节，且因其为春节的最后一个高潮，家家户户皆热闹庆祝，故亦称小过年。

这天，家家户户张灯结彩，吃汤圆，闹花灯，猜灯谜。孩子们则提着花灯到处游玩。另外还有“偷俗”、“钻灯脚”、“照井水”等习俗。“偷俗”名堂很多：如未婚少女故意去偷别人家菜园里的葱菜，据说如不被主人发现，就是吉兆，预示她将遇到称心如意的郎君，台湾谚语称：“偷得葱，嫁好公；偷得菜，嫁好婿。”未婚男子，则以偷得别人家墙头上的石头为吉兆。已婚妇女如偷得喂猪盆而被人骂或偷拔到人家竹篱笆上的竹子，则认为是生男之兆（因闽南语“竹篱”和“得儿”音同）。“钻灯脚”就是元宵夜妇女们必往观赏花灯，但“观灯”是虚，“钻灯”为实，她们故意在灯下钻来钻去，因“灯”与“丁”同音，取其“添丁”的吉意。故台湾又有“钻灯脚，生男胞”的谚语。“照井水”即民间习传，女人若在元宵夜去观照井水，会显得更美丽，故无论未婚少女或已婚妇人，便乘元宵夜明月皎洁之时去俯视井水，希冀自己能够变得更美丽。有俗语说：“照井水，面较美”。

各地的庙宇也会张灯结彩，高搭彩棚，展示各式飞禽走兽、花鸟人物的花灯。男妇有求嗣者，在神前祈祷，求得花一枝或“亚公仔”一个，回家供奉，如添丁，到来年元宵时，另做新鲜花卉、人物以酬谢。

澎湖地区在元宵节“乞龟”的习俗则既有趣又神秘。每年元宵节一到，澎湖大小庙宇中的中央供桌上，就会摆放各种各样的“龟”：有甲糖和糯米粉捏塑的祈求平安的“芳片龟”，有用线面堆制而成的含有长寿寓意的“面线龟”，有以面粉、鸡蛋、糖、沙油为原料用龟模制作的“鸡蛋精龟”，还有以熟糯米浆做皮、内包红豆馅的“麻薯龟”，甚至还有用黄金打制的“金龟”。蜂拥而来的乡民们，在融融的烛光照耀下，掷筊乞回，让家人“吃平安”。乞得面龟的人家，明年元宵必须还给庙方一个更大的面龟，于是面龟愈作愈大。

台南县的盐水镇在清朝时，曾是台南府与鹿港之间最大的驿站，南来北往的人很多，商务繁忙，有元宵节放蜂炮的习俗，使盐水镇远近闻名。据说光绪初年，盐水一带瘟疫肆虐，每天都有人死去，人们惶惶不安，纷纷弃家外逃。残存的盐水人断定是鬼怪作祟，就在一个元宵节请关圣帝君出巡绕境，以驱逐邪疫。为了助关公的气势，人们于沿途大放爆竹烟火，没想到瘟疫果然就此绝迹。从此每年关公出巡时，当地人都竞放鞭炮以答谢神恩。

举办蜂炮的庙宇是主祀关圣帝君的武庙，古称“月港武庙”，在盐水镇北，地占鲤鱼穴，由台澎兵备道梁文科于康熙五十四年（1715 年）创建，乾嘉年间曾修筑过六次，以嘉庆八年（1803 年）的改建较为出名。

如果有人要向关公还愿，还会准备巨大的炮城，上面插满了数万枝的蜂炮。等神轿一走到面前就马上点燃，顷刻之间，上万枝蜂炮如万箭齐发，咻咻地向人群射去，硝烟弥漫之中，只见火花响炮到处乱窜，人群惊叫走避。就是这种叫人又爱又怕的蜂炮，每年吸引了数万人涌进盐水小镇，成为南台湾著名的元宵活动。

台湾北部平溪十分村则有元宵节“放天灯”的习俗。所谓“放天灯”，就是在纸糊的灯状球体下点火，利用热空气上升的原理将其送上夜空。天灯用白色宣纸糊制，造型很像一顶孔明帽，故而又称“孔明灯”。天灯的“帽檐”用竹片围成圆形，用两根铁丝在圆形竹片之间架成十字形，燃料固定在十字形的中间交叉点上。糊扎天灯首重平衡，否则升上天空即刻就会燃烧起来，化为乌有。天灯有大有小，冉冉升起后，犹如一个个大大小小闪烁的火球，随风飘向远方，与夜空中的繁星融为一体，妙不可言。人们更相信，天灯放得愈高，运气就愈好。而放天灯还有一个十分重要的作用：早期到台湾拓垦的移民，常遭盗匪打劫、杀戮，便以“放天灯”作为互报平安的讯号。日据时期，天灯又成为一种躲避日军搜捕的信号。平溪人认为，天灯怕鞭炮，所以“放天灯”时，一定要大放鞭炮，炮声愈响，则愈能把“天灯”吓得愈高愈远。

台湾的元宵节到处都张灯结彩，舞龙弄狮，大放焰火，竞赛龙灯。有的地方还举办南音大会唱、诗歌竞赛、赛花盛会。通宵达旦，笙歌燕舞；大小寺庙香火缭绕、锣鼓喧天，使春节活动达到一个新的高潮。台湾元宵节的活动要持续三天，从正月十三日便开始“闹元宵”，也叫“小三夜灯”，第一天为“放灯”，第三天便称“谢灯”。

三、清明节

在我国传统的历法中，“清明”时间大约在“春分”之后，“谷雨”之前，约在四月四日或五日。在台湾，清明节是一年所有节日中很重要的节日，“清明不回厝无祖”，指的是清明节不回家扫墓挂纸的人就等于没有祖先，即使在外窘困没有路费回家的人，这一天也想方设法回家扫墓。

台湾早期的移民，以漳、泉两地为主。两地移民扫墓的日期各自不同。漳州人多在三月初三日（俗称三日节）上坟，泉州人则在清明节扫墓。关于这个日子的不同，有一种说法是：漳、泉人常发生械斗，为避免同日扫墓碰面，官府出面调停后，规定漳州人在三日节，泉州人在清明节扫墓。台湾客家人祭祖扫墓的时间则是从元宵节过后便开始，日期由每家自定，以正月十六日扫墓的人为最多，一直到清明为止。这是因为早期的客家移民到台湾较晚，较富庶的地方都已有人居住，贫瘠的丘陵地又欠发展，所以客家子弟大多要出外谋生。当时交通不发达，往来不方便，人们多趁春节返乡之际，顺便祭扫。因而清明节扫墓在台湾共有三个时间，元宵之后、三月初三、四月初五。

台湾民众的扫墓习俗，一般分成“挂纸”和“培墓”两种仪式。“挂纸”在台湾的习俗中称为“压纸”、“压墓纸”，一般用石头或砖块将长方形的黄白纸，或红黄蓝白黑五色纸压在坟上，表示子孙已经祭拜过祖坟。这种仪式中祭祀的东西比较简单，大都只供一些米糕、粿类和糕饼。客家人挂纸时比较慎重，先用锄头挖一块绿色的草皮，并把滴有鸡血的黄纸，用草皮压在坟上，然后在坟地四周摆上十二张银纸，除了表示“挂纸”目的外，还象征“血祭”。

另一种仪式是“培墓”，即修整祖墓。培墓的时间多在清明节前夕，先要用锄头或镰刀将生长在祖先坟墓上的野草清除，加以培土整修，如果墓碑上的字体模糊不清，则必须重新描写，使其焕然一新。祭拜时，在墓前供奉牲礼、纸钱、蜡烛或十二道菜蔬（如韭菜、鱿鱼、春干、甜菜、甜芋、肉脯、蒿菜、莲子、枣子、竹笋、猪肠、首头）和果类（红龟果、鼠曲果或单籽果）等。若是新坟，则必须供奉五牲（如猪头、鸡、鸭蛋、面果、红龟果）。祭品摆好后，点香向后土（坟墓的守护神）祭拜，妇人要在新坟前哭号，礼拜完毕，先烧纸钱，纸钱烧完后，在纸灰上洒酒（称为奠酒），最后鸣炮礼成。在收供品离开前，要将鸡蛋、鸭蛋在墓碑上打碎，将蛋壳丢在坟上，象征“蜕壳”或“蝉蜕”，表示新陈代谢。还有将红龟果、面果分给当地小孩子吃的习俗，称为“揖墓果”（又称乞墓果、印墓果），象征“祖德流芳”。

台湾民间习俗，若是家有长子娶媳妇、添丁生子或置产等，一定要培墓。在培墓时还要点“姓氏灯”，祭拜之前燃烛，祭祀后不熄灭，而是将它小心地放在灯罩内带回家（沿途不可使其熄灭），放在祖先的灵桌前。相传这种小灯具有“添丁发财”的含义，如果在回家途中一路不熄，则表示子孙繁茂的吉祥征兆。

此外，清明节台湾民间还有拾骨、踏青、斗鸡、插柳、拔河、荡秋千、赐火等习俗。其中“拾骨”又称“洗骨”，挑选好吉日后，由一家之主或家里的长辈请一个“土公仔”（捡骨师）挖开自家祖先的坟墓，将祖先的枯骨捡出来，由出嫁后的女儿撑伞为枯骨遮阴，并洗净晾干，用红布或丝布将骨包好，找一个吉利的日子将骨埋葬。

清明节的特殊节食，要以鼠曲粿最为普遍。这是一种加入鼠曲草的粿，颜色碧绿，又有鼠曲草的清香。客家人则制“艾粄”，作法是将艾草的嫩叶洗净后放入滚水中烫煮，然后放在筛子里揉搓，以便冲洗，直至苦涩去掉为止。搓洗好的艾叶放在锅中烤干水分，用时便取来切细，加入生粄中搓揉均匀即可。台湾有的地方在清明节制作春卷，也称“润饼”。

清明节时，有的台湾同胞渡海回到福建、广东等地的故乡，祭扫自己祖先的坟墓。等拜过祖先，烧过香纸后，就把艾糍、松糕等分给大家，在墓地上野餐。这时，父母或家长就对儿孙讲述自己祖先的出生之地和开发台湾宝岛的业绩。

四、端午节

每年农历五月初五为端午节，又称重五节、重午节、五月节、端阳节、蒲节、天中节等。台湾同胞过端午节时，家家户户都清扫一新。节前人人都要理发，据说若是头发太长，就要被妖精拔去扎粽子。所以，节前的理发店生意最兴隆。每家每户要在门口悬挂菖蒲、艾草和榕枝所编成的辟邪物，因为菖蒲形如刀剑可辟邪，而艾草可治病保健，榕枝长青亦可辟邪。也有说菖蒲比喻剑，艾比喻旗，可攘邪招福，如“艾旗招百福，蒲剑斩千邪”。这几样亦可当天拿来洗澡，作药草浴。清道光年间的《厦门志》卷一也记载着福建厦门有“浴百草汤，曰兰汤”之俗。

人们相信端午时节，五毒（蛇、蜈蚣或蜘蛛、蝎子、蜥蜴、蟾蜍）滋生，怕危害小孩或大人，所以要系五色线、饮雄黄酒、屋角四处洒上石灰，门上悬挂蒲艾以辟邪。而民间认为鸡会食五毒，具有驱毒辟邪的作用，所以昔日民间会张贴“鸡食五毒”、或“五毒符”、“虎镇五毒”、“葫芦收五毒”的剪纸。此外，由于钟馗爷为捉鬼大神，传统社会中也盛行端午节在家张贴钟馗爷的神像版印，有驱邪避祸的用意。

妇女们还缀制香囊，称作“香袋”，以零碎绸布或五彩线扎成各种形状，如老虎、花果、八卦、三角形（粽子形）、菱形、球形等，内装沉香粉、檀香粉、朱砂、樟脑丸，或以白芷、丁香、木香等研磨成细粉，清香四溢，用以辟邪逐疫。

在节日食俗方面，台湾同胞庆端午要吃粽子，吃煎锤，吃卤面，吃黄花鱼。还有俗传端午吃桃、茄子及菜豆，可以健康、长寿。

粽子是端午节的主角。台湾的粽子有甜粽和咸粽。甜粽用庚粉和糯米混合蒸成。甜粽蒸熟后再加上白糖和蜂蜜食用，香甜可口。咸粽用猪肉、香菇、虾米和糯米相拌。台南地区端午节不吃粽子，而是吃一种叫煎锤（又叫煎堆）的食物。此俗也与郑成功有关。据说，郑成功率军入台之初，军粮匮乏，端午节无米包粽子。并不富足的台民闻讯，争着送来薯粉、花生、豆类等食品。郑成功下令将这些食物掺和在一起，油煎成堆，以度端午节。此后，台南人年年过端午节都以煎堆代替粽子。

端午节时台湾人吃的卤面原是闽南漳州有名的风味小吃。卤面用蛋丝、肉丝、笋丝、香茹、鱿鱼等配料，加上猪肉汤、甘薯粉等煮成米汤状，然后拌合而成。食用时再放少许芫荽、油炸蒜丁、胡椒粉等作料，风味独特，深受台湾人的喜爱。吃卤面原是闽南端午节祭拜屈原时的习俗，后来由闽南人传到台湾。

祖上传下来的民谣说：“五月五，买条黄鱼过端午”，因此，端午节的食品中，也少不了黄花鱼。

赛龙舟是台湾端午节最精彩的一项活动，台湾称为“扒龙船”。台湾汉人的龙舟赛会，相传始于清乾隆二十九年（1764 年），当时的台湾知府蒋允焄在台南法华寺的半月池举办一项类似龙舟赛的女子划船竞赛，勾起台湾人对传统赛龙舟的记忆，慢慢地端午节赛龙舟开始举行。最初只在台南运河一带举行，到了清代末叶，台湾各地的龙舟赛会已成为端午节的重要活动。

在正式龙舟赛前，龙舟需要经过“开光”仪式才可下水，“开光”就是在五月初一请地方首长拜祭水神，并提笔在龙舟的龙眼上点睛。初五龙舟下水前，人们敲锣打鼓，抬着龙舟走向河岸，沿途民众烧香礼拜，鸣放鞭炮。接着举行隆重的祭江和谢江仪式，祭江时由一艘龙舟划至江中焚香祷告，并掷投纸钱及粽子，祈求江河不再危害生灵的安全。

福建和台湾两地在端午节庆也多有交流。据史料记载，明清以来，每逢五月初五都会出现泉州总口与台湾鹿仔港对渡的盛况。两地好手同江竞舟，交融情谊。

台湾少数民族的龙舟赛，相传在平埔族人时代就有了，生活在水边的平埔族人，每年都有祭水神的仪式，直到明清时期与汉人接触后，祭水神便慢慢和汉人的端午节赛龙舟结合在一起，成为特殊的活动。

在台湾过端午节，还有一个富有神奇色彩的习俗，就是取“午时水”。据说当年郑成功占领台湾时，部队开到大甲镇铁砧山，急需食水，却找不到水源，郑成功便插剑入地，祈求泉水涌现，拔剑后果然山泉喷涌，此井被称作剑井，由于当时正是端午节午时，此水便被称为午时水。从此，午时水声名远播。每年端午节午时，剑井旁边争汲午时水的人总是挤得密不通风。据说端午节正午对着井中仔细观看，还可以看见郑成功的那把剑影。而看见剑影的人，这一年一定无灾厄。午时水用来泡茶酿酒特别香醇，生饮甚至具有治病的奇效。因此，台湾民众求取午时水，以保平安。

此外，每到端午节，人们还习惯泡饮一种独特的“午时茶”（也叫“柚茶”）。相传，民族英雄郑成功年轻时积累了许多茶药用方面的验方。后来他率军收复台湾，目睹遭受瘟疫折磨的台湾贫苦百姓，就将军中贮备的陈年柚茶分送给缺医少药的台湾同胞，作为辅助治疗手段，医好了他们所患时疫。台湾同胞感怀这位关心百姓疾苦的将官，便将这种午时茶称作“成功药茶”。

五、七夕

农历七月初七，俗称“七夕”，台湾也称女儿节、乞巧节。相传这天是护佑孩童的两位神——“七娘妈”和“床母”的诞辰日，因此民间十分盛行崇拜这两位神。

台湾民众认为，小孩在未满十六岁之前，都是由七娘妈保护。因此，七娘妈就成了未成年孩子的保护神。父母会在七夕黄昏设供桌及祭品，并以红线系铜钱挂在孩童颈部，称为“挂絭”；每年七夕都要祭拜，并更换红丝线，直到十六岁“脱桊”为止。有的还要到寺庙答谢七娘妈多年的保佑，专门为孩子举行成人礼。

祭拜时间在七夕黄昏，供品有软粿（一种中心压凹的汤圆，传说是给织女装眼泪的）、圆仔花（即千日红，为祈求多子多孙）、鸡冠花、茉莉花、树兰、胭脂、白粉、鸡酒油饭、牲礼、圆镜。必不可少的还有一座纸扎的七娘妈亭放在供桌中间。有的地方当家中大小前来向七娘妈上完香，会由长辈带着未满十六岁的孩童钻过供有七娘妈亭的供桌，以示受七娘妈的庇佑。家有满十六岁的孩子者，特供粽类、面线。祭后，烧金纸、经衣（印有衣裳之纸），并将七娘妈亭焚烧，无法焚尽的竹骨架丢至屋顶，此称“出婆姐间”（婆姐，传即临水宫夫人女婢），表示从此脱离婆姐的照顾，该孩童已成年。台南开隆宫建于雍正十年（1732 年），主祀七娘妈，是全台历史最悠久的七娘妈庙。因古礼满十六岁即为成人，每逢七夕，许多家长便带着满十六岁的孩子“作十六岁”的礼俗。

传说七娘妈中的织女善于织布，手艺非常巧妙，故妇女多在是日夜里摆上香案，供上汤圆、巧果、蓟花、胭脂、针线等，且特地在月下穿上九孔、七孔、五孔或双孔的针线，祈求织女娘娘赐予针线织布的巧艺与白皙的美貌，故该日有“乞巧节”之称。

每到七夕，几乎家家户户都要买来中药使君子和石榴。这天晚餐，就用买来的使君子煮鸡蛋、瘦猪肉、猪小肠、螃蟹等，晚饭后，分食石榴。这两种食物均有一定的驱虫功能。台湾七夕的晚餐，民间还习惯煮食红糖干饭，这对诱虫吃药也起了辅助作用。这一习俗是闽南移民过台而传过去的。

六、中元节

农历七月十五日，俗称“中元节”，又名“盂兰节”、“鬼节”，是民间祭奠祖先之魂的日子，也是道、佛信仰中一个极重要的节日。

在台湾，最普遍的传说是：每年农历七月一日凌晨，地府开鬼门，让所有在阴间受苦难的鬼魂，能回阳间探望生前的老家和后世子孙，阳间的人们统一在七月十五日，为所有鬼魂举行大祭拜，让鬼魂享宴一番。到七月三十日假期结束，这些鬼魂重返阴间。

中元节这天，台湾家家户户杀猪宰羊，准备极为丰盛的酒肉祭品，祭拜祖先与阴间鬼魂。各地并有许多传统的普度活动。台湾俗称孤魂野鬼为“好兄弟”，中元节普度孤魂野鬼就称为“拜好兄弟”。普度的形式分为公普和私普。私普就是以街、庄等居住单位为主的普度，从七月初一到三十，大家商议好时间轮流普度。举行普度的当天下午，家家户户在门口摆上丰盛的菜饭以及其他食物等，俗称“拜门口”。每盘菜上都要插上一枝香。公普又称为“庙普”。一般都在七月十五举行，俗语又叫“拜七月半”，以各村庄的寺庙为中心，由庙寺主事者来主持。普度仪式最闻名的是基隆的老大公庙，该庙拜的是清朝时的亡灵。

普度之仪式主要分成：请鬼、施食、诵经、驱鬼等。请鬼，是打开鬼门，迎请阴间的孤魂野鬼来到阳间。为让众鬼顺利地由幽暗的地狱来到人间，人们在庙前竖立灯篙，引导鬼魂。灯篙愈高，照明范围愈大，来食的孤鬼就越多。除陆上竖灯篙外，若是邀请水里的鬼魂，就得“放水灯”。台湾的水灯通常糊成小屋形状，钉放在香蕉叶茎上，里面插上一根蜡烛，照明来自水中的溺鬼。

“施食”是普度中最重要的仪式，信众供奉丰盛的饭菜以饱众孤鬼口福。除食物之外，也为其准备经衣（即新衣），让其在阳间度过短暂的舒适的时光。施给众鬼的食品，因有法师的科仪，信众认为食后会带来好运，因此有抢取贡品的“抢孤”活动。在普度的广场上搭起高丈余的台子，上面放满各式各样的供品。普度完毕，主持人一声令下，大家就蜂拥而上抢夺，因为没有秩序易造成伤亡，所以清朝下令停办。抢孤的由来是：七月普度鬼魂群集，为了怕它们流连忘返，因此有人发明此活动。据说当鬼魂看到一群比自己还要凶猛抢夺祭品的人时，会被吓得逃开。

普度的尾声是农历七月二十九的“关鬼门”。这天傍晚，人们在自家门前准备菜肴，为众孤鬼“饯别”，庙前的灯篙也要拆除，宣告普度结束。有时寺庙生怕孤鬼流连不愿归回阴间而危害阳间之人，因此于是日深夜特请钟馗押孤，以保地方安宁。

整整一个月，台湾乡镇的街头巷尾，每天均可见设坛普度，因此台湾民间称七月为“鬼月”，鹿港地区甚至从七月一日延续至八月初。从民间流传的《七月普度歌》可见其盛况：

初一放天灯，初二普王宫，初三米市街，初四文武庙，初五城隍庙，初六普土城。初七七娘宫，初八新店边，初九兴化妈，初十普港底，十一普菜园，十二龙山寺，十三普衙门，十四饿鬼埕，十五普旧宫，十六普东石，十七普郭厝，十八营盘地，十九杉行街，二十后寮仔，廿一后车路，廿二船仔头，廿三普街尾，廿四店仔后，廿五许厝埔，廿六牛墟头，廿七安平镇，廿八婆仔寮，廿九通港普，三十龟粿店。

清代，台湾人以清明为春祭，中元为秋祭，冬至为冬祭。中元节这天，家家户户必各祀其祖，官吏鉴于其过事铺张，曾数度禁止。其实，中元节普度是随着早期的大陆移民传到台湾的，在台湾汉人社会中比其在先住民中更受重视。十七世纪以来，汉人冒险到台湾拓垦，毒蛇猛兽、瘟疫、劳累、械斗、民变，夺走不少人的生命。而一般民众害怕无人祭的幽魂、饿鬼会为害人命，所以对于普度特别重视。因此，为安抚无人祭祀的鬼魂，每年农历七月举办融合佛、道两教的普度仪式。然而长达一个月的祭典，不仅代表早期社会对鬼神的敬畏，也传达了台湾人民对客死异乡的孤鬼的一种蕴含宗教情怀与同胞手足般的怜悯之情；十九世纪以后，普度祭典的举行更成为台湾社会区域人际网络联结的重要媒介。

七、中秋节

农历八月十五，为中秋佳节。最初台湾移民有吃大面饼的习惯，大面饼上用红笔写“元”字，称“中秋饼”。能在游戏中赢得“中秋饼”的，便说是有“秋闱夺元”的好兆头。后来当地也以中秋为团圆节，家家户户都要做一只特大的印有嫦娥奔月图案的月饼。有的人家配上香蕉、凤梨、文旦柚、莲雾等中秋四果，和用芋头块炒成的米粉，放在庭院中供奉月亮。等到月亮升到中庭，阖家焚香拜月之后，就开始举行各种形式的庆贺活动。一家人团坐在一起，分食着月饼、果品，饮酒赏月。要是家人中有游子在外，席上一定得空出个座位来，同样摆上碗筷，把他的衣服放在空座上，像在座人一样，分给月饼、果品，表达全家人对他的思念之情。而远在他乡的游子，也要按照家乡的风俗，在中秋之夜为亲人们守夜，一直到月亮下山，以祈求月神保佑亲人平安，家乡五谷丰登。

台湾中秋的祭月习俗起源于中国古代帝王在农历八月十五的祭月习俗。在清代，祭月的贡品中，月饼必须是圆的，瓜果必须切成如莲花般的牙瓣。街市上出售一种“月光纸”，上面绘有月光照耀的菩萨和月亮宫殿，一个兔人站立在那儿捣药的画面。祭月后便将“月光纸”焚烧。街市上还会卖一种专供儿童祭月的用泥土制成的“兔儿爷”。兔儿爷的起源约在明末，以泥土塑造成兔首人身，坐着的姿势如人状。到了清代，兔儿爷的功能，已由祭月转变成儿童中秋节的玩具。制作也日趋精致，有扮成武将头戴盔甲、身披战袍的，也有扮成商贩，或是剃头师父、缝鞋、卖馄饨茶汤的等各种造型。

清朝流传一句话："男不拜月"。所以拜月就成了妇女的专利，家中的主妇忙着祭拜月神。台湾的中秋民俗和女性有很大关系。民间相传，中秋节少女晚睡，可使她的母亲长寿；未婚少女在中秋夜偷得别家田里的蔬菜和葱，就表示她将来会遇到一个如意郎君；婚后未生育的妇女到人家菜园偷摘一个瓜，明年就可以生个大胖娃娃。此外还有听香一说。据连横的《台湾通史》记载，中秋夜深时，妇女先在家中的神像前烧香，表达所欲问卜的事项，请示过出门的方向后，便持香出门。以路上所听到的谈话或歌唱，就地掷杯问神，直到得到神明认可的答案为止。

在中秋节，台湾农民则有祭拜土地公的习俗，感谢土地公保佑其丰富的秋收。除了祭祀土地公，农民还得在田间插设"土地公拐杖"。土地公拐杖是以竹子夹上土地公金，插在田间。另外在台湾南部，也有于中秋节祭拜树王公的习惯。

台湾的小孩在中秋夜也有一种游戏，在碗里装满白米，插上筷子，口中唱着："观箸神，观箸儿，请你上厅吃白米饭，配鸡脚腿。"并烧纸钱。据说，这样碗筷就能自动回转。

饮食方面，台湾的中秋节俗，在节日前便有送月饼的"送节"之礼，而在中秋之夜，月饼也是家家户户必备食品。据清代高拱乾的《台湾府志》记载，月饼还是以前台湾学子用来占卜自己未来功名成就的道具呢！清代以八月十五为秋闱，即乡试第三场考试的日子。所以月饼也取了一些和科举功名相对应的名字。含状元、榜眼、探花饼各一，会元饼四，进士饼八，举人饼十六，秀才饼三十二。参加占卜的学子轮流以六个骰子掷入碗中，各视其点数之多少，来预测其功名的高低。"博月饼"就是为了取状元夺魁的好彩头。

在台湾，也流行在中秋节吃芋头。有俗语说："吃米粉芋，有好头路"。取芋、路的谐音来祈求祖先保佑自己找到好的工作。

八、重阳节

农历九月初九为重阳节，中国人习以"九"为阳数，两九相重为"重九"，月日并阳，两阳相重，故名"重阳"。

据传，郑成功到台湾，也把大陆有关重阳登高、食糕、饮酒、插菊等民间习俗带到了台湾。从那时起，台湾的读书人也喜欢在重阳节举办诗会，登高饮酒，吟诗作乐。

在台湾重阳节的传统风俗中，赛纸鸢向来深受重视，“纸鸢”也就是现在所称的“风筝”。赛纸鸢（放风筝）是一项历史悠久且深受人民喜爱的活动。乾隆初年，郑大枢《台湾风物吟》注曰：“菊花正开秋未老，满天纸鹞竞飞扬”。此项民俗活动在台湾之所以风行，主要的原因是九月之后，台地刮起东北季风，正是放风筝的最好时节。一人拿线，一人拿风筝，享受放风筝的乐趣。放风筝时，经常以一种响笛系在风筝上，在高空经由风的吹动就会发出响声，因此台湾俗语有：“九月九，风吹（风筝）满天哮”。

在台湾，重阳节也是祭拜祖先的日子。在这一天的中午，三代以内的祖先生辰、忌辰都要以麻粢祭拜，拜完才能吃饭。又因九九重阳的“九”与“久”谐音，当日必登高、赏菊、吃糕，意味着“年久寿高”之意。登高的习俗源自于躲避灾祸，慢慢演变为强身健体的活动。九月也是菊蕊笑绽的时节，所以九月也称“菊月”。菊花被视为延年益寿的象征。有人还酿制菊花酒，据说饮之可祛除百病、延年益寿。

重阳节的应节食品是“重阳糕”，因“糕”与“高”谐音，象征“延年益寿”、“百事俱高”，有祝福之意。重阳糕是以面粉和糖蒸成，里面夹杂栗子、松子等果实，讲究的做成九层高，上面再做两只小羊，以合乎重阳（双羊）之意。还有的在上面插着色纸剪成的小旗子，饶富趣味。

九、冬至

冬至，在台湾人们习惯称作“冬节”，民间有“冬节大如年”、“冬朝大似年朝”的说法，视冬至为重要的节日。

这一天吃汤圆是不可或缺的习俗。冬至的汤圆，俗称“冬节圆”。每年冬节前一夜，家家户户都要围坐在一起，用双手搓冬节圆，一般要作红、白两色。另外再作如鸡蛋大的汤圆红、白各六个，内包糖料、花生粉等，称为“圆仔母”。家中有小孩的，就让他们用染色的圆仔（生粿）捏塑一些动物造型的小玩意儿，俗称“做鸡母狗仔”。这主要是寄托对家庭美好幸福、人丁健旺、事事如意的愿望。

冬节一早就煮汤圆，然后一家人围坐一桌合食冬节圆。冬至在台湾民间有小过年之称，吃了冬节圆，就表示又长了一岁。台湾人也用冬节圆祭祀祖先。清代台湾还保存着冬至用九层糕祭祖的传统，用糯米粉捏成鸡、鸭、龟、猪、牛、羊等象征吉祥如意福禄寿的动物，然后用蒸笼分层蒸熟，用以祭祖，以示不忘老祖宗。同姓同宗者于冬至或冬至前后约定之日，集中到祖祠，按照长幼之序，一一祭拜祖先，谓之“祭冬”。在拜祖时，全家跪在祖先的牌位或像前，由家长述说自己的“根”在什么地方。祭奠之后，还会大摆宴席，招待前来祭祖的宗亲们。大家开怀畅饮，相互联络久别生疏的感情，称之为“食祖”。所以，冬至节在台湾是个“怀根”的节日，这一传统世代相传。

据《台湾府志》、《台南县志》、《台湾旧惯习俗信仰》等文献记载，台湾冬至旧俗，民众会将汤圆糊在车窗、桌柜、畜栏、水井等处，谓之“糊圆仔丁”，祈求“出好丁”（生男儿）。据说，这些冬节圆，日后干燥了再给孩子吃，能保佑小孩平安长大，家庭平安。

台湾有句俚语：“补冬补嘴洞”，是指冬至这天要炖补品填补人们的嘴。在民间有冬至“补冬”的习俗，补冬的内容视家庭贫富而异，有的宰鸡杀鸭炖八珍，有的买羊肉和乌枣炖食，贫户则以桂圆肉和糯米、糖炖米糕而食。人们认为这天吃补品，对身体特别有益。

第二节　婚嫁习俗

清代台湾汉族的婚嫁礼俗大多是大陆移民传承过去的，与闽南地区的婚嫁旧俗相仿，同时，也有不少独特之处。

台湾民间盛行“包办婚姻”，男婚女嫁，全凭父母之命、媒妁之言。中国传统婚俗规定同姓不婚，台湾也有此观念，如周姓、苏姓、连姓三姓，陈姓、胡姓、姚姓三姓，徐姓、佘姓、涂姓三姓，以及萧姓、叶性二姓，许姓、柯姓二姓，由于被认为是生于同一祖先而互不通婚。

中国古代婚礼有“六礼”，所谓“六礼”是指：纳采、问名、纳吉、纳征、请期、亲迎。台湾省自古就把“六礼”合并为“四礼”，即：问名、订盟（俗称：送定）、完聘（合并“纳采”、“纳币”二礼）、亲迎（与“请期”合并，也就是俗称“送日头”之礼）。

相亲，这是婚嫁的第一步，即在媒人的安排下，让男女双方相互偷看，如两情相悦，便可定亲。相亲之日，媒人陪同男方及父母亲友前往女方家。坐定后女方出来端茶待客后便回房。不论是否中意，当女方再次出来收茶杯时，男方就将红包放入茶杯。女方如见给的是大红包，便知男方中意，就再拿出芝麻、红枣、花生泡茶待客。相亲即告成功。

婚礼有三种不同的形式：大娶、小娶和户内娶。大娶，是指明媒正娶，即一般婚嫁，依古制行礼；小娶就是招婿或半招半嫁之式。户内娶分两类：一是以少许聘金抱人家的幼女回来养，成年后和自己的儿子成婚，称“媳妇仔”（大陆称“童养媳”）；二是以少许聘金抱人家的男孩回来养，长大后和自己的女儿成亲，或由外面娶媳妇进门，称“螟蛉子”或“养子”。小娶和户内婚的仪式十分简单，如“媳妇仔”成婚，一般选在除夕夜举行，“围炉”后，长辈便嘱咐自己的儿子和“媳妇仔”双双进房，就算是完成婚礼，正式结成夫妻，此俗在台湾称为“推做堆”。

大娶则要隆重得多，一般按以下程序进行：先是“问名”，即“议婚”，男女互换庚帖，请算命先生看双方是否适宜结婚（台俗中，夫妇年龄相差三岁或六岁是忌讳），也就是合八字。交换八字以后，男女两家分别将八字放在自家正厅的神佛祖先牌位之前，并烧香拜佛。在三天之中，家中如果发生了口角、窃盗、器物毁坏等事，就被认为是一种不祥之兆，这桩婚事也就谈不成了。三日内若家中平安无事，则将男方的庚帖送女家，女家接受之后，或问卜于相师，或即表示同意合婚。

次为“送定”，即订“婚约”。男方由媒人陪同到女方家送金银首饰等礼品，女方以礼回赠。

然后是“完聘”，又称“大聘”。男方由媒人陪同，送婚书、聘金等到女家，女家则将坤书交给媒人，这才算正式订婚。订婚后，女方请吃订婚宴。吃完后，男方的亲戚应抹抹嘴自己悄悄离去，而女方也应故作不知情地照旧谈天，忌讳说“送”、“顺走”或者“再见”，否则不吉利。因为台湾的“送”、“走”常表示死亡、丧事，而“再见”又会令人想起“再见到一次”，恐怕引出“再婚”的霉头。

最后是“亲迎”。亲迎之前，双方由媒人请算命先生选定吉日成婚。台湾民间举行婚礼，通常大都忌在四月、五月、六月、七月、九月这几个月内举行，有俚谚云：四月死日，五月差误，六月要半年，某（妻），七月要鬼某，八月娶土地婆，九月狗头重，死某亦死飔（夫）。人们认为，四月的“四”字与“死”字同音；而五月的“五”字与“误”、“无”字同音，这个月结婚有不生育之虞；六月是一年之半，如在这个月结婚，恐有“半年新娘”之不幸，担心不能白头偕老；七月是民俗中的“鬼月”，如在这个月结婚，怕娶到“鬼新娘”；八月十五日为祭土地公日，该月嫁娶唯恐娶了土地婆；而九月的“九”字与“狗”同音，又因九月为霜降节气，不吉利。

新娘出嫁当天，内穿白布短衫白布裙（此套衫裙须保存一生，至死后再穿之)，以示贞洁。腹挂肚裙，裙内装放铅钱（铅缘音同，取意姻缘）、乌糖、五谷、猪心（即意夫妇同心）等十二种物件。结婚礼服采凤冠云佩，凤笄蟒袄，俨然明代宫服。凤冠也叫珠冠，以金属丝网为胎，上缀凤凰，下挂珠宝流苏。云佩也叫霞帔，挂有坠子的彩带，绕过头颈，披于胸前。男子的婚服，则沿用清代章服。这正如连雅堂在《雅言》中所谓“男降女不降”之意。

上花轿时，女方家要泼一盆水在轿上，以示女儿嫁出如泼出去的水，企求婚姻美满，不会发生休妻之事；轿旁系一棵带根叶的青竹（俗称踏脚青），以求女儿嫁到婆家后全家福气安泰，并表示新娘是初嫁而非再嫁。起轿之后，新娘往往将一把扇子从轿子扔出，俗称“放扇地”。台湾方言，扇地与性子谐音，放扇地即放下性子，是新娘决心放弃女孩子的任性之意。

花轿到了男方家还有许多讲究，如“过米筛”，即新娘下轿后，由一妇人一手牵新娘，一手举米筛罩在新娘头顶上方（后多改用雨伞），以示新郎压服新娘，以免日后“俱内”；“踩破瓦”，即新娘入门，要用力踩破男家预先放置的一片新瓦，以示“破邪”（闽南语“破邪”与“破瓦”相近）；“过火盆”，即跨过一盛有炭火的火盆，以生“吉祥”、日子越过越红火之意。

洞房花烛之夜也有许多名堂。如新娘不能进厨房取水沐浴，须由女童代为取水；选一生肖属龙或蛇的男童，在喜床上打滚，祝新婚夫妇早生贵子；上床时，新郎要把自己的鞋放在新娘踩不到的地方，衣衫也要放在新娘的衣服上边，否则据说万一不幸鞋被新娘踩到或衣服放得不对，新郎会一辈子怕老婆等等。

在台湾，茶树是缔结同心、至死不渝的象征，婚俗中有“三茶之礼”。所谓“三茶”，一是指订婚时的“下茶”，指待嫁的女儿向男方客人捧上的甜茶，此称食甜茶。二是结婚时的“定茶”，女方向男方客人敬上的鸡蛋茶，即将脱壳熟鸡蛋置于甜茶中，此称食鸡蛋茶；三是同房合欢见面时的“合茶”，指在婚宴之后，由媒人、伴娘或家人陪同，新娘新郎向宾客敬茶，宾客接茶应念四句韵语以示祝贺，此称食新娘茶。“三茶六礼”常同“明媒正娶”连用，表示结婚手续完备与结婚仪式周全。

婚后，新娘拜见公婆的仪式称“出厅”，出厅包括祭神祀祖、跪拜公婆及同夫家全体成员见面（俗称认大小）。这样，新娘的身份就得到了确认。婚后三日，新妇便应下厨。台湾有一种鱼，名曰“新妇啼”，连雅堂在《雅言》中指出，其名出于“新妇未谙，恐被姑责”之意。

新娘出嫁后第一次回娘家，一般在婚后第十二日或第一个月，俗称“归宁”，台湾民间称“查某仔（女儿）归来拜”。当日，新婚夫妇须备好礼物，由娘家弟妹前来迎接；须在日落前返回男家，据说这样才能有望生男孩。

第三节 丧葬习俗

台湾汉人的丧葬仪礼从事主临终到遗属守孝，其过程相当繁琐，主要包括临终、入殓、居丧、出殡、做旬，其间又包括数十个项目。

1. 搬铺。病人临危之际，须将病人移到正厅临时铺设的板床上，俗称“搬铺”，男性移至正厅的正旁（右侧），女性移至正厅的侧旁（左侧）。若死在卧室，据说冥魂会吊在床上不能超度。而台湾人相信正厅是家中最好的位置。搬铺是旧时丧葬礼俗中的一项重要内容。据记载，谭嗣同之兄谭嗣襄曾在台湾道署中候补，光绪十五年（1889 年）逝于台南，病逝当日，从道署被移至台南蓬壶书院。

2. 哭路头。即父母亡故，出嫁的女儿闻讯需立即身着素服返回娘家，一边大哭一边诉说父母的养育之恩和自己的悲痛之情等等，一直要哭到有人拿茶给她喝或拿毛巾给她擦脸才能停止。但家属哭嚎，忌泪水滴在尸身上，否则据说此人会发疯。而族中人来到死者身旁，男人在死者床位的东边，女人在床位的西边，一律去掉身上的饰品，穿着素服，集体号哭。

3. 开魂路。请道士或僧侣来念经，为亡魂超度、开路，引导至阴间。道僧还要为死者制作“幡仔”，丧仪时由丧家长子执之。

4. 乞水。亲族穿上丧服以后，就到河边排队取水，称之为“乞水”。回来后请父母双全的“好命人”用白布浸水，为逝者擦拭身体，或仿作其状。

5. 套衫。为死者更衣。寿衣有五或七件之多，最多可达十一件（但必须是奇数）。更衣前，先由孝男头戴竹笠，脚踏竹凳，手举左右，将寿衣逐件套于手上。然后掷笠于屋顶，踢倒竹凳，再为死者更换寿衣。寿衣是于老人生前就准备好了的，有的甚至是出嫁时由别人送的，有的是做六十一岁大寿时别人送的生日礼物，俗称“张老衫仔裤”。另外，女子出嫁时穿的白布衫白布裙也可做日后的寿衣用。据传，戴笠套衫之俗有“头不戴青天，脚不踏清地”，“生降死不降”的反清意义。

6. 抽寿。“套衫”后，亲人们都要吃用面线和黑砂糖混合而成的食物，因为面线很长，象征长寿，所以称为“抽寿”。据说这样死者的年龄就加进了子孙寿命里。

7. 辞生。尸体纳棺前，准备十二种菜肴供祭死者，以示对死者作最后告别。其仪式是由“好命人”或僧道做出给食之状，口中还要说些吉利的话。

8. 入殓。入殓是整个葬礼的重要时刻，必须请算命先生来选择良辰吉日。之后的顺序也是非常严格的：棺材的底部放草丝；草丝上面放烧过的灰；灰上放银钱；银钱上又放库钱；放上写有七星的薄板，七星代表太极；放上桃枝，用以驱逐阴间恶狗；放一块石头、一个煮熟的鸡蛋、一碗酱油曲，表示人死后不能复活；放“过山裤”；放上用红布和白布缝成的枕头，还有银纸，称为“鸡枕”；在尸体旁放上金器和宝石，为的是鼓励子孙日后能为死者拾骨再葬；放“水被”，盖在尸体上；放“掩身幡”，这是由道士做成的白布，长度和棺材一样，死者有几个子女就撕成几条，把剩下的部分放在棺材中；最后放些银钱。这些统称“收乌”。

9. 出葬。台湾称为出山。出葬通常由和尚和道士来主持，日期则由择日士来决定。送葬时，由亲人们护送棺材前往山上安葬，并按传统习俗列队，行列中有整只猪、羊、开路神、放银钱纸、铭旗、孝灯、吉灯、吹鼓团队、五彩旗、风水先生、凉伞、花圈、歌仔戏团、二十四孝花车、掌柩旌官、道士、和尚、金童玉女、纸幡、灵柩、男性遗族队、女性遗族队、送葬亲友等，共约五十种。

台湾民间选择墓地十分讲究风水，不惜重金聘请风水先生觅寻吉地。下葬后，对土地公烧金纸，对坟墓烧银纸，并收回全部的牲礼，至此葬礼便告完成。

1. 丧服。遗族中的亲属都要穿丧服，依同死者关系的亲疏远近，丧服分为五等。按照古礼，出殡后居丧期间也要穿丧服，后来有了变通，出殡后改为佩戴“孝带”，台湾民间一般以麻布、苎布、黑布或白布，剪块附在衣上。死者去世一年后，死者出嫁的女儿及远亲就可以“脱孝”了。

2. 返主。葬礼结束后，僧道将五谷种子撒播于墓地周围，意在期望五谷丰登，子孙繁衍。然后，死者长孙将牌位放在“魂轿”中带回家中供奉。其时长孙要脱掉丧服，换上浅黄色的长衣。

3. 做旬。出殡后，除了每日朝夕将“孝饭”供祭在灵桌上外，每隔七日奠旬祭一次。如果是富人家，则请和尚和道士来“做功德”。其各旬旬祭情形不同。第一个七日祭为“头旬”，最后一个做旬叫做“尾旬”，这要根据丧礼时的“套衫”所穿衣服的多少而定。如果是穿了七层，就做“七旬”；如果是穿十一层，就做“十一旬”。

此后还要做百日，也就是人死后百天的祭祀。有钱人家要请和尚或道士到家中，举行盛大的供养法会。而一般人家只需在灵桌上供奉，子孙们祭拜一番就可以了。

在死者的丧期届满时，把香炉灰的一部分，放进祖先牌位的香炉中，称合炉。到这时死者的牌位才能和祖先牌位供奉在一起。也有人把死者的新牌位火化，仅在历代祖先的大牌上写进死者的名字。

另外，台湾民间有“捡骨”之俗。捡骨，俗称“捡风水”，又称“二次葬”，即人死后第一次葬时比较简单，埋得较浅，不立正式墓碑；待五至七年之后，尸体已经腐烂，择吉日挖开墓地，捡拾遗骨，经洗净、曝晒，再装入骨坛择吉地正式安葬。骨坛又称“黄金瓮”，是高约二尺，直径一尺的圆形特制陶瓮。其款式依性别不同而有所差异：男性的图案是双龙拜塔，女性的图案则是双凤抢珠，坛盖则都是“前寿后福”。骨头放入时，头骨要朝上。在台湾西南沿海一带，“捡骨”属于专门行业。专门从事这一行业的捡骨人俗称“土公仔”，包工包料。

“捡骨”之俗原本传自闽、粤祖籍，至今在粤东客家人聚居地仍保留此俗。这与客家祖先早年流离不定的移民生活有关，因骸骨装入陶瓮便于随家搬迁，且若要送返故乡安葬也较容易，这是客家人怀祖念宗、眷恋故土之情的一种表现。不过传入台湾后，此俗又有了变化，变成了改葬习俗。即死者葬后，凡遇家运不济、怪事连连、无丁无财、生意失败等等，必归咎于墓地风水不好，立即择地另葬。民间有所谓“九葬九迁，十葬万年”的俗语，意思是说改葬的次数越多越好。

第四节 发型发饰

台湾客家人发型种类不多，不论妇女、小孩的前发都往后梳成光洁整齐、无刘海儿的发式。发髻主要有二把头与三把头的形态，二把头为未婚妇女或少女发型，与闽籍少女所梳之面线纽相似，只是无刘海儿。三把头为已婚妇女的发型，其梳法是将头发分为前、中、后三束，各用红丝线或毛线扎紧后，再将三束扎在一起，前面部分一股谓之“门股”，后面（下面部分）一般称为髻尾，门股里面装有长条假发，使之鼓起。此种发型的发髻盘于头上，极为特殊。另外，客家辫发有直垂式与盘式两种，直垂式如同闽籍的“头鬃尾”，是小孩与少女所用；盘式为年轻妇女或成年妇女的发型。

清代台湾的发饰主要有簪、钗、步摇。

簪为绾发所用长条形针状物，即古时的笄。古人谓笄的用途有二：一为安发，一为固冠。清代之簪，多注重在装饰，头部较为夸大，且镶以珠玉宝石，力求美观；另一端则尖细如针，针的作用，只为了易于插入发髻，所以台湾早期俗称发簪为“针仔头钗”。有以纯金制成的，由于纯金价格较昂贵，一般民间多以纯银打造或是银镀金，以增加华丽高贵感，再次之则以银铜或银锡合金制作。有的加饰翠羽、珠宝。另有安发功能的簪则造型扁平，方能安压发丝，如台湾妇女流行的“龟仔头”。

钗与步摇是由簪发展而来的，钗与簪之不同在于插入头发细长的部位，似叉子，为两根或两根以上，而簪只有一根。步摇，顾名思义，步则摇也。步摇只是簪钗的一种，特别之处在于，簪钗头上有流苏垂饰或是以银丝绕成弹簧状，在佩戴行动时，随之摇动。在 1921 年前后台湾地区流行的发簪有匙仔针、金结、玉结、佛手簪、关刀针、金珠针、莺哥针（鹦鹉针）、杖针、钩耳簪、兰盆头托、五牲头托等等。

发饰的造型设计，文饰图样，多彩多姿，例如：吉祥花卉或祥禽瑞兽、鱼虫水族、佛道图案、各类兵器、民生用品，或直接以吉祥文字如福、寿、囍等等及民间生活故事为主的图案，反映出民间祈福避邪的理念。发簪除了装饰之外另具实用性，如“耳挖仔簪”，在簪的顶端为耳挖子的造型，“匙仔簪”簪首的匙子可用于勺药粉，有防毒具安全实用的功用。

第八章　民间信仰

清朝台湾宗教信仰主要由移民传入台湾. 由于闽籍移民逐渐增多并在乾隆朝后占绝对多数，因此以闽地为主体的移民宗教文化对台湾的影响深远。但在移民及其后裔与先住民的交往中，在移民群体与先住民群体这两大社会群体的互动中，传入台湾的宗教信仰吸收了先住民的文化和习俗，从而使台湾宗教信仰逐渐摆脱了纯移民色彩，带有混合型特征。

第一节　佛　教

大约早在明代后期，佛教即随闽省移民传入台湾。连横的《台湾通史》载有，台湾“佛教之来，已数百年，其宗派传自福建”。

佛教的传播最初只是移民中佛教徒的自发活动。随郑成功入台的缙绅中就有几位是佛教的倡导者，如有“李菩萨”之称的福建龙溪举人李茂春，他朝夕念佛诵经，筑草庐曰“梦蝶”。太卜寺卿沈从文也一度“逃入罗汉门，结茅为僧”。还有林英、张士椭等明末遗老，流寓台湾后，也持斋念佛，他们开创了台湾佛教居士的先河。

同时，在郑成功收复台湾后，政府也开始大力提倡佛教。据连横《台湾通史》记载，郑经“以承天之内尚无丛林，乃建弥陀寺于东安坊，延僧主之，殿宇巍峨，花木幽邃，尤为郡中古刹”。此为台湾佛教寺院之嚆矢。之后，其咨议参军陈永华，以赤山堡山水回抱，境绝清净，捐资于此建造龙湖岩，延请福建僧侣参彻法师为主持。参彻法师入台后，又在嘉义火山建造碧云寺，命其弟子鹤龄法师为主持，此乃僧侣到台湾之发端。在社会上层的倡导下，佛教在台湾渐渐兴起。根据清代各府县志记载，郑氏时期所建之佛教寺院主要有：宁南坊之观音堂、准提堂，镇北坊之观音亭、万福庵、赤山堡，六甲之龙湖岩等六处。

清政府统一台湾后，在台湾设一府三县，隶属福建省。此后，闽籍移民迁入台湾进入高潮期。在地方官员的大力扶持下，台湾佛教从原来的以台南为中心发展为向台湾全岛拓展，至日据台湾之前，台湾的佛教寺院已经达一百零二座，部分民间信仰的庙宇也由僧侣主持。

在佛教的神佛世界中，大陆上观音的信仰者众多。自然，这一佛教信仰特性也带到了台湾，明郑时期建造的寺庙均供奉有观音的神像。其实，台湾最早的观音寺是彰化龙山寺，建于明永历七年（1653 年）。相传，当时福建晋江安海龙山寺的肇善和尚捧一尊亲自雕刻的观音石像，前往普陀山朝圣，途中遭遇风暴，船只失控，随浪漂流至鹿港，遂就地结庐苦修，草创龙山寺。若干年后，肇善又回安海恭迎神像分灵鹿港。乾隆年间，泉州人陈邦光主持扩建，特邀泉州名匠设计，并从晋江购买砖木等建筑材料，运到台湾，其规模格局均模仿安海龙山寺。

在台湾的观音庙中，以台北万华龙山寺的香火最盛。这与其建寺的传奇色彩有关。相传，古代有一移居台湾的泉州人，在购买藤木的途中，经过艋舺（今万华），歇息于现今寺址，将随身携带的香火忘记带走。当晚，附近居民看见树林中放射异光，天亮后去查看，发现树枝上挂着写有“安海龙山寺观音佛祖”的香袋，以为是观音显灵，遂集资建造寺院。据《艋舺龙山寺全志》记载：该寺建于乾隆三年，由闽南的晋江、惠安、南安三县的移民共同集资合建。正殿建成后，一批专门做泉州生意的商人，当时称“泉郊”，捐款建造后殿，另一批与大陆北方做生意的商人，当时称“北郊”，也捐资协建，供奉天上圣母、文昌帝君、关帝等。后来多次修建，1919 年重修时，还派人到晋江安海龙山寺绘制图纸，聘请惠安庙宇建筑师主持重建。

高雄县内门乡观亭村的紫竹寺也是一座远近闻名的佛教庙宇。内门乡原名“罗汉门”，是台湾传佛讲学活动最早的地方，而紫竹寺则为乡民的信仰中心，内祀先民自大陆奉请到台湾的观音菩萨，香火极盛。相传明末崇祯年间，祖居于福建省德化县五谷溪的郭文良氏，屡得佛祖托梦指点，要求雕刻金身，郭氏未敢违背神意，择吉日长途跋涉到浙江省定海县普陀山，祈求佛祖香火，于康熙十年，雕刻金身。迨康熙三十五年（1696 年），其四子郭元兴奉迎佛祖神像渡海至台，择内门乡观亭村蕃子路定居。将佛祖神像安奉于住宅厅堂内，嗣因佛祖香烟飘到各庄头显现圣迹，神佑降福，于是神威远播，顿成众所奉仰之偶像。雍正十年，佛祖的香炉竟然不翼而飞，自置在现寺址的丛林中的蕃石榴树枝三叉处，而且香烟环绕，郭家人发现请回后，但仍然又飞回该处，如此反复数次，终被乡人传开。乡人深感佛祖的灵异，乃由县丞叶文炳先生提议筹建庙宇，乡人热烈响应，终于在雍正十一年（1733 年，依据台湾县志）完成了殿宇工程。

紫竹寺肇建后，不久又增祀文昌帝君与武功尊王诸神，但观音佛祖却以其显赫的神迹长期保持其主神的地位。此后，由于四方信徒前来祈求者无不应验，观音佛祖的威名开始远播，南北信徒前来进香参拜与分灵香火者络绎于途，特别是每逢农历二月十九日（佛祖出生日）、六月十九日（得道日）、九月十九日（出家日），台湾全省各地纷纷前来参诣朝拜的香客，人山人海，水泄不通，紫竹寺的信仰圈日益扩大。清代曾分别于乾隆十七年（1752 年）、嘉庆十九年（1814 年）、光绪九年（1883 年），三度重修，依然保持着古色古香、朴素典雅的庙貌。

诸罗县辖区最早的佛寺是郑氏时代陈永华营建的龙湖岩观音寺。设县后，有何氏者捐地，于康熙三十七年（1698 年）在碱水港募建一座观音寺。据康熙五十六年（1717 年）纂修的《诸罗县志》载，诸罗县辖下共有寺庙十四座，其中有四座观音寺。

此外，由于台湾宗教信仰的主要对象与大陆一样，多神信仰的特征十分明显。信徒对崇拜对象的选择采取功利和实用的态度，主要以某位神灵对某人或某地区是否有用，能否提供保佑而加以选择。因此，信徒们祭拜神灵也没有严格的派别之分，表现在庙宇里供奉的神灵不止一种，少则三五位，多则十几位是正常的现象。康熙五十二年建于今嘉义市内的关帝庙前祀关帝，后祀观音。康熙五十九年（1720 年）陈文达等纂修的《台湾县志》载：黄檗寺中也是前祀关帝、后祀观音三世尊佛；宁靖王故居改建之“大妈祖庙”后有禅室，有僧住持；观音堂原为武帝庙，康熙末年改祀观音；鹿耳门妈祖庙前殿祀妈祖，后殿祀观音；“乡厉坛”（台湾县民所建）则前祀厉鬼（大众爷），后祀观音。

在台湾，还有很多关于观音的传说故事，最奇特的是流传有吕洞宾追求观音的爱情故事。传说吕洞宾看到观音的绝代姿容，一见钟情，日夜想娶其为妻，但观音嫌吕洞宾太花心，便拒绝他说：“你曾经三醉岳阳楼，私度何仙姑，鼎州曾卖墨，飞剑斩黄龙，既居仙境，却酒色财气样样都沾，此段姻缘断无可成之理！”吕洞宾一听，恼羞成怒，反唇相讥道：“汝既无酒，因何旁有净瓶？汝既无色，因何养此男童女童？汝既无财，为何全身金装？汝既无气，为何降伏大鹏？”观音见吕洞宾胡搅蛮缠，不可理喻，便拂袖而去。谁知吕洞宾自恃风度翩翩，死追不舍。观音为了躲避吕洞宾，一路逃到了台北，用裙裾在身后一甩，划出了一道河，把吕洞宾隔开，才算结束了这场爱情追逐游戏。这条河就是今日台北的淡水河。河的一边是观音山，另一边是吕洞宾的公馆。此后吕洞宾只能隔水痴望仰卧着的观音睡姿，不能有任何非分之想了。

台湾佛教寺庙也举行进香、绕境等庆典活动。如碧轩寺观音佛祖的回驾大典吸引了众多信徒。碧轩寺与碧云寺庙有一段因缘。碧云寺位于台南县白河镇仙草里，原名火山庙，奉祀观音佛祖。碧云寺有着悠久的历史，相传为明郑参军陈永华巡视此地时创建，另一说法认为是附近大仙寺开山祖师参彻禅师弟子鹤龄创建的。相传清道光二十四年（1844 年），碧云寺毁于火灾，台南府嘉义县营参事洪志高发起募捐，在东山创建碧轩寺，火灾中抢救出来的碧云寺观音佛祖被暂时供奉于此。这尊幸存的佛祖像又称为“正二妈”，为碧轩寺的开庙祖神。碧云寺重建后，“正二妈”却患上严重的“思乡病”。于是每年农历腊月二十三日，信徒们便恭送观音佛祖回碧云寺“娘家”探亲，等到过完年后，再组织规模盛大的香团，浩浩荡荡地把观音佛祖迎回碧轩寺，供信徒膜拜祈福。

每年从农历二十二日开始，碧轩寺的信徒们便拉开了送佛祖返驾工作的序幕，抬出神轿，准备马草、茶水、爆竹等必备之物，更有许多虔诚的香客，抢在佛祖回祖家之前，再燃上一炷香礼拜。次日晨，送驾队伍在响亮的锣鼓开道声中整队出发，各家各户则于门前摆上香案四果，恭送观音佛祖回驾碧云寺。碧轩寺距碧云寺五十公里，之间全是崎岖的山路，而且碧云寺高居山顶之上。由于必需赶在当天日落前将佛祖送回碧云寺，于是只得委屈佛祖乘坐小轿，匆匆赶路。到了糍仔坑，已是午后，送驾队伍在此稍作休息，再接着由糍仔坑上山，踏上从六溪到碧云寺的最后一段行程，同时也是最难行的登山小径。送驾队伍一路跌跌撞撞地穿行于崇山峻岭之间，在下午四五点钟左右出现在碧云寺热闹隆重的接驾行列前。一路辛苦的信徒这时却似乎倦意全无，赶在佛祖入庙行坐殿仪式前再燃上一炷香。

观音佛祖在碧云寺过完喜庆的新年后，又迎来正月初十规模盛大的回驾大典。初十的回驾大典是每年东山碧轩寺最大的盛事，也是东山人除过年外的最大节日。每到这时，整个东山沸腾起来，信徒们赶往碧轩寺帮忙筹备迎驾工作，更多的东山人则前往碧云寺，亲眼目睹观音佛祖的回驾大典。

正月初九夜间，前来迎驾的东山人，再加上各地慕名赶来的进香客，以及各种阵头、艺阁，碧云寺庙埕上人潮如涌，场面壮观。至初十零时，碧云寺的法师于庙中诵经祈福，左右行净轿仪式，把观音佛祖神像请入小轿。庙埕上的各种阵头也开始大显身手，轮番献技。二时过后，碧云寺锣鼓声响彻云霄，鞭炮声震耳欲聋，在一片香烟迷漫中，回驾队伍在头旗的指引下终于出发了，香客们人手一炷香烟，围聚在神轿两旁，护送佛祖回驾。盛大的回驾队伍在蜿蜒曲折的山路中行进一个多时辰后，再陆续穿过顶埔、六溪、檬仔坑、刺桐崎、竹围、土库，于天亮时分抵达中洲。此时的中洲，聚集了大批在此等候的香客。由于往前到东山的路途已是平坦大道，佛祖神轿改乘八人肩扛的大轿。此后焚香祭拜的香客不绝于途，沿路两边的人家则摆满了各种食品，供回驾队伍充饥。再往前渡过白水溪，走过牛埔和东正村，回驾队伍终于出现在翘首以盼的东山人面前，众多虔诚的信徒伏在回驾队伍前，匍匐穿过观音佛祖的神轿，以祈求一年的平安与好运。在各种阵头的火热演出中，观音佛祖的神轿在信徒的簇拥下，在东山展开绕境活动，为全镇居民驱邪祈福。

台湾佛教中，还有一派称白衣佛教，又称斋教，由佛教支派产生，属于佛教优婆塞、优婆夷之在家二众，所以又称民间化宗教。斋教徒是在俗而守戒的，彼此互称斋友，设教所在称为斋堂不称寺院。斋教又有所谓龙华、金幢、先天三派之别。其持斋修行者分受戒者、信戒者、祈安者、信心者四种，都宣传食素，俗称食菜人，其动机多出于求神治病。三派中，先天派吸收儒家思想较多，持戒最严，不易加入；金幢派近于道教；龙华派则提倡三教归一，世俗色彩最浓，持律缓和，斋友最多。三派朝念金刚经，晚念阿弥陀与弥勒佛。

台湾的佛教兴起于明末，发展于清代，据连横《台湾通史》记载，台湾佛教的“本流由福建鼓山及西禅二大禅寺传来，另一派是福清黄檗寺”。经过康熙、乾隆年间的逐步发展，至十九世纪末期，台湾的佛教形成了月眉山系、观音山系、法云寺系、大岗山系四大法脉，这是台湾早期正统佛教的派系，前三者与福州鼓山涌泉寺密切相关。清代，台湾佛寺无受戒之权，他们必须到大陆受戒才算是承袭中国佛教正统。由于鼓山涌泉寺在福建佛教界居领导地位，而台湾佛教又是从福建直接传播去的，所以，鼓山涌泉寺在台湾僧侣的心目中具有崇高的地位，涌泉寺往往是他们首选的受戒寺庙。

清代，闽台两地佛缘甚深。台湾寺院主持多由福建鼓山、西禅二丛林的僧侣担任。同时，台湾大多数僧侣要到大陆（主要是福建）受戒，以示正统。福建祖庭有困难，也时常求助于台湾佛寺。据《重修怡山长庆寺碑》

记载，清嘉庆五年（1800 年）福州西禅寺修建，因资金不足，述庵和尚到台湾募缘，在五个月时间里，共募集三千圆，回大陆后用这笔资金将寺院修葺一新。光绪六年（1880 年），微妙禅师渡台募建大殿，也满载而归。在西禅寺的楹联中，有不少是台湾同胞书写的，反映了台湾佛教与西禅寺的密切关系。如大雄宝殿内大石柱上刻有："宝刹镇怡山溯当年初辟荆榛七井泉源通斗极；法轮转瀛海喜此日重装龙象上方钟梵应迦陵。"这是光绪八年（1882 年）淡水林维源题写的。大殿后向北有一对由台湾新竹信徒魏泉安题写于同年的对联："北向祝吾君列仗太平幡绣字；西来拜我佛入门大笑钵生花。"

光绪二十一年（1895 年）日本侵占台湾后，在宗教信仰上采取"独崇神道"、排斥"异端"的政策，对佛教则采取同化和利用政策，力图割断与大陆佛教的联系，将台湾佛教纳入日本佛教体系。但台湾的佛教信徒真正成为日本佛教信徒的并不多。台湾佛教的发展基本上仍沿着清初以来的道统，以福建佛教为根源，纷纷到鼓山涌泉寺受戒。

清代，佛教在台湾呈现出"正信佛教"与"拟似佛教"（白衣佛教）混同发展的态势。由于移民渡海到台湾、拓荒开垦中消灾解厄的实际需求，使得台湾佛教不同于与世俗生活完全分开的制度化宗教，而发展成为民众性、世俗性、精神内涵模糊的庶民信仰。

第二节　道　教

道教作为中国的本土宗教，在大陆地区具有长久传承的历史。道教属于多神信仰，尤其在民间，与民众生活关系密切的民俗神以及历史人物，都被神化纳入道教的神仙系统。台湾道教，来自大陆，始于移民。有汉人就有道教，有道教就有汉人。按汉人风俗，丧葬祭祀疾病需求道士者甚多，他们早在大陆时就养成这一风俗。福建尤其是闽南地区，是个典型的信仰鬼神的地方，真正达到"无节不祭祀"，祭神与祭祖并重的程度。在移民迁往台湾的时候，大多采取同姓、家族、村落或乡里聚结的形式，从沿海地区迁到台湾，同时也把他们在大陆生活时所尊奉的风俗习惯和宗教信仰随之带往了台湾。

由于史料缺乏，道教传入台湾的具体时间至今难以确考。根据清初编修的几种福建、广东的地方志记载，道教至迟在明代后期就经由福建的闽南地区和广东的潮惠地区传入台湾，应是大致可信的史实。连横在《台湾通史》中总结说："台湾之道教来自内地，其与移民相始终。"台湾民间供奉的神祇大多也是福建和广东等沿海地区信奉的神灵。如玉皇大帝、玄天大帝、天妃娘娘、关公、保生大帝、开漳圣王、清水祖师、三山国王、三奶夫人、王爷等。

明代后期，道教传入台湾时信徒人数少，传播地域狭窄，其影响也十分有限。据传先是福建漳州的闾山三奶派传入台南。据连横《台湾通史》记载，康熙二十二年（1683 年），清朝收复台湾之初，岛内只有一万两千七百二十七户、一万六千八百二十人，但却已有道教宫庙一百九十八座，具体分布是：台南府三十八座、嘉义县十三座、凤山县十五座、恒春县八座、澎湖十六座、台北府十三座、新竹县十九座、宜兰县十六座、南雅厅（辖属于现在台北县板桥市区）四座，台湾府十六座、彰化县十七座、云林县十二座、苗栗六座、台东五座。乾隆年间正一道（天师道）传入台湾北部，约经一百多年，清微派也传入了台湾。但金元之后流行于北方的重要道教教派全真道没有传入。

台湾的道教受三教合一思想的影响很大。台湾道观中纯为道观者，唯有彰化的元清宫，崇祀玉皇上帝，其余的均无法区分其所属教派。例如台湾道教宫观多将佛教的观音、地藏，以及清水祖师、定公佛也吸收了进来，往往是前殿祀道教的神仙，后殿祀佛教的菩萨。

台湾道教的特点之一是，真正懂得道教经典的道士不多，甚至多数人也不着道服。道教祭祀鬼神，目的在于为人除病，求得长生、富贵、福祉。早期台湾瘟疫肆虐，素称瘴疠之地，在移民开发的时代，疾害甚多，且生活不安定，因此祈神托福的要求应运而生。自然的，台湾道士忙于为人祈福建醮，根本无暇顾及炼养成仙。绝大多数道士把当道士作为一种谋生的重要方式。

台湾的道士，古来俗称"司公"，可分为"乌头司公"和"红头司公"两种。"乌头司公"一般是指从大陆南方传去的正一派道士，他们主要为死者度亡，如建醮、谢平安、做三献等。"红头司公"主要是指三奶派道士，他们专行度生，如安胎、起土、坚符、补运等事。窪德忠在《道教史》中写道："道士们分别住在自己家里，有妻室，从事别的职业谋生，专业道士几乎没有了。他们称自宅为道坛，在堂屋正面设有道坛供神，而在庙里只有卖香蜡钱纸和守门的俗人。街上也看不到穿道装云游的道士。"这些道士多数不谙教义亦无笃实信仰。

日据初期，日本殖民当局为了有效统治台湾，欲铲除具有强烈民族意识的道教，颁布了一项禁令：凡是奉祀道教神明的庙宇，三个月内一律予以捣毁；唯一例外是只要这些宫、观、庙、坛改为佛教寺院便可幸免于难。台湾同胞几经周折，终于想出了一个两全其美的策略，即明里将所有宫庙改为祀三宝、观音和释迦牟尼、地藏王的佛教寺院，私下却用筊杯（卜卦）方式选择出轮值炉主，炉主必须在其轮值的一年里，将原来供奉的在地神明，恭迎到炉主家里继续奉祀，以方便方圆四周信众，让他们仍可以参拜到自己崇信的神明或祖先。这种利用掷筊圣杯选出奉祀道教神明的方式，承接了可能被毁掉的宫庙的功能，使作为集会结社、商讨地方事宜或处理疑难杂症与民间活动处所，遂渐渐形成台湾社会今天这种三步一宫、五步一坛，佛道兼容的现象！

一、玉皇大帝

台湾的玉皇大帝信仰源于福建。台湾民众奉玉皇大帝为神中的至尊，或称玉天大帝、玉皇上帝、昊天上帝、元始天尊、天帝、玉皇，俗称天公、上帝等。据台湾民间传说，玉皇上帝不但授命于天子，统辖人间，而且也统辖儒、道、释三教和其他诸神仙，即古来所谓的天神、地祇、人鬼都归其管辖。所以玉皇大帝是道教中最高级的神明之一，是民间信仰的神界中至高无上的统治者，是众神之王。正因玉皇大帝是如此的崇高伟大，以致成为无形神，所以民间难以为他塑造神像，多以牌位或“天公炉”来象征（另有一说：玉皇大帝是三官大帝中的“天官”，故而供奉“三界炉”上香致意）。在台湾，偶尔见到的玉皇大帝的塑像或画像，一般是身穿九章法服，头戴十二串珠冠冕旒，有的手持玉笏，旁侍金童玉女，俨然秦汉帝王的打扮。道士们只能用世间最高贵的形象去塑造诸神之王。有些乡民仅在庭院门前竖立一根插香竹竿，表示玉皇大帝的无影无形，每天早晚烧香祭拜。

台南天坛，原名天公庙。郑成功收复台湾时，就是在天坛原址上祭告天地的，时人称之为“天公埕”。此后台湾官民集资于此建庙，主祀玉皇大帝。全庙建筑为三进宫殿式，前殿龙柱为清咸丰五年（1855 年）所造，正殿龙柱为同治年间所镂。建庙之石材来自大陆，雕刻细密，造型古朴。正殿无神像，置神龛一座，内奉玉皇大帝圣位。

在台湾，玉皇大帝深受百姓的信仰，尤其在农村更盛行。民间认为农历正月初九是玉皇大帝的生日，即所谓的“玉皇诞”，台湾俗称“天公生”。是日道观要举行盛大的祝寿仪式，诵经礼拜。家家户户于此日都要望空叩拜，举行最隆重的祭仪。拜天公的祭典，自初九的凌晨开始，一直到天亮为止。在这一天前夕，全家人必须斋戒沐浴，以庄严敬畏的心情举行祭拜。天公生这一天，家家户户都在正厅前面，放置八仙桌，搭起祭坛。祭坛一般是用两张桌子搭起的，分为上下两层，上桌供奉天公座，备有柑、桔、香蕉、甘蔗、苹果五种水果，另有金针、木耳、香菇、菜心、豌豆等六斋，下桌则各备有五牲，供奉玉皇大帝属下众神。另设清茶三怀，还有甜粿、社龟，到了时辰，全家整肃衣冠，按尊卑依次上香，行三跪九叩礼拜，然后烧天公金（一种称为“大寿”的金纸）。此外，凡是有不满十六岁男童的家庭，要制作和男童年岁相同的“灯座”来烧。人们认为男子是天公所赐，以烧这种灯座的方式来表达对天公的谢意。在这一天，往往还要通宵达旦地演戏欢庆，称为“天公戏”。

此外，台湾民间在除夕凌晨正点，要放鞭炮拜“天公”开正，喜迎新岁。农历六月初七和十二月十五日，也有不可或缺的祭祀玉皇的民俗活动。在台湾玉皇信徒的家中，无论婚丧喜庆，都要举行祭天和烧“天公金”活动。每家都挂一盏“天公灯”，上面书写“祈求平安”和一个“心”字，表示一心诚敬。

二、玄天上帝

玄天上帝在台湾的传播有着悠久的历史，早在明朝，玄天上帝已随着福建漳泉渔民的足迹来到台湾。玄天上帝最初是对北方七宿星辰的崇拜。按照五行学说，北方属水，所以百姓将玄天上帝奉为水神。郑成功收复台湾后，由于郑氏祖孙对乡土神玄天上帝的虔诚信仰，使得奉祀该神的庙宇遍布全台各地。施琅收复台湾后，清廷采取贬抑玄天上帝、抬高妈祖的做法，民间的玄天上帝信仰有所收敛，但终清一代，玄天上帝在台湾民众中仍然有着不可低估的影响力。

根据记载，郑成功收复台湾时，玄天上帝被供奉在船上，被视为航海保护神。收复台湾后，郑成功大力推崇玄天上帝，修建了许多玄天上帝庙，诸如澎湖马公上帝庙及北极殿、彰化田中顺天宫、云林虎尾永兴宫、嘉义北社尾玄隍宫、嘉义湖内里保元殿玄天上帝庙、台南市北极殿及开基灵佑宫、高雄阿莲乡北极殿、屏东九如乡北极玄天上帝庙等，均建于郑成功统治台湾时期。

在台湾，民间传说的玄天上帝出身屠夫，一日，他突然觉悟杀生过多，便放下屠刀，出游四方。至江边等待渡江时，恰遇一临盆的妇女恳求他接生。玄天上帝不得已，只好勉为其难。婴儿顺利产下后，产妇又求他代洗产后的污物。玄天上帝拿着污物到江边洗涤时，忽然看见江中浮现出“玄天上帝”字样，惊奇间回头一看，产妇不知去向，知道是观音的化身来点化他。于是，他拔出屠刀，自剖肚腹，取出脏腑，洗罪而死。后来被封为玄天上帝。由于玄天上帝是屠户出身，所以屠宰业奉其为行业神。另一传说是：屠夫和一位和尚同道前往昆仑山参拜观音，中途遇着一条波涛汹涌的河流，和尚踟蹰不前，屠夫却朝圣心切，不顾死活跳进河里，拼命游到对岸。但是屠夫因为过去杀生太多，无法进入灵地，为了表示自己的清白和赤诚，便剖开肚皮，取出腑脏，弃于河中，岂料他的腑脏竟变成龟蛇，载着他升天进入灵地，玉帝就封他为“玄天上帝”。

台湾地区玄天上帝的神像造型都是右手执七星剑，表示掌管北方七宿，并操收斩魔大权；左手印诀，一指向天，系采玄帝圆道之资；脚踏龟蛇，展露收服二将的事迹。台湾民间雕塑的玄天上帝神像，除了以上传说中的各要项外，大抵来说，神像造型又可区分为披发跣足的原始造型和戴冠端坐的严肃圣像。

据方志记载，台湾相当多的玄天上帝庙是从大陆分灵后而建的。以嘉义县为例：北天宫，在新庄里，清康熙末年，有名林清者，由大陆来居本地时，为护身计，携来一尊玄天上帝奉祀于家，住民颇信仰之，于是在道光年间共同醵金兴建上帝庙，主祀玄天上帝，合祀清水祖师，观音佛祖。1933年，庙宇经久失修，不堪使用，迁建庙宇于现址，更名北天宫。北极殿，在安福里，建于清同治四年（1865 年），主祀玄天上帝，系黄佛自大陆移入本地时恭请奉祀之神，初安奉于民宅，同治四年，庄民共建庙宇于现址。龙安宫，在信义路，最初是土地公庙，后来大陆移民王大木者，带来玄天上帝小金身三尊，休息于此，起身离开时，玄天上帝金身竟拿不动，经投筶始悉帝爷欲住此，王大木乃住庙为庙祝，因神威显赫，信徒日多。

在台湾，最有名的玄天上帝庙是坐落于南投县民间乡松柏岭的受天宫，被公认为台湾的开基祖庙，而受天宫则是分香于福建。据该庙记载：明末清初，有李、陈、谢、刘姓等一批来自福建的人，到台湾松柏坑大坑底一带开垦土地、种植茶叶和砍伐加工木材，他们将随身带着的武当山北极玄天上帝的香火供奉于茅屋中。后来，他们迁居别地谋生，却将玄天上帝的香火遗留在茅屋中。附近居民发现后，于康熙二十年（1681 年）建造小庙祭祀。再后来，信徒众多，香火一天比一天旺盛，就开始扩建庙宇。

乾隆二年（1737 年）玄天上帝香火的显灵，最终奠定了今日受天宫的格局。民间流传说，在该年农历三月三日玄天上帝诞辰时，奉祀于小庙内的玄天上帝香火突然发出灿烂豪光，玄天上帝随之附身童乩择定现在的庙址。附近居民见玄天上帝如此灵验，无不踊跃捐资为玄天上帝建庙。堂皇的庙宇建好后，供奉的只是一包香火袋，实为松柏岭玄天上帝信徒的一大憾事。传说在乾隆十年（1745 年），玄天上帝的香火化身为一长须老翁，前往鹿港雕刻店定制玄天上帝神像，这就是现在奉祀于受天宫的大上帝、二上帝、三上帝三尊神像。此后，受天宫的香火更加旺盛，不久，该庙又扩建，并正式命名为受天宫。由于受天宫香火直接来自福建祖庙，加上庙址的所在地号称“龙虾见江”之所，风水极佳，各地信徒前来进香膜拜与分灵香火者日益增多，受天宫的香火也益加鼎盛。

到清末与日据时，受天宫又进行了三次较大规模的扩建与重修，这对保持与扩大受天宫对全台各地信徒的影响起到了重要的作用。由于松柏岭受天宫香火来自大陆，且拥有“好地理”，再加上受天宫执事借募款修庙之机大力宣扬玄天上帝的灵验，吸引了各地信徒蜂拥前来分灵香火，建立分庙。这些分庙于每年三月三日前后，都得回到南投民间乡松柏岭“受天宫”谒祖进香。

三、土地公

土地神在台湾民众的心中是非常重要的神明，一般称为土地公，也叫后土、民主公主、土治公等，客家人则称伯公、福神、大伯公、大伯爷等。民间对土地公较尊崇的称呼有福德正神、福德爷。虽然土地公在台湾民间信仰体系中，其神格位阶不高，但信众却是最多，寺庙分布最广，祭祀也最频繁。台湾俗谚有所谓的“田头田尾土地公”、“庄头庄尾土地公”、“街头街尾土地公”，意谓土地公遍布各地且无所不在，凡是人烟所至之处，无论城市乡镇、田野山林都有土地公的存在。台湾几乎各村里都有土地庙，且各庙宇无论供奉任何神明，也都会配祀土地公，可见土地公是台湾最普遍的民间神。1918 年台湾寺庙调查资料显示，福德正神庙最多，有六百六十九座。

除了信仰的普遍外，有关土地公的传说更是不胜枚举，比较普遍的有两种：一说土地公原是周代一位官员的忠仆，名为张明德，曾背负少主赴任所会见其父，途中遇大雪，张明德脱衣护主遭冻毙。金母娘娘被其忠义所感动，封他为福德正神。一说土地公原名张福德，为周朝收税官，其生前乐善好施，体恤百姓，死后受玉帝册封为福德正神，因此土地公又称福德公，土地庙又称福德正神庙。

土地公是最基层的神明，凡是地方宗教信仰节日、婚丧喜庆，都会迎请当地土地公参与。庙会绕境游行，由土地公担任前导开路；建醮、庙会、丧葬、做法事、牵亡魂，土地公也要“列席”；民众入厝、娶新妇、做弥月也不会忘记邀请土地公参加。

土地公诞辰祭典，分别是农历二月初二和八月十五，此源自古代社祭，分为春社、秋社两祭，亦即“春祈秋报”之故。为感谢土地公的庇佑，农民每逢土地公诞辰，都会以竹枝夹福金（即土地公专用之金纸），插立在田园中，俗称为“土地公拐”，意即制造拐杖，供土地公巡视田地之用。

台湾土地公庙一般并不配祀土地公的夫人（俗称土地婆），因传说土地公在分配人间财富时，土地婆从旁阻止均分财富，主张贫富有别，因她担心人人富有，女儿出嫁时将无抬轿之人。除农民祭拜外，一般商店也都会祭祀土地公，民间有“有土即有财”之说。传说土地婆每月初二、十六固定回娘家，因此商人就趁其回娘家之日向土地公祈求财利，据说此乃台湾初二、十六“做牙”的由来。

四、关帝

台湾的关公信仰，是由福建闽南的移民将家乡的关帝庙香火带到台湾而兴起的。明清两代，是将关公圣化、神化到了极致的时期。随着皇帝对关公的一再褒封，其影响越来越大。清代台湾官方对关圣帝君十分尊崇，将之列为祀典，地方官员每月初一、十五均需前往行礼，如乾隆二十八年凤山知县王瑛曾于所撰《重建关帝庙碑记》中，描述了其亲身经历祭祀关公的情况。在政府文武官员倡导下，清朝中叶的关帝信仰已深入台湾社会，与民俗生活相契合。读书人以其为文衡圣帝，祀于文昌祠；商人敬其一诺千金、江湖帮会人士视其为守护神、老百姓则以其为立身行世之榜样，祭祀关公的庙宇也快速增加。

因信仰圈不同，对关公的称呼也不同，台南、鹿港等地以泉州移民居多，称关公为“文衡帝君”、“伏魔大帝”，庙宇称为“帝君庙”：宜兰、基隆等地以漳州移民居多，称关公为“协天大帝”，其庙宇为“协天庙”。也称恩主公庙。台湾所谓的恩主神祇共有关羽、吕洞宾、张单、王善、岳飞五位，而关羽为五恩主之首，所以台湾一般民众亦称关羽为恩主公，称关帝庙为“恩主公庙”。另外，部分斋教或道教信徒称关羽为“第十八代玉皇大帝”，也就是第十八代的天公，此说以闽南一带为最盛，而台湾也承袭此说法。

关帝庙祭祀关公的圣诞日，一般在农历六月二十四，但各个关帝庙的例祭日大有出入，像台南武庙以五月十三和六月十三两日例祭，宜兰在元月十三日举行春季祭典。民间记载正月十三是关公“飞升”之日，五月十三日是关公“寿诞日”，每年五月十三日还会下雨，谓之“磨刀雨”，有人说这天是关公磨单刀赴会的日期。

台湾流传着很多有关关帝的神话传说。如台南“武庙”历史悠久，创立于乾隆五十年（1785 年）左右，林爽文起义攻打台南府城时，据说曾听到城内武庙传出金鼓声，隐隐似有千军万马奔腾，义军心生畏惧而自动退兵，才使台南城幸免一场战祸，台南人认为这是关公神魄庇护，所以特为此事立碑志记。宜兰“协天庙”的传说更加神奇。相传清朝钦差镇台使刘明灯巡察宜兰，驻扎在协天庙后的枫林内，士兵砍伐枫树枝煮饭。不料饭后个个都病倒了。原来当地人奉枫树为龙麟，从不敢砍伐，百姓认为士兵冒犯了神明。刘明灯将信将疑，想到庙里探个究竟。至庙门口以脚尖踢正殿的门槛，当他抬头注视关公神像时，只见关公怒目瞪着他。刘钦差惊惶求饶，虔诚祭拜一番后，全体士兵立刻不治而愈。

台湾的关帝庙之祖庙在福建，主要是泉州通淮关岳庙和漳州东山铜陵关帝庙。台湾最古老的关帝庙为彰化关帝庙，建于明永历二十三年（1669 年），被称为开基武庙，其神像就是从泉州通淮关岳庙分灵去的。台湾云林保安宫的建造，也有一段神奇故事。据说在清康熙三十六年（1697 年），第三批移民乘船去台湾时，途遇狂风巨浪，同行的七艘木船六艘沉没，唯一未沉的一艘木船也岌岌可危，舟师欲举刀砍断船桅，以免沉船，这时关圣帝君显灵，站在船上，以手势示意舟师不要砍断船桅，可保平安无事。经查，原来是船上有人带有关圣帝庙香火。舟师带领众人跪在船上敬谢神恩，不久风平浪静，船只安全抵达台南安平港。后来，舟师带人往福建泉州通淮关圣帝君庙，恭迎神像回台湾，建造庙宇，供奉关帝。通淮关岳庙坐落于交通要道，明清时期，泉州人移民台湾，都要经过通淮关岳庙，因此，许多人顺道到关岳庙乞求香火，带往台湾。至今台南、鹿港一带的泉州移民还奉通淮关岳庙为祖庙。

漳州东山关帝庙也是台湾众多关帝庙分灵入台的祖庙。不少台湾关帝信徒认为东山铜陵关帝庙为其祖庙。东山县的铜陵关帝庙建于明洪武二十年（1387年），清代以来，多次修建，规模宏大。至今庙中还有一块清同治九年（1870年）重修的碑石，上面刻有台湾、澎湖各界四十多个捐资重修关帝庙者的名字和金额。由于清代铜陵是漳州人移民台湾的重要港口，因此，台湾不少关帝庙是从这里分香去的。其中，有几座关帝庙是聘请东山人，模仿东山铜陵关帝庙的建筑式样兴建的。

明永历十八年（1664年），郑成功的儿子郑经撤离铜陵到台湾，宁靖王朱术桂特地在正府内建造了从铜陵关帝庙分灵过台湾的关帝庙，庙宇仿效铜陵关帝庙形式建造。又据澎湖红毛城关帝庙管委会介绍，红毛城关帝庙早在明朝就从铜陵关帝庙分灵入澎湖，再由澎湖入台，衍播于台湾南部，称“文衡帝君”。清康熙二十三年（1684年）施琅率师复台后，官兵们把“铜陵关帝庙”香火分布台湾。清嘉庆年间，漳州平和县人林枫从东山关帝庙分香回乡，并雕塑关帝神像。后来，林枫的后裔林应狮等人又亲赴铜陵关帝庙分灵，渡海到台湾噶玛兰（今宜兰）建庙，名为协天庙，是为台湾北部最早庙宇。

清代台湾道教信奉的神明带有特别明显的移民社会的特征，即信仰的地域性表现明显。大陆沿海移民前往台湾时，大多随身携带家乡的守护神，作为抵御自然灾害和社会灾难的精神慰藉。如开漳圣王主要是漳州人的保护神，广泽尊王主要是泉州人的保护神，同安人多奉祀保生大帝，安溪人多奉祀清水祖师。客家人的保护神有两位，闽西客家人的保护神是定光古佛，粤东客家人的保护神则是三山国王。而且，来自同一地区的移民通过共同的守护神作为维系组织的纽带，因此明清时期台湾道教信仰的状况与不同地区移民入台的时间先后、聚落分布情况及迁徙拓垦路线等息息相关。如明末清初迁台移民多为闽南沿海人，因此闽南一带比较盛行的开漳圣王庙、慈济宫等多于明郑、康熙初年建立，集中于台湾南部；乾隆年间粤籍和汀洲籍移民开始大量入台，因此三山国王庙的修建时间大多集中在乾隆、嘉庆年间，地点多集中在粤籍移民聚居的台湾中部地区。随着台湾由移民社会向定居社会的转变，台湾的道教神明信仰从这种分类信仰逐渐转变为“共同信仰”，曾经作为祖籍地的保护神逐渐成为不同祖籍信徒的共同信仰对象。

清代，道教在台湾的传播与发展，生动反映了台湾地区文化同整个中华文化传统的同源性与一致性。

台湾的宗教信仰同福建一样，都是儒、道、释不分，具有很大的包容性和混合性。中国的民间信仰是以自然崇拜、原始巫术为基础，以儒家伦理思想为核心，摄取道家的崇拜、巫法仪式及佛教的慈悲哲学等融合而成的。对于本土的神，或外来的佛，或是区域形成的神祇，采取功利主义的态度，只要对自己有用，都可以成为民间信仰的崇拜对象。台湾寺庙中神佛杂陈、释道莫辨的现象即是具体表现。

清代台湾的宗教信仰以佛、道信仰为主流。这是因为当时台湾人口以移民过去的汉人为主体，他们的信仰组成仍以从母体社会移入的神明为主。当代台湾仍是如此。

第三节 基督教（天主教）

台湾的天主教，最初由西班牙道明会在明万历四十七年（1619 年）随军教士传入。西班牙人窃据台湾期间，天主教神父在传教的同时，也以医学作为接近先住民的工具，为当地人治疗疟疾与天花。基督教是随荷兰军队占领台湾南部后登岛传播入台的。荷兰人于明天启四年（1624 年）侵入台湾，为了驯服当地土著居民，借传教从事其抚化政策，也以医疗作为传教的先导。荷兰人入台之后，修筑热兰遮城为己用，城内设有教堂、医院。荷兰在台湾的宣教虽处于重商主义的时代，但其早期的宣教师如康德（Georgeius Candidius）主张传教师应和土著居民同化，包括长期驻地宣教、精通土著语言、娶土著妇女、深研土著的风俗和宗教等。郑成功收复台湾后，传教士纷纷撤离台湾，基督教在岛内消失了踪迹。

十九世纪中叶后，在西方列强船坚炮利的武力胁迫下，清政府被迫与西方列强签订了一系列丧权辱国的不平等条约，在这些条约中，传教权益并列于割地赔款的诸项中，成为中国丧失给列强利权的一部分。之后，西方传教士大批登岛传教，基督教又重新传入台湾。咸丰九年（1859 年），西班牙道明会神父郭德刚（Fernando Sainz）首先到台湾，英国长老会与加拿大长老会也分别于同治四年（1865 年）与同治十年（1871 年）传入台湾。

最初到台湾的外国传教士先向占人口多数的汉人传教，但却碰到了重重的困难。首先，基督教是挟着帝国主义枪炮之余威入台的。在台的汉人们作为清朝的子民，与大陆人民心理一致，见到外国人，不论是商人还是传教士，一概视之为侵略者。因此对传教士也一样作为侵略者加以反对。其次，教会不尊重中国社会习俗，不允许教民祭祖，让男女同堂礼拜，这对一个重礼法而严男女之别的中国社会而言，基督教受到抑制是在所难免的。移民到台湾的汉人长期受儒家文化的熏陶，视基督教为异端邪说，斥之为“西洋教”、“蕃仔教”。对他们而言，信仰基督教（落教），往往意味着对家族祖先和自己的文化传统的背叛。因此有“落教，死无人哭”的反洋教的说法。

由于汉人对基督教怀有反侵略、反洋教的抵制心理，因此台湾南北均有教会或传教士被害事件的发生。如同治七年（1868 年），南部教会因“樟脑事件”而遭连累，发生了碑头（今凤山）教会被迫害事件。天主教的重要发展地区凤山的沟仔乾教堂曾三次被毁坏，郭德刚神父也曾被汉人绑架。北部教会则在光绪十年（1884 年）中法战争时，发生七间教会被毁损，信徒被迫害的教案。清治台时期，台湾各地教案层出不穷，据统计，从咸丰九年至光绪二十一年（1859—1895 年）的三十六年间就发生了大大小小教案二十九件。关于教案的处理，在英国的威逼之下，清政府采取妥协退让的态度，如对同治七年（1868 年）凤山的教案，除惩处各地“扰事凶手”外，并告示民众“严禁诽谤基督教，承认传教士在台湾各地有居住及传教之权”，明令洗雪教士冤案并保护教会。

尽管教案叠发，但这一时期的传教士主要以医疗辅佐传教的方式，开创了基督教在台湾传播的新纪元，这是基督教在台湾绝迹两百年后的复兴。这一时期基督教在台湾的发展以天主教道明会和长老会的宣教活动为主轴。为了消除台湾民众对基督教的敌意与偏见，传教士们努力地以医疗救助手段开展布教活动，典型的有马雅各、马偕、兰大卫三位教会医师。

马雅各医师（Dr. James Laidlow Maxwell,？—1921）是英国基督教长老会外国宣道会派驻台湾的第一位宣教士和医师，毕业于苏格兰爱丁堡大学，获文学士及医学博士学位。他于同治四年（1865 年）抵达台南，在台南府城西门外设布道所。同年六月十六日开始传教及医疗工作。后因故移至打狗旗，设立礼堂及医馆，继续以行医来传教。同治七年（1868 年）底，马雅各医师返回台南，租借二老街口许宅设立医馆，就是后来的旧楼医院，此时，马雅各医师已谙闽南语，深受患者信任，名声远扬，上门求治者很多。

马偕博士（Rcv. GcorgeLeslie Mackay，1844—1901）是加拿大人，毕业于美国普林斯顿神学院。同治十年（1871 年）作为加拿大长老教会第一位海外宣教师来到台湾，同治十一年（1872 年）以淡水作为传教的根据地，先租用了一间民房行医。当时疟疾在台湾肆虐，最为人所恐惧。马偕免费为患者提供治疗疟疾的特效药——奎宁，当地人称之为“马偕白药水”。各地民众慕名前来求诊者日众，遂另设医馆。马偕虽原来并非学医，但深知医疗对于传教的重要性。他自修医学，并在医疗实践中逐渐积累丰富的医药知识和临床经验，凭借其医术，最终成为台湾北部教会的开拓者。

兰大卫医师（Dr. David Lansborough，1870—1957）是英国人，1890 年于格拉斯哥大学毕业，获文学硕士学位。因立志从事医疗传教，又入爱丁堡大学学医，1895 年毕业，获医学士学位，同年受英国基督教长老会海外传道会派遣赴台湾从事医疗传教。抵台之初，兰大卫在台南旧楼医院协助安彼得院长看病。光绪二十二年（1896 年）十月前往彰化，会同梅甘雾牧师（Rev. Campbell N. Moody）等设医馆。十一月二十九日即以教会作为诊所开始医疗及传道。当时，医院没有固定名称，彰化地区的人称之为“兰医馆”，外县市的人则称它为彰化医馆。医馆的设备极为简陋，遇到需要开刀的病人，也仅能以竹床当做手术台，施行外科手术。因为没有护理人员，兰医师还要彻夜照顾病人，白天又要看门诊或骑自行车出诊，工作非常辛劳。

清代台湾的平埔族大量皈依基督教是台湾史上一个重要的社会现象。起初传教士都在汉人中传教，失败后，他们转向先住民的平埔族，很快便获得了成功。如在北部传教的马偕，自同治十一年（1872 年）开始在岛内传教，初在汉人中传教，到光绪八年（1882 年）时，他才向噶玛兰平原的平埔族传教。次年就洗礼了五百名，光绪十年（1884 年），他已为六百四十名平埔族人洗礼。光绪十二年（1886 年）又为一千两百三十八位平埔族人洗礼。同治九年（1870 年）三月，马雅各医师到木栅平埔社两次，四月十一日，建成一座礼拜堂，据马雅各报告，每星期日有一百二十名左右的听众参加礼拜。五月八日就有十九位信徒受洗入教，到八月有四十三人领洗，十二月再有三十三位受洗加入教会。而木栅是平埔人居住的地方，受洗人数最多。

据统计，在清领时期，在台的外国教会的规模都不大，在台湾所吸收的信徒大部分是平埔族。到光绪二十一年（1895 年），西班牙道明会在台布教三十六年，共吸收了一千两百九十名信徒，其中有一半是平埔族；英国长老会在台努力三十年后，共有信徒一千两百五十六人，其中近三分之二是平埔族人；加拿大长老会，到光绪十八年（1892 年）止，在台传教二十年，共有信徒一千七百五十一人，其中至少四分之三是平埔族人。

据大陆学者翁伟志研究，清代平埔族皈依基督教的原因之一是由于平埔族社会的边缘化与短缺化，他们的物质生活匮乏，生命安全常遭威胁，这些使其具有强烈的拯救要求。而基督教传教士们以狂热的宗教献身精神奔波于高山深谷之间施医送药，凭借其先进技术，能比巫术和民间信仰更有效地解除人们的痛苦和不幸，因此他们的医术医德赢得人们的信任。在平埔人眼中，这些传教士被看做是具有“神奇的、超人的或至少是特别具有卓越能力或品质的人”。于是，大量的平埔人加入教会，信仰基督教成了一时的热潮。

第九章　妈祖信仰

第一节　台湾妈祖的起源与传说

台湾四面临水这一独特的地理位置，使其民间宗教文化具有海洋性特征，最明显的表现是民众对海上保护神的极大推崇和信仰，在众多的海神中，妈祖成为民众心目中的第一海神。

清代台湾的妈祖信仰是从祖国大陆传过去的。据考证，妈祖确有其人，原名林默娘，福建莆田湄洲岛人。相传她生于宋建隆元年（960 年），卒于雍熙四年（987 年）。妈祖生前心肠慈悲，十三岁时经一老道指点，得玄微秘法，能预知祸福，扶危济险。二十八岁羽化升天后被人奉为神灵，为湄洲岛上的渔民平波息浪，排忧解难，乡亲们恭称其为“妈祖”。在闽南方言中，妈是对女性长者或德高望重女性的最高敬称。为了表示对妈祖的尊崇，人们在湄洲岛上建庙祭祀。南宋时期，妈祖信仰得到统治阶级的大力扶植，先后被赐封，等级由夫人晋升为妃，其影响也随之扩大，不但莆田建立了许多妈祖庙，而且东南沿海各省争相供奉立庙，祈求平安。至元代，妈祖不仅为渔船护航，还庇护郑和下西洋及其水师的航海安全。

据台湾民间传说，妈祖是在她“升化”的那一年从福建渡海来到台湾的。其实，这仅仅是台湾民间关于妈祖到台湾时间的传说而已。事实上，妈祖信仰是随着明末清初东南沿海各省的移民而传到了台湾。福建、广东等省的大量移民在渡海前往台湾拓殖之前，往往先到妈祖庙中膜拜，恭请一尊妈祖神像上船，或者怀揣从庙中提取的香火袋作护符，以求妈祖保佑他们战胜惊涛骇浪，平安渡过台湾海峡。平安入岛后，为报答神恩，移民们更加虔诚地叩拜妈祖，祈求妈祖保佑他们在新的安生之地能避祸趋福。于是，妈祖不仅被视作平安渡海的保护神，而且在开发台湾初期，在定居、开拓、发展的过程中，还成为他们战胜困难的精神支柱。随着东南沿海一带居民大规模移居台湾，妈祖信仰也就逐渐在台湾传播开来。因此可以说，台湾妈祖信仰的传播几乎与台湾的开发史和发展史同步。台湾人民称郑成功为“开台圣王”，称妈祖为“开台妈祖”、“开基妈祖”。

最初，台湾民众对妈祖的信仰是出于保障海上安全的需要，其崇拜主体是生活在社会底层的渔民、农民、小生产者等，妈祖被视为海上女神。台湾多数学者和妈祖信众都认定，在明郑之前，台湾岛上就有了闽粤移民带来的妈祖香火。台湾民间习惯上把祖先们请到船上护航的妈祖称作“船仔妈”。郑成功收复台湾是台湾历史上规模最大的一次移民潮，据史料统计约有六七万人。台湾民间把这一时期入台的妈祖称作“护军妈”。但这之后，妈祖的内涵随着人们的期望和社会需要的逐步扩大而增加，由海上女神变成有求必应的全能女神形象。

在台湾，关于妈祖的出世与成仙的主流传说和大陆基本一致，另外还有很多关于妈祖“显灵”帮助收复台湾、抗敌御辱的传说。关于收复台湾的传说，如郑成功收复台湾时，鹿耳门港道狭窄而淤浅，荷兰人又事先打沉一批夹板船堵塞港口，使大船不能进出。但经郑军上下齐向妈祖祷告，是日潮水竟加涨丈余，使郑军船只顺利通过，令荷军猝不及防。关于抗敌御辱的传说，如相传施琅率兵统一台湾过程中，曾得到妈祖的庇护。攻打澎湖时，将士们看见天妃显灵助战，取得胜利。事后，人们见到妈祖神像衣袍湿透了，左右神将的双手起泡，证实了所见并非幻象。又如，甲午战争失败后，日本殖民者占据台湾，安平民众见到妈祖神像伤心落泪，至今神像面容上的泪痕依然可见。再如，日据时期，有义士以台北关渡宫为基地，领导台湾人民抗日。日军发现后，火烧关渡宫。传说大火燃烧后，人们发现庙宇和神像丝毫未损，仅有二妈神像的脸上有点烟薰的痕迹，而那天参加放火的日军全部无病暴死。

在台湾，由于各地妈祖庙奉祀的妈祖是从福建不同地方分灵去的，所以称呼不同，从湄洲分灵去的称“湄洲妈”，从泉州分灵去的称“温陵妈”，从同安分灵去的称“银同妈”，实际上妈祖只有一位，福建湄洲天后宫，是台湾所有妈祖信徒向往的宗教圣地。

第二节　台湾的妈祖庙

清代是妈祖信仰在台湾大发展的时期。康熙统一台湾以前，台湾仅有妈祖庙十座，都分布在台湾的沿海，它们是今台南市的开基天后宫祖庙、鹿耳门圣母庙、显宫里的天后宫、今台南县五兴里的朝隆宫、水正晨的护庇宫、西港村的庆安宫，今嘉义县东石的港口宫、新港的奉天宫，今高雄县竹东天后宫，今彰化县鹿港的天后宫。这些妈祖庙的规模很小，有的只是数椽小庙。

清政府统治台湾以后，采取鼓励妈祖传播的政策，这在推动妈祖信仰在台湾的传播起了推波助澜的作用。首先，清代对妈祖的褒封远远超过了以往，总计达十八次之多，还有四次赐匾。其中特别重要的有两次，一是康熙十九年（1680 年），闽浙总督姚启圣奏言：“荡平海岛，神佑灵异请赐崇封，遂封天上圣母”。二是康熙二十二年（1683 年）或二十三年（1684 年），据施琅奏言，澎湖天妃效灵，澎湖之役得神助克敌而敕封“天后”。这两次加封对于妈祖信仰具有特别重要的影响，把妈祖的神格提高到了极限。此后，“天上圣母”和“天后”就成了妈祖的圣称，各地的妈祖庙，也多使用“朝天宫”或“天后宫”为庙名。皇帝每次给妈祖加封，都要在原有封号的基础上，再加上能显示妈祖灵验和功德的新颂词，如此到了咸丰七年（1857 年）受封后的封号全称已达六十多个字，即“护国庇民妙灵昭应宏仁普济福佑群生诚感咸孚显神赞顺垂慈笃祐安澜利运泽覃海宇恬波宣惠导流衍庆靖洋锡祉恩周德普卫漕保泰振绥疆天后之神”。由于封号过长，同治十一年（1872 年）要再褒封时，经礼部核议，以为封号字号过多，“转不足以昭郑重，只加上‘嘉祐’二字”。

其次，官修妈祖祭祀建筑增加。清代历位皇帝主政时期都有地方官员参与修建、改建、捐建妈祖庙宇之举，且规模日益扩大。据不完全统计，康熙时期有八次，乾隆时期有十五次涉及妈祖庙的修建。康熙二十三年（1684 年），施琅建造台南大天后宫，开官建妈祖庙之先河。最早在台湾修建的带有官方色彩的一批妈祖庙宇出现在康熙二十二年、二十三年左右，分布在台湾府、凤山、澎湖等地，这主要是为感谢妈祖在施琅收复台湾中的庇护。此后，随着统治范围的扩大，台湾的妈祖庙由南向北推进。

在官方的提倡下，民建的妈祖庙也如雨后春笋般地兴起。到清末时全台湾所建妈祖庙宇由原来的十座，猛增至两百三十二座。除花莲一县因未有大批汉人进入垦殖而没有妈祖庙之外，全台每个县市都有妈祖庙，连开发较晚，汉族人口很少的台东县也有两座妈祖庙，多者如台南市有四十二座，台中县和台中市有二十九座。妈祖信众几乎遍及岛内各族群，甚至在先住民中间也广为流传。

台湾妈祖庙宇的名称有多种，如天妃宫、天后寺、圣母坛、文元堂、安澜亭、朝天宫、双慈亭、纷丽殿等等。根据各种相关史料可知，清代康熙五十年以后的台湾妈祖庙多分布在水路要道，尤其是在各个港口比较普遍。台湾著名的妈祖庙主要有澎湖天后宫、鹿港天后宫、台南大天后宫、北港朝天宫、台北关渡庙、大甲镇澜宫、新港奉天宫等。台湾妈祖庙均以湄洲祖庙分灵庙或再分灵庙自称，香火比较盛的妈祖庙，都能清晰地把建庙沿革追溯到从湄洲祖庙分灵的早期历史。如台南大天后宫有一副清道光年间的对联，上联是："赤嵌壮璇宫奉英灵为海外砥柱"，下联是"皇朝隆祀典钦慈济本湄洲渊源"。再如，新港奉天宫也有一副清代对联，上联是"圣慈皎皎焕湄洲风清月明"，下联是："母德洋洋弥海甸浪静波恬"。同样指明奉天宫渊源于湄洲妈祖庙。北港朝天宫圣母殿的对联是："圣迹溯湄洲蹑电飞升八百载神灵遍布；慈云庇台岛安澜永庆亿万家顶祝馨香"。台湾其他天后宫几乎也都有溯源到湄洲妈祖庙的联句。

澎湖被称为台湾的门户，是台湾地区最早开发的外岛。澎湖妈宫澳（今马公镇）的妈祖宫是台湾岛最古之寺庙，亦为全台湾最古之妈祖庙，俗称娘妈宫。马公之名即由"妈宫"音变而来。由于史料记载不全，娘妈宫的创建年代尚难确定，一说建于明万历二十年（1592 年）。明天启后至清康熙统一台湾前，澎湖天妃宫的沿革，可据蒋毓英《台湾府志》得而知之，"天妃宫，在东西卫澳，澳前有案山，其澳安澜，可泊百余艘，系郑芝龙建，伪藩更新之，今其灵尤赫濯焉"。"伪藩更新之"是指郑经最后一次重修天妃宫，时间是康熙三年（1664 年）。清朝统一中国后，曾赐"神昭海表"匾额，并遣礼部郎中雅虎前去致祭，重修了庙宇。

鹿港天后宫建于明永历元年（1647 年），由于奉祀从湄洲祖庙分灵的妈祖神像，加上这里当时是台湾与大陆经贸的重要港口，因此香火鼎盛，原来的庙宇规模太小，不敷众用，遂于清雍正三年（1725 年）扩建。此后，又多次修建、扩建，成为台湾规模较大的妈祖庙，终年香客络绎不绝，每逢农历一月至三月间的进香旺季，更是人潮汹涌，水泄不通。

鹿港天后宫建于康熙二十四年（1685 年），是由旅居鹿港的兴化人捐资兴建，所以又称"兴化妈祖宫"。该宫分前后两进，殿宇两侧建有双层厢楼，供香客住宿。兴化妈祖宫所供奉的妈祖神像，是康熙二十二年（1683 年）由福建水师提督施琅从湄洲天后宫恭迎去台的，台湾很多妈祖都是这座庙神的分身。因此，鹿港妈祖庙在台湾妈祖庙中的地位很高。

台南大天后宫俗称台南妈祖庙，建于清康熙二十二年（1683 年），原来是明朝宁靖王府，传说施琅出师台湾，曾得到妈祖的神力相助，遂奏请清政府改建为大天后宫。这是全台最早的“官建”妈祖庙。庙建成之后，康熙皇帝还特地委派官员到台湾致祭，加封妈祖为“天后”。所以台南大天后宫是我国第一座以“天后”冠称的妈祖庙。由于是由王府改建而成，大天后宫规模宏大，富丽堂皇。自康熙六十年（1721 年）至光绪十八年（1892 年），该庙得到雍正、咸丰、光绪三个皇帝御笔匾额三块，得到总督、总兵、提督、知县、钦差等文武官员歌颂妈祖庙灵性和功德的匾额四十五块。台南大天后宫成为当时官方祭奠的中心庙宇。

北港朝天宫建于清康熙三十三年（1694 年），当时有位名叫树壁的和尚，从湄洲祖庙请了一尊妈祖神像到台湾云林县的北港镇，建造了一简陋小茅屋供奉神像。后来经过多次扩建，成为台湾规模较大的妈祖庙之一朝天宫。由于其建庙时间早，传神像又是直接从祖庙请来的，特别灵验，所以在岛内地位甚高，被称为“开基庙”。后来，岛内每有新庙建立，都要回朝天宫“分香”。

台北关渡宫坐落于淡水、基隆两河的汇流之滨，初建于清顺治十八年（1661 年），宫内供奉的妈祖神像与北港朝天宫的妈祖神像齐名，素有“北有关渡妈，南有北港妈”的称誉。传说关渡妈祖的神像原先是供奉在大船上，一天，该船航行于台湾海峡时，遭飓风袭击而沉没。妈祖神像漂流到淡水河内，当地百姓捞起神像，将其奉祀在北投镇慈生宫五谷先帝庙里。后来，一次大雨又把慈生宫五谷先帝庙冲垮，人们在关渡河边现在的庙址找到神像。当地的某乡绅也梦见妈祖要他筹建庙宇，且须某山巨材为建筑之用。于是，按梦中指定的到山中购买木材，建造了这座妈祖庙。

大甲镇澜宫建于乾隆三十五年（1770 年），系因福建莆田湄洲人林永兴携家眷到台湾，定居大甲，将随身带来的湄洲朝天阁天上圣母神像安放在自家厅堂朝拜，因十分灵验，附近百姓纷纷前来参拜。地方乡绅见状，与乡民洽商建庙奉祀，始称“镇澜宫”。这是台湾北部历史悠久的庙宇之一。

新港奉天宫位于嘉义市西北新港乡，始建于清嘉庆十六年（1811 年），其所供奉的妈祖，素有“开台妈姐”之称。相传，明天启二年（1622 年）闽人颜思齐率众赴台，福建船户刘定国奉请湄洲天后宫妈祖金身神像，横渡黑水沟。航经笨港，妈祖显圣，指示永驻此地。从此笨港十寨轮流奉祀，永保台疆。此即“船仔妈”，为湄洲天后宫最早到台湾的妈祖金身。康熙三十九年（1700 年），原移民醵金于笨港兴建诸罗天妃宫供奉湄洲伍妈，后来清政府封妈祖为天后，遂改称诸罗天后宫。嘉庆四年（1799 年），笨港被洪水冲毁，庙体崩陷溪中，神像与文物遂被迁至麻仔园（今新港）。嘉庆十六年（1811 年），在王得禄的倡议下，商民重建笨港天后宫于新名为笨新南港的麻园寮，并蒙御赐名为“奉天宫”。

清代台湾的妈祖庙建筑深受泉州建筑风格的影响，台湾学者李乾朗在《台湾妈祖庙与闽南妈祖庙建筑之比较》文中指出：“由于清代台湾与福建之贸易往来多经由泉州，使得台湾各地的妈祖庙建筑偏向于泉州派风格，建庙匠师亦多聘自泉州府惠安县和漳州府。”他列举大量历史事实：淡水福佑宫由惠安匠师所建，匠师的名字至今还落款于石楣上。北港朝天宫先由泉州匠师建造，后又由漳州的名匠师陈应彬修建。鹿港天后宫则由著名的惠安溪的匠师王益顺及泉州的吴海同合作修建。应该说，李乾朗先生的分析是很有道理的。

第三节　台湾祭祀妈祖的活动

妈祖对台湾文化生活的影响很大，其信奉礼俗、言行、品性等，逐渐被民间吸收并演变为民俗，民众会定期或不定期地举行一些祭祀活动。清朝落实加封妈祖的另一结果便是祭祀妈祖礼仪的日趋完备与规模的不断扩大。自康熙十九年（1680 年）第一次褒封开始正式出现官方祭祀的记载，到康熙五十九年（1720 年）“列入祀典，春秋致祭”，正式成为祭祀主神之一，已经形成完备的祭祀礼仪，直至道光十九年（1839 年），“赐春秋祭祀，行三拜九叩礼”，并且规定“该地县丞、千总，每逢春秋祭日，虔诚与祭，朔望行香”。《北港朝天宫志》中详细记载了祭祀所需的材料、祭祀过程、礼仪。

在台湾，对妈祖的崇拜，体现在平时的进香和祭祀活动中，这已经成为妈祖信仰地区的民俗。在台湾，规模较大的渔船或商船都设有妈祖龛，较小的船只至少也要供奉一个香炉，并将写有“天上圣母”的红布条贴在香炉存放处，表示妈祖与船同在。渔船或货船上的人在远航前后都会到妈祖庙烧香祭祀。一旦船在海上遇险，人们总是虔诚地跪拜在妈祖龛前祈求庇护。在渔村，几乎每个家庭都供奉妈祖神位，当男人出海时，女人天天在家烧香祭拜妈祖，祈望家人一帆风顺，平安归来。

妈祖圣诞日在农历三月二十三，妈祖升天日在农历九月初九，这两个日子的隆重庆典已演变为台湾社会的传统节日庆典，洋溢着浓郁的台湾本土特色。台湾有“三月疯妈祖”的说法，每年农历三月台湾都要掀起“妈祖热”。妈祖诞生日这天，信众们都到妈祖庙祭拜，各妈祖庙香火日夜不绝，农村和渔村还要举行“大拜拜”，向妈祖祈求保佑，时间多则三日，少则一日。届时还举行集体祈祷，并赴台演戏庆祝。

妈祖信仰在台湾的开基庙及各地的分灵庙建立以后，即与湄洲的妈祖祖庙产生了血统上的承袭关系。为保持或增强这种特殊的关系，各分庙每隔一段时间都得上祖庙乞火，参加祖庙的祭祀，有的还要带回一些香炉里的香，或请回一幅妈祖神像。这就是进香，又称割香或分香。新庙从老庙进香，老庙从祖庙进香，通过进香把庙与庙联系起来，把信徒们组织起来。历史上，进香活动相当普遍，分两种情况，一是由在台开基庙发起，联合较有势力和影响的分庙，组成赴闽进香团，到福建祖庙谒祖进香。二是各分庙至台开基祖庙进香。

定期到大陆祖庙进香是台湾妈祖信仰最为独特之处，也是台湾妈祖信徒最重视的活动。为了维持和标榜湄洲妈祖在台开基庙的正统身份，鹿港天后宫特别注重到福建祖庙进香的活动。道光《彰化县志》载：鹿港天后宫因交通之便，“岁望湄洲进香”。该宫尚存一只乾隆丁未年制作的“湄洲进香正炉”。《鹿港朝天宫志》附有道光己亥年（1839 年）北港妈祖湄洲进香香担图片，以及光绪六年（1880 年）湄洲进香的缘金收据。这些表明朝天宫在清时的赴闽谒祖进香活动是较为频繁与活跃的。另外，吴瀛涛在《台湾民俗》一书中也记载了清代北港朝天宫前往湄洲进香途中发生的一件趣事。当时，关于奉驾之船只，信徒求卦请示妈祖，妈祖却挑了一只老船。众信徒以为神意不可逆，只得遵命，内心都惶恐不安。去程平安无事，回程遇到风暴，随行的船只惨遭灭顶，只有妈祖的船安然无恙。此因随行船只都是新船，行驶较快，以致冲入台风漩涡。而妈祖的船旧，行驶缓慢，得免于难。船靠港后，信徒走下奉驾妈祖的船只，发现有一袋米正好塞住船底的破洞。这一传说故事，无疑宣扬了妈祖的灵验，同时也强化了朝天宫的“正统”地位，对民间信徒的吸引力是相当大的。

新港奉天宫也不定期赴闽进香，林德政的《新港奉天宫》记载了奉天宫在清代曾四次赴闽进香，“清朝雍正八年，本宫赴大量湄洲祖庙谒祖进香，此后，在起龙四年、乾隆四十一年、嘉庆十七年，本宫都曾组团到湄洲祖庙谒祖并进香”。此外，大甲镇澜宫于乾隆年间建庙后，也定期返回湄洲谒祖。

安平天后宫位于台南市安南区，建于清康熙七年（1668 年），历史悠久，其后各地创建的重要妈祖宫庙均或多或少与该庙有着某种联系。安平天后宫每年举行一次的安平迎妈祖祭典，因其规模盛大，场面热烈而闻名全台。关于安平迎妈祖祭典的记载，最早见于清光绪十三年（1887 年）许南英的《窥园留草》，其中有一首台湾竹枝词，描述当时安平迎妈祖祭典的场面：“春晚罗衫适体轻，买舟廿日渡安平。旌旗簇拥天妃过，茶果香花夹道迎”。

最初的迎妈祖祭典，据说是迎送安平妈返回湄洲祖庙谒祖进香，台湾学者林鹤亭先生根据安平天后宫的遗物，认为清代时安平天后宫定例于每年三月二十日，设坛迎接往湄洲进香回来的安平妈，后来由于安平港淤浅，每年的迎妈祖祭典，则改由渡江到北线尾岛的鹿耳门港一带举行。据林鹤亭的采访所得，整个仪式的过程大致如下：

安平迎妈祖之赛会，在清代时必先祭江（台江）净船。三月二十日早上，地方官、兵勇、民、社团等齐集于今之金龙殿（西土地庙）前，奉香虔送妈祖渡江至北线尾（此地或称香山又名香堀），设祭坛插头旗（旗名称布兵旗），而后行送迎之饯接典礼。法师于坛前诵念“天上圣母起炉经”至礼成。而坛前所树头旗题示：“开台天上圣母湄洲进香回銮绕境全台平安”等字样。是日中午在香山野餐，俗谓“拍中午”（简单的中饭叫做“拍中午”，是为招待四方云集的随香客众的野餐，自昔已成惯例。是日之供餐，例由安平每届祭典轮流主办庙宇“社”来负责，于事先指派其社社民以及贸易商、渔业户担承供用。如米粉汤、菜粽、肉粽、碱糜、甜糜、绿豆汤之类，色色具备，用意周到，不怕勿得吃。但为顾到万一，生怕失地主之谊，另备许多干米粉以应急需。所以也有“香山米粉食袂泻”之谚语。此言吃米粉的，使汤水有不接，虽生用香山涌出的甘洌泉水，也毫无碍及卫生而引起泻肚之事。是喻妈祖之神灵显赫）。过午恭候圣驾回銮时刻，而请准筶始得启行。如筶准即烧金放炮复乘原船回銮抵安平绕境。如此每年一次迎妈祖赛会，一直热闹至圣诞后数日，尚继续不息。

据上述可推断出，当时采取的进香方式为遥祭。遥祭是台湾分灵宫庙在无法回大陆谒祖进香的情况下，组织香团前往登陆地点，面向大陆祖庙遥视祭拜的一种形式。安平迎妈祖祭典最初以前往湄洲进香为主，后因客观条件限制而无法成行，只得采取遥祭的形式。

清代安平迎妈祖的祭典盛况空前。早在农历三月初，全台各地的信徒与安平天后宫的分灵宫庙便陆续前来谒祖进香。迎妈祖前后的一连三五日是安平天后宫最为热闹的时候，各地善男信女、馆头及进香团潮涌而来，戏班、弦管团、彩棚、马队、蜈蚣阁等各种艺阵云集于此，进行各种表演，庆贺安平妈湄洲谒祖回来，并跟随安平妈神轿遍巡辖境，祈求全台平安。安平迎妈祖活动的火热场面，还可以从安平信徒中流行的一句俗谚“安平迎妈祖，百百旗有了了”中可见一斑。这是形容安平迎妈祖时，各地赶来的信徒与进香团制作的各种样式的旗帜，排列成长蛇在安平绕境时带来的恢宏气势。

日据时期，虽然面临着殖民者的重重关卡，但到福建祖庙进香仍然是妈祖信徒心中最大的愿望。一些信徒想方设法，绕过日本当局的种种限制，组织进香团取道香港或日本，到湄洲祖庙进香。据《台湾日日新报》记载，日据前期，台湾妈祖信徒到大陆进香至少有九次。信众们“拜妈祖，怀祖国”的情思特别浓烈，进香时，信徒们热切期望能够请回祖庙妈祖的分身神像，如1911年基隆庆安宫进香时请回黑面妈祖，这大大抬升了其在信徒心中的地位。

由于清代特别是清代早期，台湾正处于从移民社会过渡到定居社会的转型时期，大多妈祖信徒的经济状况尚不能承担长途进香所需的物资，加之渡海进香充满危险，因此从总体来看，清代大规模的跨海到福建祖庙的进香活动并不太多。但是，更多的信众便变通形式，采取到在台湾的妈祖开基庙进香的方式。当时，在台分庙到开基庙进香的活动十分普遍。

相传北港朝天宫供奉的妈祖神像是从福建湄洲分灵去的，因此其名气很大，拥有九十多座分庙，在不断的发展中成为台湾香火最盛的祖庙，这些分灵庙每年都要组织庞大的进香团前往朝天宫谒祖割火。每到农历三月二十三日妈祖诞辰，全台各地的分庙就联合起来，形成庞大的进香队伍，浩浩荡荡来此谒祖。进香途中，再联合沿途的庙宇，声势越发壮大，以致整个北港锣鼓喧天，到处弥漫着香火的烟雾。世居台湾的福建晋江人施琼芳（1815—1865年）在《北港进香词》中有此描写：“一路绿烟吹不断，南人北去北人南。郡南地暖春衣早，一入城中气候殊。莫怪浓阴连日酿，雨师风伯正清途。初闻神辇驻琳宫，山积黄阡一炬空。不用祇园金布施，僧囊已饱楮灰中。”可见，当时各地宫庙赴北港进香已经蔚为大观。

光绪三十四年（1908年），纵贯铁路全线通车，铁路的便利，使前往北港进香的信徒人数大大增加，每逢妈祖圣诞，铁路沿线的大站，如嘉义、彰化、台中等，火车内外人头攒动。

大甲镇澜宫肇建后，因主祀神妈祖来自福建湄洲，每隔数年，信徒便奉妈祖神像回湄洲谒祖进香。日据以后，镇澜宫的湄洲之行被迫停止。后来，由于朝天宫号称全台妈祖的信仰中心，镇澜宫便改往北港朝天宫进香。起初镇澜宫北港进香团由炉主负责，规模有限，仅有数十人参加，采取全程徒步的进香方式。当时交通不便，道路难行，特别是横穿大肚溪与浊水溪时更为危险。大肚溪水浅时，信徒们可以涉水而过，溪水暴涨时则需竹筏渡溪；浊水溪河床多是流沙，涉水时一不小心就会陷入或滑倒，故渡溪时必须由当地人作向导，引领信徒前行。进香团则先于溪边“卜杯”，请妈祖指示渡河时辰，再手拉手围在妈祖神轿旁，一鼓作气涉水而过。随着交通的日益方便，大甲进香团的规模也随之壮大，参加的信徒愈益增多。

从清末开始，大甲妈祖到北港进香，往返需要长途跋涉二百五六十公里，信徒们之所以能冒着危险，坚持不断，这与大甲妈祖的几则传说有很大关系。一则是镇澜宫大甲进香团请错北港妈的传说。相传某次大甲往北港进香，割火后准备启驾回銮时，因大甲妈与北港妈并列摆在神桌上，大甲人误将北港妈祖请走（该传说的另一版本则认为，大甲人请师傅雕刻一尊和北港妈相同的神像，在割火后故意掉包换走北港妈）。北港人发觉后，追到西螺想换回，但大甲人声称北港妈要随进香团回大甲，于是北港妈祖就这样被请到了大甲镇澜宫，据说从此“大甲妈”便突然灵验起来。由于有一尊北港妈被请到了大甲，所以每年妈祖诞辰，北港人都要请大甲妈回北港进香，并昵称大甲妈为“姑婆”。

另一传说则与大甲妈的灵验有关。大甲妈祖有“雨妈”之称，每年大甲进香团沿途所经之地，多会给当地带来大雨，为农田耕作提供了充足的水源，所以各地宫庙大多盛情邀请大甲妈进香绕境该地。信徒中还流传着“大甲妈祖兴外方”的说法。各地信徒坚持这一说法的可信性，积极参加大甲进香团的随香活动，祈求妈祖保佑风调雨顺。如云林县西螺镇吴厝里，某年大甲进香团经过时，由于道路难行，信徒遂踏过吴厝田间的花生地，结果当年花生采收时其产量竟远胜往年，获得了大丰收。此后，每当进香团路经此地，吴厝人均盛情邀请信徒与神轿绕过大路而改走路边的花生田。

彰化南瑶宫创建于乾隆年间，香火鼎盛，堪称台湾中部妈祖信徒的信仰中心。彰化南瑶宫建成后，每年均返回祖庙笨港天后宫谒祖进香（后改为十二年一次）。清时，彰化南瑶宫的笨港进香团规模庞大，香脚众多，远远超过当时的大甲镇澜宫进香团。

彰化南瑶宫的创建源起颇具传奇。相传在清雍正年间，彰化置县，招募外来窑工掘土烧砖，建造城池。笨港人杨谦前来应募时，将随身携带的笨港天后宫香火，放在砖窑膜拜，以求平安。城池建好后，杨谦返回笨港，匆忙中把妈祖香火遗失在砖窑里。一天，工人正在砖窑做工，有一女子大呼砖窑将陷，要大家赶紧逃命。工人刚一离开，砖窑便轰隆一声崩陷，而该女子也不知去向。此后每到夜深人静，砖窑里便散发出五色豪光，灿烂夺目。诧异的民众到砖窑探查究竟，赫然发现一袋妈祖香火，上书："笨港天后宫天后圣母香火，笨港南街杨谦奉祀"。民众见此奇迹，认为笨港妈祖的香火有意坐镇彰化，遂将香火暂时寄祀于附近的土地公庙。后来，由于香火灵验，远近民众前来祈祷者无不应验，妈祖香火日益兴旺。砖窑工人返乡，又将妈祖的信仰带往台湾中部各地，遍及彰化县与淡水厅一带。到乾隆三年（1738年），在陈式、吴佳声、黄景祺、林君、赖武等地方绅士的倡首下，附近民众集资合力兴建宫庙，雕塑五尊妈祖神像奉祀（后又增塑一妈祖像），并命名为南瑶宫。彰化在雍正元年（1723 年）设县后渐渐成为中部地区移民开垦的中心，南瑶宫遂亦成为中部地区妈祖信仰的中心。

因为彰化南瑶宫的香火来自笨港天后宫，所以在庙建后，信徒便自动组织香团返回笨港进香，最早在乾隆末年便开始了。嘉庆初年笨港天后宫毁于洪水后，彰化南瑶宫易笨港天后宫进香为"笨港进香"，频频前往承袭笨港天后宫香火的新港奉天宫及北港朝天宫二姊妹庙会香。在嘉、道年间，南瑶宫进香团的规模迅速扩大，道光十年（1830 年）刊印的《彰化县志》即载："天后圣母庙一在邑治南门外尾窑，岁往笨港进香，男女塞道，屡著灵应"。据新港奉天宫一位九十几岁的信徒林华嵩的回忆，日据时期南瑶宫至新港的会香盛况空前，近十万的香客把新港挤得水泄不通。

在南瑶宫到笨港进香的活动里，最具特色的仪式是"换龙袍礼"。每次南瑶宫到笨港进香，都要到南港杨谦及其后世家里探望，香客常常是以整个"青篮"的铜钱，捐给杨氏后代，用以答谢当年传引香火的恩德。后来次数多了，杨氏后代感到过意不去，请南瑶宫雕塑一尊妈祖金身送与他们奉祀，于是南瑶宫精雕了一尊与开基三妈同型的香面金身，送与杨氏后代奉祀。如此一代代的传承奉祀，杨氏的这尊妈祖像的服饰逐渐陈旧，与南瑶宫的妈祖像衣着有别。为表示尊崇，南瑶宫信徒利用笨港进香之机，精制龙袍给杨氏的这尊妈祖换上，换龙袍礼于焉而成。

彰化南瑶宫的进香队伍，或步行，或骑马，或乘车，高举“笨港天后宫谒祖进香”的旗帜，在南下与北返于彰化和笨港两地时，给沿途民众留下深刻的印象。值得注意的是，彰化南瑶宫的进香活动和先后成立的十大会妈会关系密切。为方便进香，南瑶宫信徒依地域、血缘、职业等不同标准组成会妈会，分别奉祀南瑶宫妈祖的不同分身。会妈会的任务就是轮流负责笨港进香事宜。有的会妈会还可集资建庙，奉南瑶宫为祖庙。由会妈会创建的分灵庙，每年回南瑶宫举行祭典，然后由会妈会联合笨港进香。

除了进香外，在台湾还有另外一种隆重祭祀妈祖的方式——绕境。所谓绕境，就是信徒把妈祖神像请出宫，并妆置在神轿里，由轿夫抬着绕村游行，在神轿前排列乐队、锣鼓队、彩旗队，组成游行队伍。每逢绕境，人们准备好祭品、香火，恭候在自家门口，游行队伍一到，便燃放鞭炮。不同祖籍地的居民都自愿提供费用，招待来自异地的信奉者食宿，供奉牲醴，演戏酬神。

绕境巡游在台湾寺庙间非常盛行。台湾分庙在谒祖进香前后，大多邀请福建祖庙或在台开基庙神灵绕境巡游，借助祖庙的神灵为当地消灾祈福，并借此仪式进一步增强与祖庙神灵的“血缘”联系。北港朝天宫是妈祖在台湾最主要的开基祖庙，在全台各地拥有数目众多的分灵宫庙，因此北港妈赴分灵庙的绕境巡游活动特别隆重。清代，北港妈赴台南、嘉义两地的巡历仪式令人瞩目。道咸年间台湾兵备道徐宗干，曾于《斯未信斋杂录》中论及北港妈前往台南府城绕境巡游的盛大场面：

壬子三月二十三日，为天后神诞。前期，台人循旧俗，迎嘉邑北港庙中神像至郡城庙供奉，并巡历城厢内外而回。焚香迎送者，日千万计。历年或来、或否，来则年丰民安。……十五日，同镇军谒庙，男妇蜂屯蚁聚，欲进门，非天后神轿夫执木板辟易之，不得前。……十六日，神舆出巡，舆夫皆黄衣为百夫长，手执小旗，众皆听其指挥。郡城各庙神像，先皆舁之出迎，复送天后出城而后返。举国若狂，虽极悉主人，神前不敢为匪；即素犯者，此时亦无畏忌，以迎神莫之敢撄也。

台南府城迎北港妈绕境巡游的祭祀仪式也别开生面，据李献璋的采访记录如下：

（台南）迎接的神轿，最先到与妈祖接头香者，北港妈祖给予接头香灯（高约一尺之竹骨纸糊者）。每一迎接的神轿，与北港妈初接头时，约须行三进三退之礼以表敬意，然后才一块儿进入城内。北港妈祖进城之后，首先要抬至太子亭，由大天后宫备办香花茶果，说声“三妈升座”，把她请上桌来，受两方董事人参香过二十分钟左右，再请三妈落轿，抬到药王庙去，站着受当事人参香. 然后才又抬回大天后宫升座、敬茶，并受信士礼拜。神轿出入，均须一一敲钟擂鼓，不在话下。

大甲镇澜宫妈祖绕境进香活动已历百年，南下至嘉义新港奉天宫后，再北返经云林、彰化、台中，沿途接受众多信众的参拜，俗称“三月疯妈祖”。

日据时期，台湾妈祖信仰处于日本殖民政府的皇民化的压榨下，众多信徒反而更坚定了对妈祖的信仰，拜妈祖、怀祖国的热情高涨。北港妈的出巡活动因各地信徒的虔诚邀请而日益频繁。据报道，自 1908 年之后，北港妈便开始积极接受全岛各地的迎奉，绕境区域由中南部扩大到整个台湾北部。

妈祖信仰在清代台湾代代相传，相沿承袭。从清代妈祖信仰在台湾的发展史来看，台湾民众中信仰妈祖的人越来越多，祭奉仪式也越来越繁杂。妈祖信徒坚信：从湄洲祖庙分灵到台湾各地的妈祖宫庙，不论建庙早晚，不论规模大小，其根源在湄洲，他们视到湄洲祖庙亲自接续香火为最大愿望，如同伊斯兰教徒朝拜麦加一样神圣。即便不能成行，也要变通为往台开基庙进香，以便寻根溯源。可以说，台湾崇拜妈祖不单是祈福消灾，而且还有更深一层的寻根怀祖的意味。如此，妈祖信仰一直以来就成为横跨台湾海峡，促进两岸交流的一条坚韧的精神纽带。

第十章 人 物

清代人才辈出，与台湾有关者更是英杰荟萃。其中，既有身居庙堂的名臣宿将，也有散落民间的草莽英雄；既有励精图治的治世良才，也有精通书画的艺术大家。在此，遴选其中十八位主要人物逐一述评。

施琅（1621—1696），字尊侯，号琢公，福建晋江人。少有识度，智勇出众。崇祯年间剿捕有功，明廷特授游击将军。永历时，郑成功据守厦门，施琅至厦门协助抗清，后因故叛郑降清获重用，荐授副总兵后，晋任同安总兵。

郑成功驱逐了盘踞台湾的荷兰殖民者后，郑氏政权据守台湾，与基本统一大陆的清王朝对抗，闽浙沿海长期备受战乱之苦。康熙即位后，对台基本政策由“议和”改为“征剿”。施琅被康熙任命为福建水师提督，于康熙三年（1664 年）十一月、次年五月，进军澎湖，皆因天时不利，风向莫测而中止。康熙四年（1665 年）四月，施琅又组织第三次进军，第二天中午已经到达澎湖海面，突然乌云翻滚，暴雨倾盆，船队失去控制，被迫返航。

康熙没有原谅施琅的退兵，下令撤销福建水师，提督施琅调进北京任“内大臣”，在北京一所富丽堂皇的宅院中，一住就是十三年。在这期间，施琅清闲自在，自得其乐，只是放不下统一台湾之事。

康熙二十一年（1682 年），清政府平定了“三藩”之乱后，施琅终于在李光地等大臣的力荐下，复任福建水师提督之职，加太子少保衔。他受命返回福建，相机进取台湾。施琅回到厦门后，便夜以继日，废寝忘食，一面整船，一面练兵，监工制造器械，躬亲挑选整搠，历时数月，使原来全无头绪的水师船坚兵练，事事全备。

康熙二十二（1683 年）六月十四日，施琅督率大军由铜山出发，很快攻克了郑氏集团在澎湖的守军刘国轩部，给郑氏集团以致命打击。此后，施琅一面加紧军事行动，一面对郑氏集团施以大义进行招抚。在施琅大军压境之下，郑氏集团自知大势已去，上表向清政府投降。八月十三日，施琅率领舟师到达台湾，刘国轩等带领文武官员军前迎接，各乡社百姓亦沿途“壶浆迎师”，台湾终于实现和平统一。因征台有功，施琅被清廷封为靖海侯，并准许在澎湖大山屿妈宫城内及台南城内样仔林街建生祠，称为“施将军祠”。

统一台湾后，廷议大多倾向“弃台”，独有靖海侯施琅力排众议，力陈留台的重要性，坚持保有台湾，并呈《恭陈台湾弃留论说》，给康熙皇帝剖析弃留利害得失。由于施琅的力陈，康熙二十三年（1684 年）四月，台湾第一次被纳入中国版图。清政府在台湾设置一府（台湾）三县（台湾、凤山、诸罗），设澎湖巡检，置分巡台厦兵备道及台湾镇总兵，隶福建省。同时，下令废除禁海与迁界，实行展界与开禁。从此，台湾的行政建制与大陆趋于一致，在政治上与福建连为一体。政治上的统一，为汉文化在台湾的进一步传播铺平了道路。

施琅入台之后，对郑氏集团不但不修旧怨，还亲往祭奠郑成功庙，对郑氏父子开辟台湾的功绩高度评价，表示自己率部克台是为国为民尽职，对郑成功毫无怨仇。他采取了一系列安抚政策，轻徭薄赋，鼓励发展经济，实现清初国家的完全统一，对巩固东南海防具有重要意义。

康熙三十五年（1696 年），施琅卒于住所，葬在惠安黄塘虎窟口，康熙为其加赠太子少傅，谥襄壮，命官三次谕祭，并于泉州府学前建祠祀之。其时，“两岛八闽皆颂德”，纷纷为之树碑扬誉。十九都有“靖海侯”坊，阳义辅立康熙制诗句“上将能宣力，南纪尽风流”，同安等地立“绩光铜柱”、“泽普南天”、“勋高大树”、“泽沛甘棠”等碑坊，表彰施琅的丰功伟绩。

郑成功（1624—1662），名森，字明俨，号大木，福建南安人。其父郑芝龙，是南明隆武朝“建安伯”，曾组织向台湾移民，积极开发台湾岛。清顺治二年（1645 年），二十一岁的郑成功在福州受到隆武帝朱聿键的召见，颇得赏识，被认为本家，赐他国姓（朱），改名成功，世称“国姓爷”。清顺治十年（1653 年），南明永历帝（朱由榔）又封他为“延平郡王”。

其父郑芝龙降清后，郑成功出走金门，誓死抗清。他以金门、厦门为根据地，与清军交战多年，曾一度打到南京城下，因骄兵致败。之后郑成功被迫回到厦门，但清军已经占领福建大部分地方，便决定向台湾发展。

台湾自古以来就是我国的领土。明朝末年，欧洲的荷兰人趁明王朝腐败无能，霸占了台湾的海岸，修建城堡，向台湾人民勒索苛捐杂税。台湾人民不断反抗，遭到了荷兰侵略军的镇压。郑成功少年时期就曾随父亲到过台湾，亲眼看到台湾人民遭受的苦难，早就想收复台湾。这一回，他下决心赶走侵略军。

顺治十八年（1661 年）三月，郑成功要他儿子郑经带领一部分军队留守厦门，自己亲率两千五百名将士，分乘几百艘战船，浩浩荡荡从金门出发。他们冒着风浪，越过台湾海峡，利用海水涨潮的时机，驶进了鹿耳门，登上台湾岛。台湾人民听到郑军来到，成群结队推着小车，提水端茶，迎接亲人。躲在城堡里的荷兰侵略军头目气急败坏地派了一百多个兵士冲来，郑成功一声号令，把敌军紧紧围住，杀了一个敌将，敌兵也溃散了。侵略军又调动一艘最大的军舰赫克托号，张牙舞爪地开了过来，阻止郑军的船只继续登岸。郑成功沉着镇定，指挥他的六十艘战船把赫克托号围住。郑军的战船小，行动灵活。郑成功号令一下，六十艘战船一齐发炮，赫克托号被打中沉没。其他三艘荷兰船一看形势不妙，掉头逃走。荷兰侵略军遭到惨败，龟缩在两座城里不敢应战。他们一面偷偷派人到巴达维亚（今爪哇）去搬救兵，一面派使者到郑军大营求和，说只要郑军肯退出台湾，他们宁愿献上十万两白银慰劳。

郑成功威严地说道，台湾本来是我国的领土，我们收回这地方，是理所当然的事，你们如果赖着不走，就把你们赶出去！郑成功喝退荷兰使者，派兵猛攻赤嵌。在围困了八个月之后，郑成功下令发起强攻。荷兰侵略军走投无路，只好扯起白旗投降。

顺治十八年十二月十三日（1662 年 2 月 1 日），侵略军头目被迫到郑成功大营，在投降书上签了字，灰溜溜地离开了台湾。郑成功收复了被荷兰侵占三十八年的台湾，写下《复台》诗：“开辟荆榛逐荷夷，十年始克复先基；田横尚有三千客，茹苦间关不忍离。”之后，郑成功奋力开发台湾，促进了台湾政治、经济、文化等方面的发展。

康熙元年（1662 年）七月郑成功病逝于台湾，年仅三十九岁。三百多年来，闽台人民十分敬仰郑成功，尊他为民族英雄，台湾人民尊他为“开台圣王”、“开台始祖”。

姚启圣（1624—1683），字熙止，号忧庵，浙江会稽人。自幼生长在豪富之家，聪明过人，喜欢练武，武艺高强，有豪侠之气。

在任福建布政使时，姚启圣为了尽快平定吴三桂的叛乱，首先捐资助军，将家产私财共五万两白银捐出，用于置办军械物资，以增强战斗力。作为武将，姚启圣一生最大的愿望就是台湾的统一。康熙二十年（1681 年），康熙皇帝决定进攻台湾时，他已经积劳成疾，但他仍时刻想着台湾的统一大业。姚启圣病刚见好，康熙帝便又委以重任，让他负责军队粮饷。姚启圣以国为重，没有休养就走马上任了。他首先全面统筹规划，罗致人才。其次，致力于招抚工作。姚启圣在漳州开设“修来馆”，并颁布归降的各种不同赏格，凡自称来自郑氏军中的均延致优待。由于姚启圣的招抚活动，郑氏集团很快土崩瓦解，军事实力大为削弱，台、澎兵力仅剩三四万人。再次，致力于军备建设，为武力攻取台湾作好人力、物力准备。姚启圣大造八浆船、双篷船，准备军饷，训练水师。为造船制军械，他将以前经商积累的资财几乎倾囊捐出。还广泛结交台澎方面人员，收集军情，伺机反间瓦解对方，为日后攻取澎湖决策提供了实地依据。

姚启圣与施琅在攻打台湾时是合作者。据陶元藻《全浙诗话》：“迨台湾之乱，冲锋陷阵，虽施琅功，然运筹帷幄，决胜千里，应时以输军饷，重犒以收士心，俾琅用兵多寡，出师缓急，靡不如意者，皆少保（即姚启圣）之力也。”

姚启圣还是个诗人，在徐世昌编的《晚晴诗汇》及钱仲联编的《清诗纪事》中，都收了姚启圣的诗。

吴沙（1731—1799），福建漳浦县人。乾隆三十八年（1773 年）渡海到台湾，先居淡水，再迁居鸡笼（今基隆），与蛤仔难（宜兰）的先住民从事番产交易历经多年。他的交易讲信用，深得蛤仔难人的信任。在通番市中，吴沙见宜兰中部一片荒芜，番人不善于耕作，便立志要开垦它。吴沙还帮助三籍（漳、泉、粤）移民入山伐木，抽藤自给，好多人都归附于他，其所开辟的土地也就更为广阔，逐渐成为移民团体的领袖。

乾隆五十二年（1787 年），吴沙开始筹划拓荒。他召集居住于淡水的汉人同伴，首先到与蛤仔难仅一山之隔的三貂社拓荒。时逢林爽文起义，林的残部进入三貂社附近。台湾知府杨廷理命令淡水同知徐梦麟派兵前往围堵缉捕，吴沙因对山势地理非常熟悉，于是被任命为军队向导，进行攻击行动。事平之后，吴沙因协助平乱有功，被封为“武信郎”，淡水同知徐梦麟以维持蛤仔难的地方治安并扩充国家版图于此地为交换条件，特授吴沙该地的开拓权。

嘉庆元年（1796 年），吴沙经过长期的准备，在许天送、朱合、洪掌谋的通力合作下，又得到淡水人柯有成、赵隆盛、何缋等人经济上的支持，招募并率领漳、泉、粤三籍流民一千多人，乡勇两百多人，通晓先住民语言者二十三人，浩浩荡荡地进垦乌石港南端，建立了汉人入垦的第一个据点——

头围（头城）。

汉人第一次大规模的移民行动，使得先住民惊恐不安，使出全力与汉人火并。吴沙的弟弟吴立在战斗中牺牲。后来，吴沙认识到与先住民争地只能智取不宜力争，依许天送的建议，退回三貂社。嘉庆二年（1797 年），噶玛兰人村社天花肆虐，许多人染患疾病，死伤颇众。吴沙懂得“岐黄医术”，以草药施救，使得传染病减缓许多，因此得到噶玛兰人的信任，愿意分地于吴沙拓垦，双方埋石设誓，共约不相侵扰。吴沙担心因为没有得到官方的许可，便私自垦拓荒地而获罪，便到淡水厅申请垦照，由淡防同知何茹莲发给“吴春郁”义首戳条，方便了垦务的进行。

为了尽量避免再惹起和先住民的摩擦，吴沙采取土地集体开拓方式，即将垦民组织成结（十数人为一结）、围（数十结为一围）等形式，形成严密而有系统的开垦群体。吴沙等人选定泰雅人与噶玛兰人之间的缓冲地带进入平原，次第辟筑了二围（二城，1797 年）、三围（三民村，1798 年），四围（吴沙村，1799 年）等地。他们对外招收佃农，订立乡约，征收稻谷，并开辟道路，沿着山脚，设立隘寮，保护行旅民众的安全。因此移民的拓殖事业进展快速。

嘉庆三年（1798 年）吴沙于“四围”病逝，享年六十八岁。吴沙以一介匹夫，披荆斩棘，致力垦殖，呕心沥血，领导垦民开拓了生存的新天地。咸丰八年（1858 年），头围县丞王兆鸿为他立下了“昭绩碑”，这是吴沙一生拓垦兰阳平原的最好见证，碑文上说：“布衣而建开辟之功，纤民而创不朽之业。”因此，吴沙被誉为台湾开发史上声名赫赫的“开兰始祖”。台湾同胞为了永久纪念吴沙，于礁溪乡的圆山建了一座吴沙纪念馆，以表达宜兰人民对他的崇敬之情。今宜兰市仍保存着专祀吴沙的昭德祠（又名吴沙殿）。

林朝英（1739－1816），字伯彦，号梅峰，台湾县（台南）人，祖籍福建漳州。他是一位艺术家，与林觉、谢管樵三人并称明清时代台湾画坛三杰。他二十九岁丧父，读书之余，还得料理家务。林家拥有商船往返于海峡两岸贸易，因此能直接从内地取得书画及资料，由于他的时代距郑板桥、李鱓较近，获得观摩他们作品的机会较多，所以受其影响较大。

林朝英对绘画、书法、雕刻无不精通。他的画以水墨花卉为主，笔下的芭蕉、荷花、梅、竹富有动态感；构图与他的行草字形有近似之趣，运用的笔墨也如他的书法一样苍劲。他的一幅自画像，于 1983 年第一次公开展示。

自画像上的林朝英穿皮袍戴帽，一名琴童随侍身侧。令人惊异的是他将自己画成睁一眼，闭一眼，个中原因，不得而知。他的书法特征是以画竹笔意写字，撇捺之间，似片片竹叶，潇洒出尘，人称“竹叶书”，但也有人说他得“鹅群体”的真髓。他还擅长雕刻，无论竹头或木瘿，经其雕刻，靡不成器。

林朝英也是一位慈善家，乐襄地方义举，筑城、修孔庙、救灾赈难，一再慷慨捐输。嘉庆初年，他自费万金倡修县学文庙。嘉庆十八年（1813年），他曾获清政府所颁“重道崇文”匾额，并赐从六品光禄寺置正职衔；两年后建石坊永为纪念，这座石坊今已移至台南市公园内。

杨廷理（1747－1813），字双梧，广西柳州马平县人。乾隆四十二年（1777年）考选拔贡，次年入京，朝考一等一名。初知福建侯官县。乾隆五十一年（1786年），迁台湾南路海防兼理番同知。同年十一月，天地会党人林爽文起事，进攻彰化，台湾知府孙景燧遇害，遂由杨廷理代理。为充实城中的防御力量，他手拿招募义勇旗于市街上，前后三天共募得八千人；又募得海口长年水手一千人，调征熟番一千人，共万余人。乾隆五十二年（1787年），杨廷理率众抵御，三战三捷，击溃了北路与中路的天地会党人。次年，移师南下，使台湾局势得以平定。

乾隆五十六年（1791年），杨廷理升分巡台湾道，加按察使衔；经理善后，遂积极以土石为建材改建府城，创台湾有土石城垣之始。乾隆六十年（1795年），因其在侯官任内挪用公款事发而被去职，并被谪戍伊犁。嘉庆八年（1803年）被赦还。嘉庆十一年（1806年），捐复知府职。是时，海盗蔡牵侵扰于海上，叠犯台湾，朝廷命杨廷理驰驿知台湾府事，杨廷理抵台后蔡牵已遁逃远去。但此年秋，朱渍扬帆窜入苏澳，谋夺蛤仔难之东势（今之宜兰境内），杨廷理率兵北上，至五围，集合耆老加以抚慰，又与熟番土目潘贤文及渍通等厚结，众受其鼓舞，皆愿效命。乡民林永福及翁清和愿率精壮拿下朱渍，杨廷理即令率番兵一千两百人，穿山辟路抵达苏澳，与南澳总兵王得禄合攻，朱渍大败而逃。从此蛤仔难之东、西势诸番皆愿依顺清政府。

杨廷理巡视蛤仔难之后，拟谋开发之策，但朝廷以其地处险远，民番杂处，以恐有变为由而不准许。嘉庆十五年（1810年）四月，总督方维甸巡台湾，抵艋舺（今万华），蛤仔难民番皆请求总督准予收入版图，于是才又命杨廷理前往勘查，并授以创始章程之责。杨廷理以台有业户，其弊颇多，主裁除。业户不从，劝谕再三，力裁之。并将筹办情形，条陈大府，而司中以台洋隔绝，事难而悬拟，请交台湾镇道议复。嘉庆十六年（1811 年），杨廷理署理淡水同知。次年七月，始收蛤仔难等地，设噶玛兰厅，由其任通判。同年十二月，杨廷理调建宁知府。

杨廷理在担任台湾最高地方长官期间，撰写了大量有影响力的诗文政论，是中国历史上第一个明确提出开发台湾东北部噶玛兰（今宜兰）的人，并完成了噶玛兰厅的设置。他一生从政，大部分时间在台湾度过，曾三次任台湾知府，为清王朝开发治理台湾立下汗马功劳，特别是对噶玛兰的开发作出了历史性的贡献，被称为“开兰名官”。据《噶玛兰厅志》记载，杨廷理离开噶玛兰后，“厅人思其创建之功，设主于文昌坛右，生为祀之”。后又在文昌坛奉祀长生禄位，名为“杨公祠”，今宜兰昭应宫内也奉有杨廷理的木像。

王得禄（1770－1841），字百遒，号玉峰，生于台湾嘉义一带，祖籍江西。天地会党人林爽文起事之时，王得禄家捐资助官军招募乡勇，王得禄被授予把总。次年，天地会党人复围城，王得禄从总兵柴大纪固守。解围后，率乡勇搜捕大坪顶等处“党人”，焚琅峤“贼巢”，擒获贼首庄大田。台湾局势平定后，王得禄得赐花翎、五品顶戴，迁千总。

其后，王得禄历年出洋捕海盗，素称勇敢，累擢金门营游击。嘉庆七年（1802 年），从李长庚击蔡牵于东沪洋，擒贼目徐业等百余人，又擒吕送于崇武洋，被奖叙。嘉庆九年（1804 年），从总兵罗仁太击贼于虎头山洋面，获船械甚多。嘉庆十年（1805 年），在虎井洋击败蔡牵，署澎湖协副将。嘉庆十一年（1806 年）春，蔡牵侵入台湾，围府城。李长庚令王得禄与许松年驾小舟自安平港进入侦察，他们于夜晚纵火焚贼舟，遂入屯柴头港。次日，贼自洲仔尾攻府城北门，王得禄率兵在后面跟踪，与城内军队夹击，打败贼军，乘胜追至洲仔尾，大破贼营。同年五月，蔡牵又窜至鹿耳门，王得禄首先冲击，截获贼船十艘，击沉十一艘，遂加总兵衔，寻擢福宁镇总兵。

嘉庆十二年（1807 年），他调南澳镇。李长庚战亡后，他与邱良功继任军事。嘉庆十三年（1808 年），王得禄擢浙江提督，既而调福建。时阮元再任浙江巡抚，张师诚为福建巡抚，两省合力，同心灭贼。嘉庆十四年（1809 年）八月，同击蔡牵于定海渔山，并追至黑水洋，合击累日。酣战之际，邱良功舟伤暂退，王得禄指挥舟进，附蔡牵舟，使诸贼党隔不得援。蔡牵弹药用尽，以番银代，王得禄额腕皆伤，掷火焚蔡牵舟尾楼，复冲断其柁。最后，蔡牵以炮自裂其舟沉海。朝廷下诏以蔡牵肆逆十四年之久，终被歼灭，厥功甚伟，锡封王得禄二等子爵，赐双眼花翎。其后蔡牵余党一千两百人皆降，海盗遂息。

王得禄为福建提督历十载，屡陈缉捕事宜，改定水师船制，皆如议行。嘉庆二十五年（1820 年），调浙江提督。道光元年（1821 年），乞病归。道光十二年（1832 年），台湾张丙作乱，王得禄率家属擒贼目张红头等，加太子少保。道光十八年（1838 年），台匪沈和肆掠，复输粮助守，晋太子太保。道光二十一年（1841 年），英国挑起鸦片战争侵犯厦门，他又奉命驻守澎湖。次年病逝于防次，享年七十二岁，死后追赠伯爵，加太子太师衔。

王得禄是清朝台湾籍人武官中官衔最高者。台湾省嘉义六脚乡建有王得禄墓，两侧分列有石人、石马、石狮、石龙、石凤等，是全台湾现存规模最大、建筑最宏伟的古墓，为台湾省一级古迹。

姚莹（1785－1853），字石甫，号明叔，安徽桐城人。姚莹是清代著名思想家，也是清代最早了解世界潮流的文人，他曾于嘉庆末年和道光初年任台湾县令。道光十八年（1838 年），他出任台湾兵备道，加按察使衔。任内根据台湾孤悬海外，又是“闽海要区”的特点，积极加强防务。

道光二十一年（1840 年），英国发动了对中国觊觎已久的鸦片战争，姚莹同总兵达洪阿一同率军奋力抵抗侵台英军。七月初，英国侵略军进犯厦门，被邓廷桢击退后又北驶浙江，攻占了防御薄弱的定海。定海失守，台湾形势紧张起来。姚莹和达洪阿在军情紧急的情况下，同心协力，调集一万两千多弁兵、屯丁、水勇，分守澎湖、安平、鸡笼、淡水诸要口，增设炮台，整备战具。姚莹又亲往南北各地，募集义勇四万七千余名，半数保卫家乡，半数听候调遣。此外，还动员群众在府城周围密树木栅，择险挖壕设伏，并准备事急时将载有巨石的旧船沉塞其他次要港口。

道光二十年（1841 年）八月二十一日，英军二次北犯，攻占厦门鼓浪屿，再陷定海，镇海、宁波也相继失守，中国军队连遭严重挫败，沿海震动。尤其厦门的失守对于台湾来说极为不利

九月三十日，台湾第一次保卫战在基隆爆发。是日晨，英军舰纳尔不达号驶入基隆港，首先发炮轰击二沙湾炮台，打坏兵房。台湾守军开炮还击，英舰桅折索断，慌忙外逃，在纷乱中触礁破碎。侵略军纷纷落水，被追击的守军当场击杀三十三名，俘获一百三十三人，缴获大炮十余门。这是中英开

战以来我方的第一次胜利。道光帝闻报大喜，下旨赏达洪阿、姚莹顶戴花翎，从优议叙。

英军占有镇海、宁波之后，不久即派船前来索还被俘之人。十月十九日，英船到达基隆港外，派人入港索要俘虏，守军置之不理。二十七日，英舰闯入港内，大炮齐发，炸坏炮台石堡和营房数处、哨船一只、大炮五门。守军开炮还击，打死侵略者两名，英舰才狼狈逃回。这次战役，姚莹获赏云都尉世职，达洪阿获赏骑都尉世职。

道光二十二年（1842 年）三月五日，英舰阿恩号在大安港外游弋窥探，姚莹、达洪阿遵照“不与海上争锋”的战略，命令将士“以计诱其搁浅，设伏歼擒”。十一日，阿恩号到大安港外，台湾渔船诱骗其进入土地公港，为暗礁搁浅。台湾伏兵乘势发炮攻击，击沉阿恩号，打死侵略英军数十名，生俘五十人，粤汉奸五名，夺获大炮十门。这是中英开战以来的又一次大捷，经上报，道光帝嘉悦之至，特旨赏封达洪阿太子太保衔，姚莹二品顶戴。

经过这两次重创后，英舰再不敢轻犯台湾，只能勾结一些沿海“草鸟匪船”进行骚扰，被守军击破击沉几只后也不得逞而去。

两次大捷中俘获的英军俘虏两百余名，经姚莹审问取证后，奏请朝廷就地正法。道光帝允准，让其在台正法，以抒积愤而快人心。当时闽浙总督怡良担心会引起英军报复，要求姚莹将这些俘虏解往福州，准备释放。姚莹断然拒绝。

英侵略者虽然在台湾一再失利，但却连续攻陷了厦门、定海、宁波、镇江、上海，进逼南京。清政府被迫求和，于道光二十二年（1842 年）八月二十九日签订了第一个不平等条约《南京条约》。英国人对处决了英俘的姚莹恨之入骨，以“杀害英国难民”的罪名，要求将姚莹“去官正法”。

道光二十三年（1843 年）四月二十三日，上谕将姚莹、达洪阿二人革职，投入狱中。对于姚莹，道光帝免予治罪，贬四川，不久又遣往西藏。道光二十八年（1848 年）姚莹因病返回安徽原籍。咸丰元年（1851 年），被授予湖北武昌盐法道，广西、湖南按察使，咸丰三年（1853 年）在广西病故。

吕恒安（1789 - 1866），字寿山，号松龄，山东清平县（今临清）人，清代驻台湾镇总兵。嘉庆十五年（1810 年）他中乡试武举，嘉庆二十年（1815 年）中武进士。先后担任花翎侍卫、江西南昌营都司、福建汀州中营游击、长福营参将、闽浙督标中营副将。道光二十八年（1848年），升任台湾镇标总兵。

刚刚抵达台湾任上不久，台湾劣绅勾结英国驻台人员以为吕恒安接风为名，暗中买通奸细于席间谋杀。酒刚过三巡，一彪形大汉忽然站起来，用刀子刺起一块肉，笑着对吕将军说道：久闻大人喜欢吃方肉，今日小的特来敬献。吕将军已经了解到了台湾形势的严峻，明知是计，但没有推辞，冷眼看了一眼，笑道："敢劳大驾赐肉，吕某三生有幸。"说罢，张嘴就把刀子连同肉含在口中，只见吕将军唇齿紧闭，二目圆睁，使刀子欲进不能，欲拔不得，立时僵在那里。只听"咔嚓"一声，刃锋断碎，遂喷出口外，击落了奸细的帽缨。吕将军问道："肉中何来鱼刺，罕见罕见！"在场的人目瞪口呆，都没有人敢再答话。吕将军"衔肉喷刺"的举动令那些心存不轨的人胆战心惊。

随后，吕恒安立即着手台湾兵备治理。首先公示全军对原来的派系争斗既往不咎，但今后必须从严做起。他又从军粮军饷的发放开始整顿，规定所有军营的配给一律改为公开发放，严禁侵吞克扣。对将领们他加强教育，多方做工作，化解夙怨，强调以国家大事为先，不要单纯考虑自己个人的利益，要精诚团结，共同为治理好台湾而努力。几个月后，将士被其诚心所感动，被他的才能所威慑。

吕恒安禁止台湾驻军滋扰百姓。他令凡是再有抢夺百姓财物的，当场可以乱棍打死；凡是偷窃者，立即交县衙审理，追查销赃源头，一起惩治；凡是打架斗殴，造谣生事的，也要严加处理。吕恒安严格命令水陆各营，要像内陆兵营一样，每天都要按时操练，并加强搏击和射箭的训练。各营训练计划和记录要按时呈报审阅，并据此作为赏罚的重要依据。从此以后，兵士和老百姓的关系开始融洽起来。

在军事装备上，吕恒安也做出了一些较大的举措。他把已经钝化的兵器全部销毁，重新打造了坚利的兵器；赶制了上千杆长枪，几百把短刀；在每只战船上都装备了四尊能装上百斤火药的大炮；每个兵营还装备了火枪火炮的防雨油布。这些措施有力地加强了军队的战斗力量。他深知要威镇凶逆，必须依赖军队，因此他对这些考虑的非常周到，力图招之即来，来之能战。

道光二十八年（1848年）九月，淡水厅和葛玛兰厅被大水淹没；十一月二日，十一月八日，台湾连续发生七级强烈地震，嘉义、鹿港、彰化三地最为严重。吕恒安率将领立即投入到救灾的行动中，他下令各地火速查实受灾情况。得知被淹居民六千余户，受灾人民三万多人，两千多人死亡，倒塌房屋一万四千多间。他当即下令，先用库银划拨，积极倡导各地绅士捐资赈灾，同时上奏皇上给予紧急援助。在他的倡导下，各地官绅纷纷捐献银两，没有出现灾民流离失所的情况。“思民于己，拯民于水。”这使吕将军更加赢得了台湾军民的爱戴。救灾的同时，吕将军针对实情，制定了紧急治安措施。下令凡是趁火打劫，乘机危害乡里的，必须立即惩治。各地官员共缉拿了以黄来兴为首的二十多名罪犯，并立即正法。

吕恒安还积极上书，请求加强海防力量，然而清政府对台湾疏于治理，再加上统治者的海防意识淡薄，始终未能拨给台湾军事设备所必需的银两。道光二十九年（1849 年）春夏之交，英国残余鸦片贩子勾结台湾当地的不法分子，屡次骚扰台湾海防。巡洋守备杨朝喜贻误战机，逗留观望，被吕将军立即革职查办。他派遣安平协副将郭扬声和艋舺营参将苏斐然共同出击，给了英寇沉重的打击。活捉英寇及海匪近百名；解救被掳的民船六只，渔民几十人；缴获敌船十三艘，稍加整修后，充实到海防中去，使十几年来因军费不足，战船未添造一只的台湾海防得到了加强，台湾海防初步得到了稳固。

由于过度操劳，吕恒安身体日渐虚弱，直至心神不稳。道光三十年（1850 年），吕恒安决心引退。下属们极力劝阻他，他说：“台湾决不是我辈安享的地方，我不能耽误国家的大事。”次年，皇帝准其开缺，回原籍调理。台湾民众得知吕恒安即将离去，奔走传告，无不惋惜。前来送别的将领、士兵和地方绅士、普通百姓，连绵几十里。有的人竟伏在地上大声啼哭起来。

吕恒安戎马一生，以忠贞之志和干济之才，报效于国家，驻台期间，强兵富民，治绩卓著，深受士兵和百姓的拥戴。

沈葆桢（1820—1879），原名振宗，字幼丹，福建侯官（属今福州）人，道光进士，林则徐女婿。初任监察御史，咸丰十一年（1861 年）任江西巡抚，镇压太平军，捕杀幼天王洪天贵福，同治五年（1866 年）调任福建船政大臣，主办福州船政局。同治十三年（1874 年），日本入侵台湾，清政府派沈葆桢为钦差大臣，赴台办理海防，兼理各国事务大臣，筹划海防事宜，办理日本撤兵交涉。沈葆桢利用办理日军侵台的善后事宜为契机，大力开创台湾建设的新局面，开始了他在台湾的近代化倡导之路。

首先，在军事上，为防卫台南府城安全，聘请法国工程师在安平设计建造了一座安放西洋巨炮的堡垒，就是现在的“亿载金城”。此外沈葆桢还在台湾南端修筑城池，建为恒春城。沈葆桢认为台湾军政积弊太深，主张福建巡抚移驻台湾。清政府采纳了沈葆桢的建议，从光绪元年（1875年）十一月起定为福建巡抚冬春驻台，夏秋驻福州，以为兼顾之计，这一制度为日后台湾正式建省奠定了良好的基础。

其次，开山抚番。把政教建设扩展到东部后山。鼓励后山的垦殖与所谓“抚番”，都与加强对先住民的治理密切相关。“抚番”与“开山”、“开路”相辅而行。自光绪元年（1875年）开始，这项工作即大规模开展，调兵十九营分三路开山。南路：一由凤山的赤山越山至卑南（台东），一由社寮循海岸东行到卑南；中路：由彰化的林圯埔越山至璞石阁（玉里）；北路：自苏澳沿海岸至奇莱（花莲），均于一年内完成。“开山抚番”使东西海岸连成一片，有利于巩固海防，同时对促进东部的开发和汉族与先住民的交往都有重要的意义。

第三，废止渡台禁令。光绪元年（1875年）二月，台湾正式全面开放，中国人可以自由移民台湾，开垦土地。沈葆桢分别在厦门、汕头、香港设立招垦局，到台湾的人可得到船票，种子、房屋搭盖费及一年半的口粮，又可以分到水田、旱地各一甲。每十人分得耕牛四头、农具四副，而且三年后才开始征收租赋。

第五，增设府县。沈葆桢刚到台湾时，军政文教重心都在南部，当时的行政区域为台湾一府，管辖台湾（台南）、凤山、嘉义、彰化，四县和淡水、噶玛兰（宜兰）两厅。为了更方便治理台湾各地，沈葆桢扩散行政辖区，改淡水厅为新竹县，噶玛兰厅为宜兰县，在艋舺增设淡水县，都归新设立的台北府管辖。从此，台湾的发展重心开始逐渐北移。

沈葆桢在台湾的筹防活动是保卫台湾和建设台湾的统一，他是在台湾兴办洋务的第一人。自沈葆桢始，台湾的开发和建设出现一大转折，社会经济发展相当迅速。

光绪五年（1879年），沈葆桢病逝。清政府给他赠太子太保衔，入祀贤良祠，并准在江西及各立功省份建专祠祭奠，谥文肃公。

丁日昌（1823－1882），字禹生，亦作雨生。广东丰顺县人。清代改革家、大藏书家。历任江苏巡抚、福建巡抚诸要职。

光绪元年（1875年），入京陛见后，他以病请假回籍调理。清政府命他赴津帮同北洋大臣李鸿章商办事务，十一月，任福建巡抚，兼船政大臣。当时台湾府土著多事，丁日昌抱病赴台巡视，民心安定。他还派兵平定凤山县境内悉茫社及狮头、龟纹诸社的动乱，立善后章程约束。台湾中部水埔等六社不谙树艺，丁日昌命雇汉人代耕。又命令地方当局按口给土著银两与粮食，教其耕作之法，并广设义学，教土著识字。又奏罢台湾府属渔户税和其他杂税，并上奏：台湾若不认真整顿，不出数年，日本必出兵侵占，因而主张筑铁路、开矿产，用关税等赋税造轮船，增开航路。

丁日昌精心筹划台湾防务，很快便向清政府提出在台湾修筑铁路和开办电报业务的建议。光绪二年（1876 年），丁日昌奏准将拆毁的吴淞铁路铁轨运到台湾，修建中国第一条经政府批准修建的铁路，可惜终因经费不足，无法开工。光绪三年（1877 年）十月，丁日昌建成台湾府至安平、旗后共长九十五里的陆上电线，并设立了三个电报局，这是全国最早的自办电报业务。沈葆桢时代就开始兴建的机械开采基隆煤矿，也于光绪三年（1877 年）九月开始出煤，日产原煤近四十吨，是中国最早投产的现代煤矿。

丁日昌好藏书，多宋元校钞本，编有《持静斋书目》五卷，当时与范氏天一阁、黄氏百宋一廛齐名。

刘铭传（1836－1896），字省三，号大潜山人，安徽合肥人。刘铭传系贫农、地方游勇出身，因协助平定太平天国、捻军而投入湘军、淮军，转而成为地方团练领袖，并开始接触西学及洋务运动新知识分子。

光绪十年（1884 年）七月，正值中法战争爆发之际，刘铭传奉旨督办台湾军务，领导台湾军民英勇抗击了法国入侵者。光绪十一年（1885 年），清政府宣布台湾建省，因在中法战争中保台有功，刘铭传被派为第一任台湾巡抚，在台期间，他大刀阔斧扩展各项现代化建设，包括军事、制度、教育、交通各层面的改革，希望以一隅之设施为全国之范，以一岛基国之富强。

设防：经过战争检验和对全台战略形势的考察，刘铭传十分清醒地认识到澎湖作为台湾海峡咽喉部位的重要性。因而他坚持把防务重点放在台北，包括基隆至淡水一线，购买重磅的克虏伯巨炮（至今还保存在这两处炮台遗址上），修筑炮台，开办军港。

练兵：与设防相关的是练兵，也就是提高台湾驻军的军事素质，当时全台的战略部署是台南和澎湖十五营，台北和宜兰十五营，台中新竹、嘉义、彰化拟部署五营。刘铭传认为，台湾军务号令久已废弛，湘淮各军也成了强弩之末，因此，为了未来反侵略战争的需要，就必须加强部队的训练，整顿营伍积习。

清赋，就是理财。刘铭传从清丈土地开始，进而全面清理整顿赋税。经过三年的时间，台湾田地面积从赋前七万余甲，增加了四倍，共约三十甲，税收也增加大约三倍。又设官银局造银币，每年数十万两，这是台湾自造银元之始。

兴建铁路，设立电灯：台北到基隆的铁路于光绪十三年（1887 年）动工，光绪十七年（1891 年）完工通车，两年后延伸到新竹，这是中国第一条官办且运客的铁路。他还从国外引进蒸汽碾路机，将台北城街道碾平，铺上石块或石板，于石板街道上架电线杆装路灯，改善台北城的夜间照明。

架设电报线，设立邮局：从南到北普遍架设了电报线，当时主要城市如嘉义、台南、彰化、新竹、台北、基隆都已设有电报局，电报总局则设在台北，并完成台北经淡水到福州的电报线架设。他还参考中国海关邮政的例子，在台北设立台湾邮政总局，于全省各地广设邮局，并订下局寄路线与送信时间。

设新式学堂：他于台北大稻埕六馆街创西学堂，除教授中国经史文字外，还包括英、法、德文，史地、测算、数学等，这是台湾第一个新式学堂；另于大稻埕建昌街设电报学堂，以培训电报发送及业务人才。

刘铭传驻台虽仅六年时间，但他锐意推动各项新式改革措施，健全财政制度，为台湾现代化建设奠定了良好的基础。台湾有今天的经济成就，刘铭传居功厥伟，不愧为台湾现代化的推动者。

刘永福（1837—1917），本名义，字渊亭，广西上思人。雇工出身，原为广西天地会领袖，同治四年（1865 年）起义失败，受清政府镇压，率三百人出镇南关（今友谊关），在中越边境保胜一带，开辟山林，聚众耕牧，号“黑旗军”。刘永福胆气过人，重信爱士，故所部皆鼎力拥戴之。刘永福率黑旗军驻越南二十余年，与越南人民建立了深厚的友谊。中法战争时，他因帮助越南政府抗击法国侵略军而名闻中外。

中法战争后，清政府在法国的压力下，于光绪十一年（1885 年）四月到六月，连颁九道上谕，以“赏给依博德恩巴图鲁名号，并赏给三代一品封典”为诱饵，诱逼刘永福回国。十月，刘永福率三千黑旗兵入关回国，清政府下令将黑旗军裁减大半，只留一千两百人。光绪十二年（1886 年）四月，任刘永福为南澳镇总兵。此后，黑旗兵又被历年裁撤，最后只剩三百余人。

光绪二十年（1894 年）七月，甲午战争爆发。因台湾地理位置重要，清政府命刘永福赴台，帮同台湾巡抚邵友濂办理防务。八月，刘永福率两营黑旗军赴台北，后又奉令移驻台南，将所部增至八营，仍称黑旗军。

光绪二十一年（1895 年）四月，清政府战败求和，与日本签订《马关条约》，把台湾全岛及附属各岛屿割让给日本。六月初，日军由三貂角澳底登陆进逼台北。刘永福在台南草拟了《盟约书》，发出联合抗日的号召。表示为保卫国土，万死不辞。日本侵略者早已耳闻刘永福的声威，欲以重金为诱饵，诱使刘永福弃台内渡。对此，刘永福毫不动摇，当即发回了义正词严的《驳降书》，申明了誓死抗战的决心。

当时，台湾各地纷纷创办抗日义军，少则三四百，多则七八百以至千余众。他们云集于刘永福抗日保台的旗下，英勇作战，共御外侮。

侵台日军在攻陷台北后，即以台北为基地，出动大批军队兵分两路，直扑台中。另出动大批战舰，从海路包抄台南，妄图实行水陆夹击，一举歼灭台中、台南的抗日武装力量。面对强敌压境，刘永福镇定而迅速地组织台湾人民进行英勇的抵抗。六月，日本侵略者派出两艘战舰偷袭台南的海港安平口，企图从这里登陆。刘永福亲自发炮轰击，日寇见台湾沿海军民严阵以待，无隙可乘，被迫暂时放弃从海上包抄的打算，而加强对台中的陆路进犯。

日军在占领台北后，随即转向台中，南下入侵新竹。刘永福令副将杨紫云统领新楚军会同台湾生员吴汤兴、姜绍祖、徐骧等领导的台湾义民军与日军相持月余，大小二十余战，歼灭大量日军。八月初，黑旗军联合徐骧等义民军会攻新竹，连获大捷。八月二十三日，日军大举反扑失败，大甲溪丧失。二十八日，日军大举攻山，吴彭年、吴汤兴阵亡。黑旗军精锐七星队三百余人奋战牺牲。八卦山、彰化失守。继之，云林、苗栗亦陷。日军进逼嘉义。在此危急关头，刘永福亲赴嘉义前敌诸营，指授兵机。又令部将王得标守嘉义城，令部将杨泗洪节制前敌黑旗军各营及各地义军组织进攻。各路义军密切配合，连获大捷，相继收复云林、苗栗，进至彰化，军威复振。但此时，台湾抗战各军饷械均已告罄，刘永福派人回内地筹饷，仅敷前营伙食，后来连伙食也发不出。刘永福悲叹不已。

九月十一日，日军增援台湾的第二师团到达台北，在海军配合下，大举南犯。十月九日攻陷嘉义。十日和十一日，日军在布袋嘴和枋寮登陆，分兵进逼台南。十月中旬，日本侵略军又集中兵力南北夹攻台南。面对日寇的疯狂进攻，刘永福组织抗日义军进行最后抵抗，与日寇决一死战。这时，台湾军民坚持抗日已四个多月了，缺粮饷、少军械的情况越来越严重，部属要求刘永福接济，但他已无能为力。十月十五日，日军进攻台南城，刘永福驻安平炮台，策应台南城中守军。当时，各军士都已饿得不能起立，无力应战。十七日，日军攻安平炮台，刘永福亲自发炮，歼敌数十人。十八日，台南城中弹尽粮绝，守军溃散。在这种情况下，刘永福深感回天无力，便听从众部将的建议，于十九日晚带领十多名部将乘英国商船退回大陆。而其他仍在台的黑旗军将士则坚持与日军血战到底，最后绝大部分光荣殉国。

在整整五个月的艰辛斗争中，刘永福身先士卒，领导台湾爱国军民前赴后继，浴血奋战，给日本侵略者以极其沉重的打击，共杀死杀伤日寇官兵三万多人，并击毙了侵台主力军近卫师团长北白川能久中将、旅团长山根信成少将。日本侵略者在侵台中所付出的惨重代价，超过其在整个甲午战争海陆主战场上所付代价的一倍以上。刘永福领导的抗日保台斗争，也成为中华民族反抗帝国主义侵略的悲壮篇章，充分显示了中华民族不畏强暴，勇于斗争，誓死捍卫民族尊严和领土完整的气概和勇气。

刘永福内渡后，光绪二十八年（1902 年）署广东碣石镇总兵。1911 年广东独立后，他被推为广东民团总长，后辞职回籍。1915 年，日本向袁世凯提出灭亡中国的《二十一条》，将近八十岁的刘永福义愤填膺，要求重上战场。1917 年 1 月，病逝于家中。

林维源（1840 – 1905），字时甫，生于台北淡水，祖籍厦门龙海县，是清代台湾首富板桥林家第四代。

林维源少年时代曾与兄长一起到厦门，拜举人陈南金（梦三）为师。咸丰七年（1857 年），他父亲林国华去世，十九岁的林维源回台，与兄长林维让共同继承父业“林本源记”。他在先人的百年基业上又苦心经营了五十多年，将家业推到了巅峰状态，成为全台首富。

林维源的先祖善于致富，父辈善于守富，而他则善于用富，屡次捐资兴台、护台。光绪二年（1876 年），福建巡抚丁日昌巡视台湾，筹商防务。林维源捐洋银五十万两。光绪五年（1879 年），台北知府陈星聚奉命建造台北府城，林维源负责督修一部分城墙和城楼，并捐资一万三千两百元；同年六月二十五日，他捐献海防军费六十万两银，荣任内阁中书，追赠三代一品封典，赐建“乐善好施”坊于台北新庄。他还同厦门人李春生一起捐资，模仿西式建筑，在台北大稻埕合建千秋街和建昌街，吸引中外商家到此营业。光绪九年（1883 年），他捐银二十万两，办理团练，招募水陆勇士，以应防务之需。光绪十年（1884年），中法战争爆发，法国舰队进犯基隆，刘铭传率军守卫，林维源也召集林氏族人五百多人，开赴淡水沪尾前线助战。为解决北台湾各军粮亏饷缺的难题，林维源又捐银二十万两。

光绪十一年（1885年）十月十二日，台湾正式建省，刘铭传就任首任巡抚，林维源又捐银五十万两。刘铭传任命林维源为抚垦局总办，综理全省抚垦工作。林维源全力支持刘铭传实行设防、抚番、清赋等项措施。

在招抚番民的过程中，尚未开化的先住民时有反复，甚至有番社酋长率众杀人抢物，将首级立竿示威。刘铭传出兵讨平，林维源紧随其侧；有时则亲赴山地督剿起事造反的番民，元凶不赦，余众则不加追究。林维源也施展文治之策。他在抚垦局下设立义塾，收容几千名番童，施与教育；在台北天后宫设立番学堂，除授课外，每三天一次到台北城中参观，以开启他们的眼界。林维源每年数次率领大溪的男女番民，到板桥参观文物。这样，抚垦制度获得了良好效果，全台生番，一律归化，逆首就擒，台北沿山的番地也遍植茶树，没有旷土，而宜兰则开设河道，垦田万亩。

光绪十四年（1888年）起，刘铭传委托林维源负责北台湾的清丈事宜。林维源督率人马，对家家户户的田园、土地进行勘丈、校核，按亩数及肥瘦增减定赋。由于规划精详，处置公平，受到广大群众欢迎。两年后工作完成，多清理出四百多万亩田园，使赋税由原来的一年十八万两激增至七十万两。清政府大喜过望，授林维源太仆寺正卿，赐侍郎衔。

甲午战争爆发后，林维源受命为督办全台团防大臣，报效三营乡勇，自备粮饷，择险据守。光绪二十一年（1895年）四月十八日，清政府准代理巡抚唐景崧向林维源借款一百万两银以贴补防费，后因粮饷两缺且战事紧张，再追借四十万两银，林维源勉力又捐八万。《马关条约》割让台湾给日本的消息传来，全台悲愤，决心死守，志士们于光绪二十一年（1895年）六月十七日成立台湾民主国，推唐景崧为总统，林维源为议院议长。林维源起初答应就任，并献重金作为军费。但唐景崧虽然口头号召军民团结抗日，却行动迟缓，措施不力。林维源见兵多乌合，帅无斗志，仰天浩叹，只好服从清政府要他撤回大陆的命令，于六月二十五日夜内渡厦门，在鼓浪屿鹿礁路11－19号林氏府，度过他生命的最后十年。

林维源内渡后，还通过当时的得忌利士洋行买办薛崇谷资助台湾各地抗日义军，林家原来的兵勇也奋力抵抗，武器、弹药藏在其板桥别墅及各地租馆。

光绪二十七年（1901 年）四月十九日，日本在台民政长官后滕新平，专程到鼓浪屿登门造访，想以林家在台湾有亿万财产为钓饵，促使他返台加入日籍。林维源拒绝了利诱，保持了民族气节，终其晚年，未再返台，更未加入日籍。

丘逢甲（1864—1912），字仙根，又字仲阏，号仓海，又号蛰庵、蛰仙等，台湾苗栗县人。丘逢甲自幼天资聪颖，读书过目不忘，在其父教授下，六七岁即能吟读、属对。十四岁时赴台南应童子试，获全台第一，受闽抚兼学台丁日昌注意，特赠“东宁才子”印一方，由此闻名全台。光绪十四年（1888 年）参加乡试，中试为举人。第二年春，赴京参加会试，中进士，钦点工部虞衡司主事。此时丘逢甲年仅二十六岁，但他却无意仕途，辞归故乡，专意养士讲学，任台南崇文书院主讲，同时兼任台湾府衡文书院及嘉义罗山书院主讲。

光绪十八年（1892 年），《台湾通志》总局正式开设，丘逢甲被聘为采访师，负责采访、补辑乡土故实，因此有较多机会深入民间，了解社会民情。这时期，整个中华民族正处在深刻的民族危机和社会矛盾之中，西方列强的殖民侵略使中华民族面临着生死存亡的威胁，这样的社会现实不能不使丘逢甲感到郁闷和隐忧，他慨叹道：“风月有天难补恨，江山无地可埋愁。”“孤岛十年民力尽，边疆千里将材难。”

光绪二十年（1894 年），中日甲午战争爆发，一场空前深重的灾难降临中国。丘逢甲倡议集各乡人民加强训练，以备战守，并请命督办团练。筹办之初，经费缺乏，丘逢甲带头倾家财以为兵饷。兵员不足，他便到各地广泛动员。这种爱国义举得到广大台胞的热烈响应，在很短的时间里就组建成一支号称百营的义军队伍。丘逢甲任全台义军统领，设司令部于台中丘逢甲的住所柏庄，祭旗誓师，驻防台中，兼任筹饷。

正当丘逢甲在台湾殚精竭虑创办义军，严防日寇侵略的时候，清军却连连失利，节节败退，直至全线溃败。清政府与日本签订了《马关条约》，将台湾全岛及所属岛屿、澎湖列岛割让于日本，并且规定上述割让之地的中国居民，两年后“尚未迁徙者，均宜视为日本臣民”。

丘逢甲闻讯，怒不可遏，当即刺破手指，血书“抗倭守土”四个大字，以示抗日保台的决心。随即邀集当地绅民集会抗议，并以“工部主事、统领全台义勇”的衔名率领全台绅民上书责问清政府割台。在不到一个月的时间里，丘逢甲先后三次啮血上书，率领全台绅民请求清政府废约再战，使得光绪师翁同龢也为之动容，在日记中写道："得台湾门人俞明震、丘逢甲电，字字血泪，使我无面目立于人世矣！"可是软弱的清政府却不顾广大民众的呼声，最终批准了《马关条约》。丘逢甲等台湾官绅们希望清政府收回割台成命的幻想终于破灭了，悲愤中他们决心自主保台，与胆敢入侵的日本侵略者决一死战。

丘逢甲同台湾的爱国官绅反复商量，设计保台方案，提出了"民政独立、遥奉正朔、以拒敌人"的主张，决定成立"台湾民主国"，以实现自主保台的愿望。在大家的推举下，唐景崧为"台湾民主国总统"，刘永福为"台湾民主大将军"，丘逢甲为"义勇统领"。以蓝地黄虎旗为国旗，改年号为"永清"，以示台湾永远隶属于中国。并且"台湾民主国"以台湾绅民的名义布告中外，发表《自主宣言》，声称：愿人人战死而失台，决不愿拱手而让台。台湾民主国成立后，台湾军民士气大振，严阵以待。

光绪二十一年（1895 年）五月二十九日，日军从澳底（今台北贡寮）、盐城一带登陆，开始由北向南大举进犯。由于驻守的官兵皆是新募，遇敌不敢战，日军轻而易举地登陆成功。没过几天，基隆、台北相继陷落。唐景崧畏葸怕战，弃军逃往厦门。日军既占台北，旋即乘胜沿铁路南犯，这时丘逢甲同全台军民一道，积极投入战斗。他率领义民在新竹一带与日军血战二十余昼夜，直到"饷尽粮绝，死伤过重"，才被迫后撤。接着又在台中转战月余，又大败，全军丧尽。经过近一个月激烈的战斗，丘逢甲领导的义军伤亡惨重，不少重要将领相继阵亡，饷竭弹尽，各部星散，柏庄司令部也被日军纵火焚毁。当时丘逢甲在进退维谷间拟去台南与刘永福会合，图谋再举，但因日军防范严密，道梗不能行。既而丘逢甲欲率众人死守，与台共存亡。随从皆泣阻，以为徒死何益，劝他内渡再待时机。

丘逢甲遂决定内渡祖国大陆。临行之际，他遥望家乡宝岛，想到它即将沦为异域，虑及父老乡亲正惨遭日寇的践踏，心如刀绞，对日本的侵略满怀悲愤之情，自命"海东遗民"，挥笔写下《离台诗》六首，其中一首写道："英雄退步即神仙，火气消除道德编。我不神仙聊剑侠，仇头斩尽再升天。"充满了矢志雪耻的悲壮情怀。

尽管身在大陆，可丘逢甲的心始终牵挂着他的故乡台湾。每当提起往事，他就情难自禁："往事何堪说，征衫血泪斑"，"不知成异域，夜夜梦台湾"。他从来就没有放弃过收复台湾的决心，并为其子丘琮命字为"念台"，以示对台湾的思念。由于当时的历史环境和条件，他只能把满腔的悲愤和忧愁转化为一首首诗歌，以寄托他的情怀。如："春愁难遣强看山，往事惊心泪欲潸。四百万人同一哭，去年今日割台湾。""愁云极目昼成阴，飞鸟犹知恋故林。破碎山河收战气，飘零身世损春心。"这种对故乡的思念，不仅没有因时间的推移而淡化，相反却越来越浓烈："飘零剩有乡心在，夜半骑鲸梦渡台"，无不浸染着悠悠乡情。对处在异族统治之下的台湾同胞，他更是日思夜想："天涯梦断少书还，梦人虚无缥缈间。兵火余生心易碎，愁人未老鬓先斑。没蕃亲故沦沧海，归汉郎官遁故山。已分生离同死别，不堪挥泪说台湾！"丘逢甲始终坚信，只要大家都有"生做愚公死精卫"的顽强精神，经过长期不懈的奋斗，台湾终归能回到祖国的怀抱。

1912年2月25日，丘逢甲积劳成疾，离开了人世，终年四十九年。临终前遗言后人："死了必须南向而葬，我不能忘记台湾啊！"台湾人民为了纪念抗日护台的英雄丘逢甲，开办了"逢甲大学"。丘逢甲诗集主要有《柏庄诗草》、《岭云海日楼诗钞》等。

林文察（？－1864），字子明，是台湾台中阿罩雾（今雾峰）人，原籍福建漳州。青少年时，其父林定邦被"不逞之徒"杀害，作为长子的林文察对杀父之仇决定展开激烈的报复行动，三年后，他终于找到一个机会替父亲杀死了仇人，并主动投案自首。

咸丰四年（1854年）四月，小刀会领袖黄位因在福建不能立足，率众渡海，占领了鸡笼（今基隆）。清军台湾北路协副将曾玉明遂将因为父报仇、杀人入狱的林文察放出，命他回乡招募乡勇随征。林文察配合清军打败了小刀会起义军，被清军委任为游击，率部到福建听候调用。

咸丰九年（1859年），闽浙总督征召台湾义勇军两千人到大陆，林文察也奉命加入。到达大陆后，林文察服从命令，听从指挥，勇敢作战，频繁转战于闽浙之间，获得了辉煌的战果，逐渐由游击、参将，升至副总兵，最后升为福建陆路提督，并获得皇帝颁赐的翎毛。

同治元年（1862年），台湾又爆发了大规模的天地会起义。天地会的首领戴潮春聚众十几万，攻下了彰化城，向百姓抽银派饭，自称大元帅，围嘉义，攻鹿港，窥视淡水，全台震动。此时台湾岛内大部分军队都调入福建、浙江与太平军作战，岛内空虚。嘉义、凤山、新庄、大甲、肖扰、打猫等地的会党纷纷响应。在此危急关头，已升任福建陆路提督的林文察在同治二年（1863年）十月，率兵在麦寮登陆，直趋阿罩峰，汇同清军水师提督吴鸿源、副将曾元福等人克复了彰化。后又经过斗六街、芋寮仔庄等战斗，终于擒获了戴潮春等人，平定了历时三年之久的叛乱。

林文察因此受到了闽浙总督左宗棠的嘉奖，并被调到了福建、浙江等地继续与太平军作战。林文察作战勇猛，治军严整。同治三年（1864 年）十二月，林文察在福建漳州附近的瑞香亭追剿太平军时殉职，后追加太子少保，并给骑都尉兼云骑尉，入祀京师并建昭忠祠，荣耀及于先祖。林文察是清朝两百多年间台湾岛上地位最高的官员。现在平和五寨埔坪林氏家庙中还悬挂着林文察被追封为“太子少保”的牌匾。

徐骧（？ –1895），台湾苗栗人，祖籍广东。秀才出身。自幼读书习武。光绪二十一年（1895 年）四月，清政府与日本签订了丧权辱国的《马关条约》，消息传出，激起了全国人民的无比愤怒。台湾人民更是悲愤万分。这时，徐骧奔走呼号，组织大家起来用自己的鲜血保卫家园。

六月初，日本侵略军在占领台北后，开始向台中、台南进攻。当时守卫台中和台南的只有刘永福的军队数千人，兵力非常单薄。徐骧挺身而出，召集民众作了激动人心的动员演说。当时，徐骧声音哽咽，泪如雨下。民众中不少人也都失声痛哭，当时就有人握拳击掌，表示愿意投军参战。会后，各乡民众选拔了青壮年编成义军，名为“民团”，一致推举徐骧为民团长。在徐骧的指挥下，民团一边从早到晚刻苦训练，一边积极地配合刘永福军队守卫各险要关口。

新竹是日军向台南进犯的咽喉要地，守卫这里的是刘永福部将杨紫云。在战斗激烈进行时，徐骧亲自率领义军一千多人赶来助战。日军虽然用大炮猛烈轰击，但是，始终不能突破守军和义军的防线，于是他们使用卑鄙的手段，收买汉奸作向导，抄后路迂回袭击守军，使守军处于腹背受敌的境地。这时，杨紫云在混战中牺牲，徐骧只得率领义军且战且走。日军分兵紧紧追赶他们，徐骧针对日本侵略军不熟悉地形的弱点，果断地命令一部分战士在小路上故意暴露给日军，以吸引住敌人，拖延时间，然后自己率领大部分战士绕到日军的背后，发起突然攻击。日军做梦也没有想到，徐骧会在“败退”中反而将他们包围了。当时，行进在山间密林小道上的日本侵略军，由于道路不熟，所带大炮又不能发挥作用，逃无处逃，躲无处躲，结果，有一百多人做了徐骧的俘虏。

日军仗着人多势众，占领新竹后，随即便把侵略的矛头指向了与新竹相距不远的大甲溪。当日军到达地势显要的大甲溪时，徐骧也率领义军赶到这里，与守军将领一起商讨御敌的办法，决定设下伏兵，诱敌来攻。日军果然中计溃退，在他们仓促抢渡溪水时，预先埋伏在溪水对岸的徐骧，乘日军刚刚渡过一半人马时，指挥义军向侵略军发起猛烈进攻。徐骧身先士卒冲在队伍最前面，义军战士也个个勇猛冲杀。这样，大甲溪之战就以日军失败，中国军民胜利而结束。但是，日本侵略军依仗人多和武器好，再加上有汉奸为其内应，最终还是攻陷了大甲溪。之后，他们移兵进攻台中地区重镇彰化。十月上旬，日军占领彰化后，又大举进攻台南门户嘉义。徐骧和守将商议，决定在城外的军营中埋下大量地雷、炸药，然后弃营撤回城里。侵略者不知是计，纷纷涌入军营，到了半夜忽然发出巨响，好像天崩地裂一般，地雷接连爆炸，日军无处躲藏，死伤七百余人。在弃营逃命的途中，又遭到义军的伏击。第二天，被惨败激怒的日军集中炮火轰击嘉义城，并从轰坍的城墙处攻入城里。义军在徐骧的率领下，与侵略者展开肉搏战。

接着，日军又集中兵力进攻防卫台南的最后一道屏障曾文溪。日军依仗数倍于守军的兵力和优势火炮，分兵几路向曾文溪发起进攻。守军在徐骧等人的率领下拼死抗击，曾文溪南岸战场上炮火连天，硝烟弥漫。就在战斗最激烈的时刻，守军将士弹尽粮绝，这时，曾经发誓“不愿偷生回大陆”的徐骧振臂高呼：“大丈夫为国捐躯，死而无憾”，率领义军战士向敌人发动冲击，在搏斗中，徐骧身受重伤，壮烈殉国。

简大狮（？－1902），本名简忠浩，出生在台湾淡水。年轻时随族亲到福建南靖县梅林乡长教村祭祖省亲。当时正好长教村简德润大宗祠开设武术馆，聘请武林高手，教授族中子弟练武强身。简大狮身高体壮，对武术很有兴趣，就留下来习武。他力气很大，宗祠门口两只石狮子一般人都挪不动，他却能举起来绕行宗祠一周。众人称他力大过狮，于是改名叫“简大狮”。

出师后，简大狮刀枪棍棒样样精湛，开始在漳州、石码、厦门一带献艺，名声大噪，不久渡台回到淡水。在淡水，他招徒授艺，广交朋友，声望很高。

中日甲午战争后，台湾被割让给日本，台湾人民掀起反割台斗争。简大狮多次谋划进京刺杀李鸿章，都被亲友劝住而未行。光绪二十一年（1895年），日本侵略者的铁蹄踏进台湾，北部首先遭殃。日本人在台湾烧杀淫掠，简大狮一家深受其害。他发誓与日本侵略者“仇不共戴天”，逐渐成为台北抗日义军的领袖。

当年十二月三十一日，简大狮率义军袭击台北日军，城内台胞奋起响应，双方在八甲町展开激战，日军死伤三百多人。后因日军得到增援，简大狮等战至弹绝而退。光绪二十三年（1897年）五月八日，是日本当局强行规定台胞选定国籍的最后一天。当日简大狮等率五千多人再攻台北，一度占领台北奎府街，战斗打了一天，义军首领之一詹振力战身亡。光绪二十四年（1898年）二月，简大狮率部与日军在竹仔山一带激战，大战六日后退入深山。

抗日义军在极其艰苦的条件下，坚持武装斗争整整三年。据说当时有首闽南语歌曾传遍台北，歌词是这样的："过来北山做兄弟，食酒结拜来讲起。大狮管兵作头兄，出来北山真出名。日本齐号掠大狮，天光点兵观看觅。大狮铳药扛上山，两旁枪子暴暴弹。台湾不是土匪的，日本相抬阵阵输。讲实不是打嘴鼓，台湾复返有功劳。"称赞简大狮率领民众抗日的壮举。

光绪二十四年（1898年），迫于形势的压力，为了保存有生力量，简大狮曾宣布"归顺"日本人，但他没有缴械。不久，日本人不讲信用，简大狮重新上山，继续开展抗日斗争。日本人前去劝降，被击毙。恼怒的日军清剿不成，以军警混编为十四路进山围剿，简大狮在台湾无法立足，潜回福建漳州。日寇获知，胁迫清廷围剿。清政府软弱怕事，竟引渡简大狮给日本。光绪二十八年（1902年）六月简大狮在台湾受尽酷刑后，被日本人杀害。

简大狮遇害后，举国震惊，万民愤怒。清末一位姓钱的武进士悲愤赋诗："痛绝英雄沥血时，海潮山拥泣蛟螭，他年国史传忠义，莫忘台湾简大狮。"上海《申报》评论："台湾义民简大狮为中国争气，为全台争气，此中国最有志气之人。"

第十一章 文 献

人们常用“孤悬海外”来形容台湾的地理位置，有清一代，地处海疆边陲的台湾却扮演了一个相当引人注目的角色。先是南明政权的最后支持者郑氏集团，从荷兰殖民者手中收回台湾，并把它作为抗清基地，加以初步的开发经营。稍后，施琅率清军于康熙二十二年（1683 年）攻克台湾，郑氏投降，纳入清朝版图的台湾迎来了新一轮的开发热潮。此后，中日甲午海战失败，台湾又成为清政府向日方屈膝求和的筹码，并将台湾割让给日本。清代台湾政治、经济、军事等各方面情况的变化，留下了不少的相关记载。例如，南明政权的遗民们，出于对旧朝的眷恋，写下了不少有关南明政权覆灭及台湾郑氏兴亡的作品；台湾纳入清朝版图后，随着地方的开发，社会的转型，反映地方各方面情况的府志、县志不断纂修，服务于修志工作的采访册也随之涌现；台湾海防上的重要地位，以及台湾社会的动乱，也使得抚台官员留下大量的相关奏折、档案与私人著述；光绪二十一年（1895 年）割台，也有不少与和议有关的官方档案以及一些私人著述传世。

1957 年至 1972 年，在台湾周宪文先生的主持下，一批台湾史研究学者对上溯唐代、下迄日据以后的有关台湾的著述进行了初步搜集与整理，并以《台湾文献丛刊》为题结集出版。《台湾文献丛刊》是关于台湾的史料巨著，共收录资料三百零九种，四千八百万字，选题范围包括台湾方志、明郑史料、清代档案、私家著述、文集、族谱，兼及荷、美、英、日有关的台湾史料，集台湾之历史、地理、风俗、民情、政治、经济、社会、文化、法制等文献之大成。不过，尽管《台湾文献丛刊》已成为台湾史研究者使用频率最高、征引最繁的重要史料，但这套丛书是不完备的。《台湾文献丛刊》成书于海峡两岸社会文化交流完全隔绝之时，其编者只能尽量网罗台湾岛内的文献资料，而对于台湾之外特别是大陆收藏的众多文献资料却只能望洋兴叹。2004 年，福建师范大学闽台区域研究中心与厦门大学人文学院经过十年的策划整理编辑，以陈支平主编《台湾文献汇刊》为题出版了大陆图书资料部门收藏的有关台湾历史文化的文献资料，填补了台湾文献资料建设上的这一缺陷。《台湾文献汇刊》所收资料多为珍稀文献，如珍本古籍有清初主持收复台湾的闽浙总督姚启圣的文集、文告；档案资料有清初郑成功家族满文档案译编；族谱、私人文件、契约文书、碑刻资料不少是台湾同胞提供的，生动再现了两岸的历史渊源关系。

《台湾文献丛刊》与《台湾文献汇刊》两套丛书，可以说是囊括了大陆与台湾保存下来的相关文献资料。这两套丛书记载的清代台湾的文献，大致可分为四个时期：一是郑氏家族与南明政权的资料，因为台湾的开发与郑氏密不可分，而郑氏为南明政权的最后扶持者；二是康熙统一台湾的资料，施琅攻克台湾，台湾才正式纳入清朝的版图；三是康熙统一后台湾社会发展情况的资料，这一时期是台湾得到迅速开发的黄金时期，也是资料得以大量堆积的时期；四是日本据台的资料，《马关条约》把台湾割让给日本，这一事件改变了台湾半个世纪的命运。接下来，我们就按照这四个不同时期，把有关于清代台湾的文献资料作一简要的介绍。

第一节　郑氏家族与南明政权的相关文献

首先，南明王朝的遗民们，出于对旧朝的眷恋，写下了不少有关南明政权覆灭及台湾郑氏兴亡的作品。这些作品，很多都是根据作者本人的亲身经历写出来的，记载了作者的所见所闻，具有较高的史料价值。

如明末著名思想家、史学家黄宗羲生前的著述里，就有不少论及南明政权的兴替，如《赐姓始末》、《隆武纪年》、《海外恸哭记》、《赣州失事记》、《绍武争立纪》、《鲁纪年》、《舟山兴废》、《日本乞师记》、《四明山寨记》、《永历纪年》、《沙定洲纪乱》、《明季三朝野史》、《圣巡本纪》等。黄宗羲生前曾参加浙江南明鲁王政权的抗清斗争，其笔下的著述多为生前的所见所闻，可信度较高。

张煌言生前为鲁王政权效力，鲁王舟山败后，张煌言南下福建，参加郑成功的北伐之役。张煌言著有《北征纪略》一卷，专门记述抗清事迹，其生前的其他诗文，“亦无一不关当日史事”。因此，张煌言的诗文集，对于后人了解南明政权有极高的史料价值。

卢若腾生前曾追随南明鲁王、桂王与郑成功抗清，福建事败后，卢若腾与王忠孝、诸葛倬、沈宸荃等南明遗民隐居金门，后东渡澎湖。卢若腾生前著有《岛噫诗》，所记内容反映了明郑时代戎马倥偬的社会状况。

郑氏的故吏阮旻锡为明季大学士曾樱的门生，其《海上见闻录》一书特别关注清顺治八年（1651 年）清军攻破厦门、曾樱殉节及其身后之事，这些记载可补《明史》本传的不足。《夕阳寮诗稿》为阮旻锡自康熙二年（1663 年）到康熙三十二年（1693 年）三十年间所写记事感怀、咏物抒情的诗作合集，其中不少内容涉及作者个人家世、朋辈交往以及与郑氏族人、南明遗臣唱和的情况，是研究南明政权与台湾郑氏的一份重要资料。

其次，清军将领的奏折文书，清政府组织编修的南明人物的碑传资料等，也是研究南明政权与台湾郑氏的重要资料。

康熙十三年（1674 年），福建耿精忠与台湾郑经联合起兵反清，烽火遍及福建、浙江与广东一带。浙江总督李之芳率兵西扼耿精忠军队，南拒郑氏水师。李之芳去世后，其子李钟麟将其生前的奏疏与文移合编为一集，这些奏疏与文移大多均与耿精忠、郑经兵事有关，如文中提到的“海贼”、“海逆”，即指郑氏水师。

为收揽人心，清政府还组织人手编写了南明政权及台湾郑氏一些重要人物的碑传资料，用以劝忠惩奸。如乾隆四十一年（1776 年）敕撰的《钦定胜朝殉节诸臣录》的前十一卷收录明季殉节的臣民，按清政府的看法，这些故老遗臣们忠于明朝，“往往殒身碎首，喋血危疆，……疾风劲草、百折不移，要为死不忘君，无惭臣节；用加赠典，以励纲常”（《钦定胜朝殉节诸臣录·弁言》，《台湾文献丛刊》第二百九十一种）。在利用明季殉难臣民来劝忠的同时，清政府还为一些变节人物撰写《逆臣传》、《贰臣传》，用以惩奸。北京国家图书馆即藏有一部《国史逆臣传》，记录明朝降将吴三桂等二十四人的生平事迹，郑芝龙为其中之一。这些资料带有的政治色彩尽管有可能会影响到史料的真实性，但对后人研究清廷对待这些明季遗臣的态度却有着重要的参考价值。

第三，清朝一统台湾后，一些史家被南明及郑氏的传奇经历所吸引，通过采访当事者及搜集前代资料，撰写了一批相关作品。

如康熙年间刘献廷著有《广阳杂记》五卷，记录的南明与郑氏的一些遗事，大多得自口碑，“盖时当明郑亡后不久，颇有人犹能就记忆所及为之道出也”（刘献廷《广阳杂记选·弁言》，《台湾文献丛刊》第二百一十九种）。郑达撰述的《野史无文》，包括让皇帝本纪二卷、烈皇帝遗事二卷、永历皇帝本纪一卷、永历皇帝兵败入缅甸土司纪事一卷、西南死事诸臣传三卷、鲁监国诸臣传二卷、郑成功海东事二卷、流贼张献忠陷庐州府纪二卷、前朝宫殿服御诸遗制一卷、西羌北狄诸部落一卷、当今巡幸东南一卷、本朝灾祥二卷。据说郑达文武全才，足迹踏遍天下，"所至访罗前代旧闻、精核故实而后笔之于书，非他家由于撮录者比也"（郑达《野史无文·费序》，《台湾文献丛刊》第二百零九种）。可见，郑达《野史无文》一书的资料，也是来源于对当事者的采访。

明清官方档案文书中也有不少有关南明政权与台湾郑氏的资料保存下来。明中叶以后，东南海上骚乱不断，流民、海寇与日本、荷兰殖民者内外勾结，台湾逐渐成为各种社会力量逋逃、越贩及拓殖经营的对象。明世宗、穆宗、神宗、光宗、熹宗五朝的《实录》载录的闽海关系史料，即大多与台湾有直接或间接的关系。清顺治年间，郑成功掌控金、厦两岛，与清廷抗衡于东南沿海，顺治间的《实录》有不少内容涉及郑氏的问题。清康熙十三年（1674 年），吴、耿、尚三藩叛变，台湾郑氏起兵响应，进占闽南、粤东等地；康熙二十二年（1683 年），康熙派施琅收复台湾，郑氏投降。因此，康熙朝的《实录》也录有大量有关台湾郑氏的资料。

光绪年间，日本东京帝国大学教授市村赞次郎于北京紫禁城内阁东大库翻检出不少有关台湾郑氏的文书，共有六号：第一号为郑泰、洪旭、黄廷致靖南王书，第二号为官员兵民船只总册，第三号为郑泰、洪旭、黄廷致李率泰书，第四号为赍岱有关郑泰等投诚奏章，第五号为伪册底，第六号为密奏。此后，内阁东大库的档案文书逐渐刊布，台湾"中央研究院"历史语言研究所将之整理为《明清史料》七编。《明清史料》中有关南明政权的资料大概有将近两百件，多数为清政府平定江、浙、皖、赣等省的军事报告和奏请制裁或招抚各地反抗分子的文件。《明清史料》中有关台湾郑氏的文件更多，不下五百余件，内容涉及郑芝龙史事，以及顺治、康熙两朝对付郑成功的官方档案。

最后，郑氏家族的几种族谱也是研究郑氏政权的重要资料。《台湾文献丛刊》在收录《郑氏关系文书》时，曾把《石井本宗族谱》列为附录，以备研究者参考。不过，该谱多有残缺，世系间断。陈支平主编的《台湾文献汇刊》收有《郑氏族谱》三种，可补《石井本宗族谱》之不足。这三种族谱分别为明崇祯年间郑芝龙所修《郑氏族谱》、清末民初佚名氏所修《郑氏家谱》及 1920 年郑玉海所修《郑氏宗谱》。其中崇祯时所修《郑氏族谱》为 2001 年发现的郑成功直系族谱，是有关郑成功家族的最原始的族谱，弥足珍贵（见《台湾文献汇刊》第一辑）。

第二节 康熙统一台湾的相关文献

康熙二十二年（1683 年）施琅率军攻克台湾，郑氏投降，台湾纳入清朝版图，这是台湾历史发展进程中的重大事件，相关的文献资料也有不少。

首先，当时抚闽的清朝官员特别是那些从征的清军将士的奏折、著作、诗文集里，保存了不少有关台湾的记载。如朱克简于顺治年间巡按福建，其《按闽奏议》除了对福建官员建制、赋税屯政、盐政驿递等政事有所论述外，亦对清政府与郑氏双方之军事布置、战斗过程、郑氏产业、沿海接济等情况多有记载。

万正色的《师中小札》收录了其本人于福建水师提督任上的一些信件，内容涉及争取朱天贵投清的具体过程、作者与姚启圣在平台问题上的一些争论等，对于了解清政府平台前后的时局有很大助益。

清康熙年间刊行的《闽颂汇编》记载了康熙前期闽台战事及统一台湾之事。此外，该书最大的价值是收录了福建总督姚启圣的《忧畏轩奏疏》六卷和《忧畏轩文告》四卷，这是有关清政府与郑氏和战关系最原始的记录。姚启圣在福建任职期间，正是清军与郑氏集团在闽台一带对峙抗争最为激烈的时期，清政府的许多对郑政策都是姚启圣参与制定和执行的。因此，该书有助于了解清政府统一台湾之事。

施琅为克复台湾的清军主帅，是平台的最大功臣，其所著《靖海纪事》一书，收录了其克台前后的奏疏、文告、祭文等，是了解清军统一台湾一役的最详尽的史料。而且，该书还收录了《恭陈台湾弃留利害疏》、《移动不如安静疏》、《壤地初辟疏》、《海疆底定疏》、《收用人才疏》等疏文，对了解清政府统一台湾后的台湾时局有很大帮助。

施世纶为施琅之子，曾追随其父征战台湾，为康熙年间平台功臣之一。施世纶著有《南堂诗钞》十二卷，末附辞赋一卷，其中有不少诗篇涉及当时清军与郑氏交战的情形。该书卷首由明末遗民阮旻锡作序，并录有锦田林之浚撰写的《浔江施（世纶）公传》，这些都是研究当时史事的重要资料。

此外，清代修纂的史书、碑传与志书里，往往都为平台的有功之臣立传，这些传记也可以加深我们对清初平台这一事件的理解。如林义儒撰的《海滨外史》又名《少保兵部尚书姚公传》，为姚启圣的传记。书中备述姚启圣在福建藩司及总督任上为平定海疆、统一台湾呕心沥血之过程，从中也可以管窥台湾郑氏的举动。类似的传记很多，钱仪吉纂录的《碑传集》收有姚启圣、施琅、万正色等人的传记；李元度《国朝先正事略》撰有施琅、施世纶、施世骠的事略；吴曾祺《涵芬楼古今文钞》收有施琅的家传；《清史列传》收有黄梧、施琅、万正色、拉哈达、杨捷的传记；《清史稿》有姚启圣、吴兴祚、施琅传记；《八旗通志》、《泉州府志》、《福建通志》等地方志书也撰有不少平台功臣的传记。

最后，一些从征将士的家族族谱中，也发现有康熙统一台湾一役的相关记载。如康熙二十二年（1683 年）施琅倡修的《浔海施氏族谱》，保存了大量有关施琅及其族人参与出征澎湖、台湾的记载。施琅的《靖海纪事》一书也是最先在这部族谱中公布的。康熙时从征台湾的海坛总兵官、左都督林贤的本房族谱《马平霞店林氏本房族谱》，也保存有平定台湾一役的丰富信息。林贤追随施琅进军台湾并立有战功，但相关文献的记载较为罕见。《马平霞店林氏本房族谱》由林贤生前亲自监修，现今发现的这一族谱为其次子林梦赉在乾隆年间的续修本。由于族谱修撰的年代距林贤进兵台湾的时间甚近，可以说是当时人记当时事，所以族谱里保留了大量有关林贤及施琅率兵克复台湾的文字记载，弥足珍贵。

第三节　康熙统一至日据前台湾社会发展情况的相关文献

台湾纳入清朝版图后，随着地方的开发、社会的转型，反映地方各方面情况的府志、县志不断纂修，服务于修志工作的采访册也随之涌现；台湾海防上的重要地位，以及台湾社会的动乱，也使得抚台官员留下大量的相关奏折、档案与私人著述。此外，一些家族的族谱、契约文书等，也有不少内容涉及清代台湾的情况。

一、地方志等舆地文献

地方志书记录了修纂时地方上的各方面情况，是地方社会发展的阶段性小结，蕴含有相当丰富的信息。清代修纂的台湾府志、县志、通志、采访册有数十种之多，此外还有不少官方主持编修的舆图资料传世。

1. 台湾府志

有清一代，台湾曾先后五次修纂府志，第一次的府志为康熙三十三年

(1694年) 高拱乾修纂的《台湾府志》。高拱乾分巡台湾时，为了修纂府志，于“政事之余，益得与父老子弟咨询采揽；凡山川之险易、水土之美恶、物产之有无、风气之同易、习俗之淳薄，远自生番殊俗，下及闾阎纤悉，每闻见有得，辄心识而手编之。溯始明季，台所自有；迄归我朝，台以肇造；纲举目张，巨细必载，有功必录，有美必书，公诸众心，以观厥成”(高拱乾《台湾府志·自序》，台湾文献丛刊第六十五种)。可见，该志是编者多年的采访与文献积累的结果，其史料价值不言而喻。

十三年后，周元文出知台湾，以高拱乾所修《台湾府志》为蓝本，重修台湾府志。周元文保持高拱乾所修《台湾府志》原貌，将康熙四十年(1701年) 后新修的资料另行刻板插入。按照周元文自己的说法：“其中或因于昔、或创自今，有者仍之、缺者补之”。因此周文元的创新不多。

乾隆五年（1740年)，分巡台湾道刘良璧应台阳绅士之请，“择绅士中有齿德而能文者”，据高拱乾所修《台湾府志》再次重修，这是《台湾府志》的第三次重修。

乾隆十年（1745年)，范咸任巡台御史认为刘良璧所修《台湾府志》的编纂不尽如人意而决心重修。重修后的《台湾府志》内容较为丰富，体例上也相当严密，“其所纪山川，则瀛洲岛屿，搜罗摭拾之无遗也；田赋，则纳总纳穗，供输经费之毕存也；风俗，则居处习尚、番社语言之悉载也；其奇节瑰行、风流俊雅者，录之《人物》之中；水陆戎行、班戍优恤之典，具于《武备》之内；若夫物产，则嘉谷花卉、珍禽怪兽之并呈；而诗文辞赋，则天章云汉、光怪陆离之泫目；他如规制、典礼、职官、学校，则又事核而该、体严而备”(范咸《重修台湾府志·高序》，《台湾文献丛刊》第一百零五种)。

乾隆二十五年（1760年)，台湾知府余文仪续修《台湾府志》，这是清代《台湾府志》的最后一次修纂。

2. 台湾县志

在台湾的县志中，编纂最早的要数周钟瑄的《诸罗县志》。康熙五十五年（1716年)，知县周钟瑄聘请漳浦人陈梦林担任主纂，开局编修《诸罗县志》，越年志成。《诸罗县志》分封域、规制、秩官、祀典、学校、赋役、兵防、风俗、人物、产物、艺文等，详细记录了诸罗纳入大清版图后三十四年间的情况。雍正二年（1724年)《诸罗县志》出版时，卷首附载有《台湾俗图》，为他志所不载，是研究台湾少数民族的珍贵史料。

《诸罗县志》开局修纂两年后，凤山县知县李丕煜邀请台湾府学岁贡生陈文达修纂县志。在陈文达主持下，《凤山县志》于康熙五十八年（1719年）开始设局，半年志成。陈文达在担任《凤山县志》主修的同时，也接受台湾海防同知王礼的聘请，负责《台湾县志》的修纂事宜。《台湾县志》于武备方面撰写最为详尽，“自营制、额数、防汛、兵马以及瞭望砲台、巡哨战舰，纤悉毕具”（陈文达《台湾县志·王序》，《台湾文献丛刊》第一百零三种）。这样，到康熙末年，台湾最初设置的台湾、凤山、诸罗三县都修纂了地方志书。

乾隆以后，随着台湾地方经济的起步发展，原有的志书已不能反映新的情况，台湾县与凤山县又先后多次重修县志。如乾隆十七年（1752年），台湾知县鲁燮堂以旧志“择焉未精、语焉不详，岁久且多残缺”，聘请王必昌为主修，“取旧志之缺者补之、略者详之、繁者芟之、讹者正之”，由同年十月纂成《重修台湾县志》。嘉庆十年，台湾知县薛志亮请谢金銮、郑兼才二人再次重修县志。这次完成的《续修台湾县志》在体例上与前修县志有所不同，分为地志、政志、学志、军志四大志，末尾再附上外编、艺文。乾隆三十二年（1767年），凤山县知县王瑛曾也主持重修了《凤山县志》。

除了上述台湾最初设置的三个县纂有县志外，随着台湾开发的深入，新增的县级建置也先后修纂了县志。例如彰化县于雍正元年（1723年）建置后，经过百余年的发展，社会经济有了很大的起色。道光九年（1829年），知县周尔玺亲自担任主修，并于次年完成《彰化县志》的修纂。

光绪十八年（1892年）台湾开局修纂全省性的《通志》，下令各府县编撰采访册。当时苗栗、澎湖、噶玛兰、新竹、台东、凤山、云林、淡水等县厅都派员实地采访，并先后编撰了采访册，以备《通志》修纂之参考。可惜的是，在台湾省通志稿快要完成的光绪二十一年（1895年），清政府在中日甲午海战中惨败，台湾、澎湖被割让给日本，台湾通志稿也因此而胎死腹中。不过，当时各个地方为《通志》准备的采访资料没有丢失，如《通志》原来把台东州的采访资料列为该书的第十九卷和第二十卷。一部全省性的通志，附上一部地方性的采访册，虽然不合修志的初衷，但却较为完整地保存了《台东州采访册》的原貌。《云林县采访册》分斗六堡、大槺榔东堡、茑松北堡、尖山堡、海丰堡、他里雾堡、西螺堡、白沙墩堡、大坵田东堡、溪洲堡、沙连堡、打猫东堡、布屿东堡、布屿西堡等十五个地区进行采访，详细记述了各个地区的沿革、人物、山川、物产、风俗等情况。这些采访册大多是当时采访资料的结集，普遍存在体例不够严谨的毛病。如《凤山县采访册》卷首《总目》载有《甲部地舆》，下分“疆域、沿革、各里、庄社、田园、平埔、户口、路程”八卷，经翻阅内容，发现只有沿革、路程两卷，所谓的田园、户口、人丁、庄社等卷，都包括在沿革之内。这对于一部完整的志书来说，在体例上是有明显欠缺的。不过，这些采访册的内容大多较为丰富，而且以当时人记当时事，其史料价值可补体例之失。

除了台湾省内修纂的府志、县志、采访册之外，清代大陆修纂的一些志书往往也有不少涉及台湾的内容。清代《一统志》曾先后三次修纂，而以嘉庆年间完成的重修本最为完整。《嘉庆重修一统志》中有关台湾的内容大约有两万字，尽管篇幅不多，但对于了解台湾的基本情况还是有用的。福建沿海地区特别是漳、泉一带，与台湾的历史、地理关系极为密切，道光《重纂福建通志》、乾隆《泉州府志》、光绪《漳州府志》中也可以找到不少与台湾有关的记载。

3. 台湾舆图资料

清代台湾还有不少舆图资料传世，可加深我们对台湾历史沿革的了解。同治五年（1866 年），台湾知府叶宗元纂有《台湾舆图纂要》，其中收有台湾总图及台湾、凤山、嘉义、彰化、淡水、澎湖、噶玛兰等七县厅的写本各一册。《台湾舆图纂要》各卷以图为主，同时附有《表》、《册》、《说》三种文字说明。《表》与《册》大体按疆界、坊里、山川、桥渡、城池、衙署、防汛、道里诸目分别列叙，《说》为“地方的形势与险要”的概括性说明。还要指出的是，《台湾文献丛刊》收录的《台湾舆图纂要》没有总图，也未署纂者，《台湾文献汇刊》收有该书的不同抄本，二者间可以相互补充参照。光绪间，分巡台湾兵备道夏献纶曾派人周游台湾各地，绘制舆图，编为《台湾舆图》一书。《台湾舆图》收有十一幅图，除涉及汉人居住地外，同时也兼及台湾少数民族，“蕃社取其已归化、备档案者胪列之，余难悉数”（夏献纶《台湾舆图》，《台湾文献丛刊》第四十五种）。《台湾地舆全图》收有台北府、淡水县、新竹县、宜兰县、基隆厅、台湾府、台湾县、彰化县、云林县、苗栗县、埔里厅、台南府、嘉义县、安平县、恒春县、凤山县、台东州、澎湖厅的舆图，按照台湾的区划建置，光绪十一年（1885 年）法军侵台之后，台湾才调整为台湾、台北、台南三府及台东一直隶州，可见《台湾地舆全图》大致编纂于此一时期。光绪十一年（1885 年）台湾建省时，巡抚刘铭传曾主持进行土地的清丈工作。清丈结束时，各县厅编制有土地清丈《简明总括图册》。可惜的是，大多数县厅的《简明总括图册》没有流传下来，现在省内台北图书馆藏的仅有淡水、新竹、凤山三县图册的抄本。道光二十七年（1847 年）后修纂的《嘉义县舆图注说》也有较高的史料价值，该书比较详细地记载了清代后期嘉义县的里班、庄社、街市，以及塘汛、驿站、溪渡等情况，为嘉义地方史研究不可或缺的一份重要史料。

二、奏折、公牍及其他档案

抚台官员留下的奏折、公牍及其他档案也是清代台湾文献的一个重要组成部分。

首先，有清一代，清政府曾多次派员赴台解决英、法、日、美等帝国主义国家侵略台湾的善后事宜，这些赴台官员的奏折里留下了不少有关台湾的记录。

如安徽桐城人姚莹，先于嘉庆二十一年（1816 年）出任台湾知县，复又于道光十七年（1837 年）担任台湾兵备道。姚莹第二次抚台，正值英国在中国大肆贩卖鸦片之时，姚莹与台湾士民严守海关，严禁鸦片入境。鸦片战争爆发后，姚莹又率领台湾士民，多次打败英军的入侵。姚莹的《东溟奏稿》，即为其在台湾与英军作战时的奏疏与公文的汇录。

同治十三年（1874 年），日本以琉球船民被高山族人误杀为借口，发动侵台战争。沈葆桢受清政府委派，以钦差大臣的身份赴台办理海防，同时与日方交涉撤兵事宜。因此沈葆桢生前的奏折里，有不少是关于台湾的。光绪十八年（1892 年）重刊的《沈文肃公政书》中，卷五即为《福建台湾奏折》，此外，沈葆桢在两江总督任上的奏折，也有部分内容涉及台湾。

光绪十年（1884 年）至十一年（1885 年）间，法军侵台，钦差大臣左宗棠入闽督办援台军务，因此左宗棠的奏折中有很大一部分涉及在台湾整顿军务、与法军作战的经历。在此期间，湘军水师统帅杨岳斌接到清政府的命令，招编队伍到台湾准备与法军作战。不久，中法议和的消息传出，赴台作战的任务取消。台湾“中央研究院”历史语言研究所藏的《杨勇慤公奏议》一书，收有杨岳斌从招编队伍入台到遣散所募兵勇回籍的前后奏议。

湖广总督张之洞生前的奏折与文牍里也有不少与台湾有关的内容。同治年间日本侵台的牡丹社事件发生后，张之洞曾上书清廷，畅言保台事宜。中法战争时，张之洞为两广总督，奉命“越规援台”，因此，这一时期也有一些奏折谈到台湾的情况。

有关法军侵台一事，台湾“中央研究院”近代史研究所原来编印有《中法越南交涉档》，收录光绪元年（1875 年）至宣统三年（1911 年）间中越关系、中法战争及中法越南交涉的各项文件三千余件。其中光绪九年（1883 年）至十一年（1885 年）的二百六十七件档案，均直接或间接涉及法军侵台及其善后事宜。此外，清代军机处也留存有光绪十年（1884 年）中法战争期间有关台湾的档案。

其次，抚台官员治理台湾时留下了许多奏折文书等档案。

《东宁政事集》收录了康熙二十三年（1684 年）后季麒光于台湾诸罗县任内的种种往来公文，包括告禀、告示、信函、审判批语等。举凡台湾纳入清朝初期的政治、经济、军事、教育、民族关系等，均在这些公文中得以体现（季麒光《东宁政事集》，《台湾文献汇刊》第四辑）。

刘傲《巡台退思录》收有刘傲于光绪前期分巡台湾时的各项公牍一百一十四篇。除了《开山抚番条陈》作于同治十三年（1874 年）外，其余的一百一十三篇均为光绪七年（1881 年）至十年（1884 年）其在台湾任内的文稿。这些公牍涉及的内容广泛，有关于开山抚番的，有关于匪乱械斗的，有关于煤矿税务的，有关于军事海防的，还有关于文教和外交的。北京大学图书馆藏的《筹议台湾事宜折奏》，均为光绪前期丁日昌经营台湾时的相关奏折。刘傲和丁日昌的这些文牍与奏折，对于了解台湾建省前的情况有很大帮助。

同治光绪年间，吴赞诚赴台办理开山抚番事宜，其所遗的《吴光禄使闽奏稿汇存》里的《台湾奏事》与《陈病状辞任》，都是他在台湾任内的相关奏折。卞宝第曾于同治七年（1868 年）任福建巡抚，事隔二十年后，又于光绪十二年（1886 年）出任闽浙总督。卞宝第卒后，其子将其生前的奏折整理为《卞制军奏议》十二卷，其中卷三谈及同治六年（1867 年）分台湾、澎湖各营俸饷等事宜，卷八涉及其在湖南巡抚任内奏覆查抄台湾道刘傲财产之折，卷十一及卷十二则多为其在闽浙总督任内奏报台湾核销及人事方面的奏折。

刘铭传于光绪十年（1884 年）为抵御法军侵略，以巡抚衔入台督办台湾事务。第二年，由福建巡抚改派为台湾巡抚，着手筹备台湾建省事宜。刘铭传在台先后八年，颇有政声，其生前的奏疏有二十二卷，光绪间桐城人陈詹然辑为《刘壮肃公奏议》一书，按出处、谟议、保台、抚番、设防、建省、清赋、理财、奖贤、惩暴编为十略。1969 年，冯用谨在台湾省立博物馆又发现一批刘铭传抚台时的公文，将之整理为出处、设防、抚番、清赋、理财、铁路、邮电、矿务、樟脑、建省、洋务、鸦片、风灾、风化、人事与沈葆桢建祠等十六卷。其中，有关设防、抚番、建省、人事的公牍数量最多，矿务、洋务的次之，樟脑、鸦片及风化的又次之。这些公牍涉及的事件均发生于恒春、彰化两县，而有关恒春的又占了绝大多数。

除了抚台官员留下的大量有关台湾的奏折文疏外，清代的其他一些奏折汇编中也有不少有关台湾的资料。如《台湾文献丛刊》第二百五十六种为《清奏疏选汇》，大部分选自《皇清奏议》一书，同时还从李光地《榕村全集》、徐炘《吟香书室奏疏》、黄爵滋《黄少司寇奏疏》、张佩纶《涧于集》、宝廷《竹坡侍郎奏议》、王仁堪《王苏州遗书》、丁葆桢《丁文诚公遗集》及邓承修《语冰阁奏议》等专集中选录与台湾有关的内容。故宫博物院藏的《道咸同光四朝奏议》中也有不少有关台湾的奏议。《雍正硃批谕旨》中有关台湾的奏折也不少，大致有两百余件，内容涉及台湾吏事、兵事、粮农、财政、习俗、教育、卫生、治安、先住民、灾祥等项，其中又以粮农、吏事、先住民、治安类的资料较多，也较珍贵。

此外，《实录》资料也很宝贵。例如，从康熙统一到日本据台间台湾发生的重要事情，大多都可以从康熙、雍正、乾隆、嘉庆、道光、咸丰、同治、光绪八朝的《实录》中找到相应的记载。如雍正朝尽管才短短的十三年，但《清世宗实录》中有关台湾的记载却不少：雍正元年（1723 年）析诸罗县北半线地方另设彰化县，并增淡水捕盗同知一员；雍正九年（1731 年）将彰化县大甲溪以北钱粮、命盗等项归淡水同知就近管理，并移淡水同知驻竹堑；同时，兵备汛防也随之先后增设（《清世宗实录选辑·弁言》，《台湾文献丛刊》第一百六十七种）。

台北图书馆藏的《台案纪事本末》抄本里辑录有三十余篇有关台湾的档案，台湾“中央研究院”历史语言研究所整理的《明清史料》七编中也有大量涉及台湾的档案记录。《台湾文献丛刊》的编者将这些有关台湾的档案归类汇总，分为台案汇录《甲集》至《癸集》共十集出版。《台案汇录甲集》由《台湾纪事本末》改编、增辑而成，分三卷。第一卷收有十篇有关台湾屯政的档案，从中可以看出乾隆五十三年（1788 年）至道光十八年（1838 年）五十年间台湾、凤山、嘉义、彰化四县和淡水一厅设立番屯及后来清厘整顿的情形。第二卷为关于台湾“匪乱”的档案，记录平定张丙、詹通乱事及善后事宜。第三卷收有二十个文件，记录的事情较杂，有查报台湾厅县界内并无未垦地亩的，有请求豁除被水田园银谷或缓征被灾地方正供钱粮的，等等。《台案汇录乙集》收录的文件全部来自《明清史料》，为康熙、雍正、乾隆、嘉庆和道光五朝台湾文武官员之任免、升调与奖惩的资料。《台案汇录丙集》收录闽浙总督、福建巡抚、户部、工部、吏部、礼部等部门关于台湾钱粮征收、输纳、运送以及台湾田园受灾的善后处理等事宜，同时也有部分奏折涉及两岸的商贸往来等情况。《台案汇录丁集》分为五卷，卷一与卷二为有关台湾军事行政的各项档案。卷三为台湾总兵、将军、巡抚和水陆提督巡阅全台营伍的报告。卷四与卷五所收大多为督解台、澎饷银、运载戍兵眷米、报销官兵俸饷马乾红白赏银和眷口米折银两的档案。《台案汇录戊集》收有三种类型的档案，第一类为有关海洋遭风船只的档案，第二类为修造战船的档案，第三类为修制军装器械的档案。《台案汇录己集》都是关于台湾“匪乱”、械斗和命盗诸案的档案，其中有不少档案为原始资料，弥足珍贵。如该集中有朱一贵及其同道并家属们的供词，这是有关朱一贵案最为原始的资料。《台案汇录庚集》均为林爽文起义的原始资料，共有五卷，前三卷的档案来自《明清史料》，后两卷的档案选自乾隆五十二至五十三年间（1787—1788 年）朝廷寄给福康安的上谕。《台案汇录辛集》的前五卷为嘉庆年间朝廷征剿蔡牵、朱渍等海盗的档案，第六卷为道光年间中英鸦片战争期间有关台、澎防御英军入侵的事情。《台案汇录癸集》辑录四十个文件，绝大多数与台湾“抚番”事务有关。《台案汇录癸集》则是从《明清史料》里乾隆、嘉庆、道光三朝各部造送内阁的各种清册中节录有关台湾的部分而成的。这些按月造送的清册，内容大多是开具当月承办各项案件的事由及其处理经过。这些记载，对于考证台湾史事极有助益。

清代淡水县、新竹县保存下来的一批当地的政府档案也弥足珍贵。这批档案被称为《淡新档案》，规模较大，按内容可分为行政、民事及刑事三编。行政编除了一些总务外，主要都是有关财政与抚垦的资料。民事编的内容包括田房、钱债、人事、商事等，其中田房类占绝大多数。刑事编的除总务外，有关财产侵夺的档案最多，人身自由的次之，有关风化的也不少。

清代台湾在海防上具有重要的战略地位，因此有关海防方面的档案也保存了不少。如清季总理各国事务衙门暨外务部的海防档案原分六个部分：购买船炮、福州船厂、机器局、电线、铁路、矿务。《台湾文献丛刊》的编者以船政、电线、铁路三类将其中有关台湾的内容选编为《台湾海防档》。船政类涉及买受租雇洋船章程，有派官轮赴台渡送官兵的文报以及顺搭客货之案，还有福州船厂养船经费与台防经费之关涉事件等项。电线类有同治十三年（1874 年）后筹设福厦电线及与丹商大北电报公司间的交涉事宜，有台湾建省时刘铭传设置台北、安平陆线及安平、澎清厦门海线的事宜，还有日据后关于让售闽台海线的涉外事宜。铁路类主要包括建省时刘铭传筹建基隆、台南铁路、兴办商务以及光绪十六年（1890 年）后修建芦汉铁路台湾摊筹经费一案。台湾“中央研究院”历史语言研究所藏有《钦定福建省外海战船则例》一书，尽管记录的是福建的情况，但福建省的外海战船的三分之一在台湾，因此该书也可说是有关台湾战船的重要档案资料。《钦定福建省外海战船》载台湾、澎湖共有大小战船九十八只，乾隆中叶后裁剪为八十只。书中除了记录台湾的战船数量外，对各种战船的制作方法也有详尽的介绍。

三、官员、文人有关台湾的历史地理著述及诗文集等

有清一代，官员、文人撰写的有关台湾的历史地理方面的著述相当丰富。

如乾隆年间巡台御史黄叔璥的《台海使槎录》详细记录了台湾的各方面情况，如“岛屿之险易、城堡之坚脆、番俗之驯悍、政刑之张弛、戎伍之疏密、礼乐之异同”，甚至连“禽鱼草木之细”，都做到“必验其形焉，别其色焉，辨其族焉，察其性焉；询之耆老、诘之医师，毫釐之疑，靡所不耀，而后即安”，是一部有关台湾历史地理方面的优秀作品。（黄叔璥《台海使槎录·鲁序》，《台湾文献丛刊》第四种）。

乾隆年间，朱仕玠在台湾凤山教谕任内时，追忆赴台路途所经及在台湾的所见所闻，同时参考台湾的郡邑志乘，撰成《小琉球漫志》，其内容“自山川风土人物，上至国家建置制度，下而及于方言野语，综要备录，靡有所遗。其间道途所经、胜迹所垂，与夫珍禽异兽中土所不经见者，则以诗歌写之”，对乾隆年间台湾风物的介绍极为详尽。

福建崇安人董天工在担任台湾彰化县教谕期间，曾搜罗台湾山川、风土、民俗、物产、贤良、节烈的资料以及前人的题咏之作，编为一集，名《台海见闻录》。该书对了解乾隆以前的台湾情况有参考价值。

嘉庆间翟灏任职台湾时，编有《台阳笔记》，内容涉及台湾的山川、人物、土俗、民情等，“其物产，则火山、浊水、玉山、蛤仔兰、珊瑚之树、

琉璜之花；谲怪而瑰奇也。其风土，则番钱之狡、鸦片烟之害、聚芳园之幽且静，以及归化之生番、漳泉粤庄之义民，奇正错出而劝戒交深也”。可见该书内容详尽，考证严谨。

光绪年间唐赞衮赴台任台澎道兼按察使，于政务之余访求旧章、甄搜事类、考察民俗，将台湾设省以来“土地之扩辟、疆域之改隶，与夫人物之乘时蔚起、风俗之渐次转移”的情况录为《台阳见闻录》一书。该书对了解台湾建省后的情况有所帮助。

除了有关台湾的历史地理方面的著述外，官员、文人们还留下不少有关治台方略及台湾重大事件的作品。

如道光年间丁绍仪曾在台湾负责襄理度支、稽核文册，“凡台事之堪资谈助者，入耳经目，辄笔识之，并附缀管窥所及”，撰成《东瀛识略》一书，对治台方略发表了不少自己的看法。

姚莹在台湾官场的经历也很丰富，曾为台湾县令，兼摄南路同知，后来又出任噶玛兰厅通判，对台湾的地势、民俗等各方面情况都相当了解。姚莹“目睹往来论议区画之详实，能明切事情，洞中机要；苟无以纪之，惧后来者习焉不得其所以然。设有因时损益，莫能究也”。于是下力气收集了不少有关前任抚台官员治台方略的资料，“附及平素论著涉台政者”，编为《东槎纪略》一书。

台湾鹿港同知邓传安的《蠡测汇钞》也是一本有治理关台湾的资料。邓传安初为台湾北路理番同知，“尝东至彰化界外之水沙连各社，北至淡水之艋舺八里坌”。担任鹿港同知后，“又尝南至凤山之埤头”。邓传安所到之处，均留心地方的山川形势，民风土俗，同时在政务之余还参考了不少的志乘及文集杂记等资料，因此《蠡测汇钞》一书可谓为作者在台湾治理上的心得总汇。

台湾大学图书馆藏的丁曰健的《治台必告录》一书，近四十万字。据书中丁曰健的《自序》载，该书为徐树人中丞“在台数年参酌搜讨，荟萃诸名臣之精华而加以伟论”的作品。全书分为八卷，前五卷为著者辑录的他人文字，如蓝鼎元《鹿洲文集》、魏源《圣武纪略》、谢金銮《蛤子难纪略》、邓传安《蠡测汇钞》、周凯《内自讼斋文集》、姚莹《东溟文集》、《东槎纪略》、洪阿达和姚莹的《防夷奏疏》、刘韵珂《奏开荒地疏等二篇》、熊一本《条覆筹办番社议等二篇》、仝卜年《上刘玉坡制军论台湾时事疏》、史密《筹办番地议等二篇》、徐宗干《斯未信斋存稿》等。后三卷为丁曰健本人有关台湾的奏疏与文告。

有关台湾重大事件的著述主要有蓝鼎元的《东征集》、《平台纪略》，佚名的《平台纪事本末》，吴德功的《戴施两案纪略》，林豪的《东瀛纪事》，蔡青筠的《戴案纪略》，吴子光的《台湾纪事》等。

蓝鼎元的《平台纪略》，记载了台湾朱一贵起事时，清政府派师入台镇抚的前后经过。当时蓝鼎元随其兄蓝廷珍统军入台，亲身经历了与朱一贵间的多次战斗。因此《平台纪略》的史料价值非一般野史可比。

《平台纪事本末》（撰者佚名）记录台湾林爽文起事及清政府平定事件的经过。该书不仅按日详细记录林爽文起事的发展经过与作战的情况，而且对作战地方的地势险易与人事的曲折也有反映。

吴德功的《戴施两案纪略》记录咸丰十一年（1861 年）戴万生之事与光绪十四年（1888 年）施九缎之事。吴德功以当时人记当时事，史料价值较高。林豪的《东瀛纪事》记录戴万生之事。林豪入台时，为清军平定戴万生之事不久，因此，《东瀛纪事》一书的资料，很多来自当事者的口碑。按作者《自序》所说，他到台湾后，“辄与其贤士大夫、田间野老纵谈当日兵燹离乱之故，因即见闻所可及者随笔劄记”。撰写时，作者又“以野叟之传闻，质于当轴之对事；老兵之偶语，确于大帅之文移”，因此，该书的可信度较高。蔡青筠的《戴案纪略》，则是对吴德功与林豪两书的补充。

一些官员、文人生前的文集也是了解清代台湾的一个重要窗口。

如姚莹的《中复堂全集》，收录了姚莹生前的绝大多数作品，包括《东溟文集》、《东溟文后集》、《后湘诗集》、《后湘二集》、《后湘续集》、《东溟奏稿》、《识小录》、《东槎纪略》、《寸阴丛录》、《康輶纪行》、《姚氏先德传》、《中复堂遗稿》、《中复堂遗稿继编》以及《传记》、《墓志铭》、《墓表》、《年谱》等。其中《东溟奏稿》、《东槎纪略》前面已有介绍，其他的作品中有关台湾的资料，则由曹永和辑录成一编，以《中复堂选集》为题列入《台湾文献丛刊》出版。

道光咸丰年间台湾兵备道徐宗干有《斯未信斋文编》和《斯未集斋杂录》两种文集传世。《斯未信斋文编》除了收录徐宗干从仕期间的军书、官牍外，还收有艺文四卷。其中艺文中的《祭溺海兵民文》、《祭告城隍文》、《祭海文》、《重修台湾昭忠祠碑》、《创建雷祖庙记》、《浮海前记》、《渡海后记》、《记台湾草木状》等文章均与台湾有关。《斯未信斋杂录》则是以随笔与杂记的形式按日记录作者本人的所见所闻。该书卷四、卷五与卷六所记内容为道光二十七年（1847 年）作者赴任台湾道至咸丰四年（1854 年）卸任之间的台湾情况，对于研究清代台湾有重要的参考价值。如卷五《壬癸后记》记载士民迎请嘉义县北港朝天宫妈祖赴台南巡游的情况，就是极为珍贵的民俗史料。还要指出的是，该书为《杂录》，在台湾所记的，不一定全是有关台湾的内容，不在台湾记的，也有提到台湾事情的。

林树梅的《啸云山人文钞》、《静远斋文钞》也有不少内容涉及台湾。林树梅生长于金门，游幕于凤山，熟悉台湾、澎湖、金门一带的风土、习俗。《啸云山人文钞》所收的书信、论集、游记、传记等，多关台湾掌故、政事、人物及金门人物古迹。此外，闽台关系、汉番关系、高山族社会生活、台湾乱事等，书中也间有涉及。颇值一提的是，林树梅生前关心台湾的军事与交通，《啸云山人文钞》收录的《闽海握要图说》，不仅记录了闽台沿海海道、风向、潮水、港道及当时兵船巡海之法的实际情况，同时也提出了作者自己的建议。林树梅《静远斋文钞》收录的传、铭、信、记多篇，也谈到了闽台的风俗民情特别是金门的人物人文的情况。

此外，刘埥的《片刻余闲集》，谢金銮的《二勿斋文集》，陈池养的《慎余书屋诗文集》，黄家鼎的《马巷集》，刘文芝的《刘秀峰遗集》，连横的《雅堂文集》，陈璸的《陈清端公文选》，郑兼才的《六亭文选》等，对了解清代台湾也有参考价值。

最后，官员、文人的一些诗作对清代台湾的社会发展情况也有所反映。

例如，《台湾文献丛刊》收录的诗作就有郑成功父子的《延平二王遗集》，郁永河的《裨海纪游》、《使署闲情》，孙元衡的《赤嵌集》，沈有容的《闽海赠言》，钱秉镫的《藏山阁集选辑》，徐孚远的《交行摘稿》，卢若腾的《岛噫诗》，章甫的《半崧集简编》，郑用锡的《北郭园诗钞》，刘家谋的《海音诗》，林占梅的《潜园琴余草简编》，陈肇兴的《陶村诗稿》，王凯泰等人合著的《台湾杂咏合刻》，施士洁的《后苏龛合集》，许南英的《窥园留草》，林朝崧的《无闷草堂诗存》，傅锡祺的《栎社第一集》，连横的《台湾诗乘》、《剑花室诗集》等将近三十种。

《台湾文献丛刊》在收录诗作时，主要是选录那些兼具史料价值的诗篇，“举凡讽咏台湾或与台湾相关的史事、地理、人文、俗尚等古今体诗，均在收罗之列”。（《台湾诗钞·弁言》，《台湾文献丛刊》第二百八十种）。可见，上述入选的这将近三十种诗作，都在一定程度上反映了台湾的社会发展情况。例如孙元衡的《赤嵌集》收有三百六十篇诗作，绝大多数为作者为官台湾时所作。作者在台湾“阅历岁时，目览耳闻，皆归篇什，使其山川、人物、饮食、方隅以及草木、禽鱼无不吐其灵异而发其光华”。陈肇兴的《陶村诗稿》的不少作品取材自戴万生事件，读之“可藉以知台湾往昔之史迹”。

《台湾文献汇刊》也收录了不少官员、文人的诗作。如夏之芳的《台阳纪游百韵》，为作者雍正六年（1728 年）巡台视学时与他人的唱和之作。曹文汉的《闽归集》收有古今体诗一百六十首，为嘉庆间曹文汉为搭救被海盗蔡牵绑架的父亲而往来于闽越之间的纪程与感事之作，以及朋僚投赠之诗词。诗中除反映作者对父母家人的深深眷恋之情外，对蔡牵之事与闽浙风情也有所涉及。嘉庆间福建提督李长庚率师出海讨伐蔡牵，战没于潮州黑水洋，其生前的遗作整理为《李忠毅公遗诗》，有不少内容涉及清军与蔡牵交战的情形。徐一鹗曾在台湾任过县学教谕，其《宛羽堂诗钞》中的《赴台漫兴》诸诗记述了作者的赴台经历与所见所闻。周长庚的《周教谕遗诗》中有关台湾的内容多为纪行览胜之作，可补台湾志乘之不足。此外，刘家谋的《观海集》，吴玉麟的《素村小草》，吴国翰的《醴余诗钞》等诗作，也是研究清代台湾的重要参考资料。

四、族谱、契约文书等

《台湾文献汇刊》收录有不少有关台湾的族谱资料，主要来自漳州、泉州一带，其中漳州的族谱资料占绝大多数。

漳州府南靖县书洋萧氏派下族人从明末至清末移民到台湾的多达六百余人，现今台湾萧氏人口八成以上均为书洋萧氏移民的后裔。现存《施洋萧氏族谱》为萧钟鸿、萧仰高等光绪、同治、民国间的抄本，收有萧氏芳远堂、书山祠、见龙祠、深坵祠、四美堂等七册谱牒，记载了闽台两地萧氏血缘文化关系及宗室往来的大量资料。同治八年（1869 年），萧氏家族因迁台者众多，乃召集福建原乡族人与迁台族人共同订立祭祀祖先的《书山萧氏祭祖规条》，其中有涉及奖励族人读书仕进的内容。

南靖县永丰里高才社徐氏家族早在明末就开始向台湾移民，现存《广仁堂徐氏族谱》分甲、乙、丙三册，谱中有该族迁台祖迁台动因、过程、在台事业兴衰，以及搬回祖地的详细记录与评论，为研究闽台关系史的重要资料。

南靖梅林魏氏出于汀州宁化，民国时魏雨顺的抄本《梅林魏氏族谱》，记录了清代该族三百五十多位迁台族人的人名，还有大量关于台湾宗亲归葬梅林祖地，以及五十年前两地宗亲密切往来的记载。

南靖奎洋庄氏家族在明代嘉靖、万历年间第十世祖起，就开始向台湾移民。现存《龟洋庄氏族谱》，修于光绪年间，谱中载有迁台族人三百余人。

南靖县金山《璧溪吴氏族谱》载第四世千一郎兴甫于元至正时往台湾开矿，这是见诸谱牒的闽南一带最早迁台祖的记录，也是非农垦与军旅迁台的最早记录。

漳州华安县昇平郭氏为福建省单姓族一个宗支向台湾移民最多者，《昇平郭氏族谱》载有明末以后移民到台湾的族人就有八百多人。清末该族修谱时，曾到台湾搜集宗亲资料。谱内有台湾宗人过世后等魂回华安祖地入祠奉祭的纪录，还有迁台族人生辰及卒葬时间地点以及祭祖业田的记载。

此外，漳州《壶嗣吴氏族谱》载有该族清代一百七十九位迁台祖的名字，漳州《平和大径黄氏族谱》、《平和国强黄氏族谱》、《南靖乐土黄氏族谱》、《南靖湖山黄氏族谱》、《诏安秀篆黄氏族谱》等载有漳州黄氏家族八百多个迁台族人的名字，《南靖卢氏族谱》载有一百一十位迁台者的名字，南靖《施洋刘氏族谱》载有二百多位迁台开基祖的名字，南靖县梅林《长教简氏族谱》载有该族明末至清末移民台湾的族人三百多人，《南靖赖氏族谱》载有该族迁台祖四百多人，云霄《何地何氏家谱》载有该族明万历至清末迁台族人三百九十七人，平和《何氏家谱》载有该族清代三百多位迁台人名，《高港曾氏族谱》不仅载有一百多位迁台祖的名字，还留有乾隆间迁台族人在彰化请建祖祠一文，弥足珍贵。

《台湾文献汇刊》也载有几种泉州的族谱。如泉州府晋江县《鳌江范氏族谱》，首修于范族十二世孙范学洙。范学洙长年生活于台湾，曾参与编修《台湾府志》，其所修纂的《鳌江范氏族谱》特别关注福建与台湾两地族人的发展情况。谱中记录了从明代后期至清代中期的族人迁台及在台湾的种种活动。该家谱还延请钦命巡察台湾兼提督学政单德谟，钦命巡视台湾兼理学政并主修《台湾府志》、福建分巡台湾道按察使司副使刘良璧等人作序，这些都是罕见的台湾史资料。晋江县铺锦村黄氏家族于清代到台湾经商者甚众，鹿港郊行就有不少黄氏族人经营其中。光绪庚寅年（1890 年）修纂的《龟湖铺锦中镇房黄氏族谱》中有许多族人在泉州、厦门、鹿港经营郊行的记载，谱中《十三世约亭公自记年谱》的主人为有名的郊商，谱中记述尤为详尽。该谱对于研究清代福建与台湾民间商业历史甚为珍贵。

《台湾文献汇刊》还收录了板桥林家的一些民间文书资料。板桥林家是清代台湾最富有、最有影响力的家族之一，日据台湾后，林家大家长林维源率族人内迁厦门，带回林家许多重要的文档。《台湾文献汇刊》收录的民间文书资料，即是厦门博物馆保存的林家带回有的这批资料，包括契约文书、照片资料、林家书信、林尔嘉日记、创办实业文档、林家各房号账册、诉讼材料、菽庄吟社诗稿及其他相关资料等。

除了板桥林家的民间文书资料外，《台湾文献汇刊》还收录了台北芦洲地区的民间契约文书，台北北投嗄唠别庄陈家契约，新竹、淡水、台中等地契约文书，台中大甲地区林桓茂家族契约文书，新竹曾家契钞，嘉义打猫堡新庄郭家契钞，苗栗中港社、后龙社契约文书，以及清代执照、存单、存根等。这些民间文书资料极为丰富，对了解清代台湾有重要的参考价值。如台北芦洲地区的民间契约文书，大部分由芦洲田野美李氏家族的李严秀峰女士提供，少部分由芦洲文史工作室的杨莲福先生提供，可分为七种类别：（一）土地买卖契约；（二）土地典当契约；（三）其他物产交易契约；（四）合约文书；（五）分家文书；（六）物产证明文书；（七）其他文书。

第四节　日本据台的相关文献

光绪二十一年（1895 年）中日《马关条约》签订，台湾、澎湖被割让给日本，此一事件改变了台湾半个世纪的命运。相应地，也产生了许多日本据台前后的文献资料。

当时，李鸿章为中日和议的中方代表，其生前的奏疏、公牍中有不少涉及乙未割台的内容。如《李文忠公全集》中的《论日本与台湾、朝鲜、秘鲁交涉》、《论日本派兵赴台湾》、《论日本图攻台湾》、《论台事归宿》等，都直接谈到了有关割让台湾的一些问题。

中华书局印行的《中国近百年史资料续编》载有《马关议和中之伊李问答》一篇，以中方代表李鸿章与日方代表伊藤博文对话的形式描述中日马关和议的过程，割台一事也从两人的对话中得到很好的反映。《马关议和中之伊李问答》不知撰者，按《台湾文献丛刊》编者思澄的看法，这些记载很可能是出于当时参加和议者的传述，特别是日本方面的记录。

清军机处档案《清光绪朝中日交涉史料》中关于割台一事的档案也不少，更可贵的是，该书记载了大量甲午之战时国内反对和议条款的文件，如台湾与各省在京会试举人的上书，各部院属官、各省大吏的奏折等，这对于了解国内舆论对割台一事的反映有参考价值。

东莞王炳耀于光绪二十一年（1895 年）辑有《中日战辑》六卷，汇集中日甲午之役中外报章所刊的相关报道。书中作者对资料作了分类排比，同时增加一些简单的文字说明，用作提纲。

一些割台事件的当事者撰写的有关割台之事的著述，对了解日本据台的过程、台湾民众的反抗等也有很大帮助。

如易顺鼎的《魂南记》，记录了清光绪二十一年（1895 年）割台时作者两次渡台赴援的经历。俞明震《台湾八日记》记录同年五月初五日兵在澳底登陆后与驻台清军间发生的战斗，以及十二日台北兵变的情形。作者于四月二十五日受命总理全台营务，五月一日接署藩司，八日奉命赴前敌督帅兼理饷械、电报事宜，文中所述多为作者亲身经历，可信度较高。思痛子撰的《台海思恸录》一书，分台防、台北、台湾、台南、澎湖五篇，记载光绪二十一年（1895 年）日本据台的战事经过。作者在书中说："予于甲午倭寇犯台之役，纪其战事本末，分为五篇，命曰《台海思恸录》；盖生于台、长于台，身受台之创巨痛深、亲见台之同遭蹂躏而痛定思痛也"，（思痛子《台海思恸录·自序》，《台湾文献丛刊》第四十种）可见该书也是作者根据亲身经历所著。丘逢甲的《岭云海日楼诗钞》、《金城唱和集》也是作者亲身经历的有感而发之作。清廷割让台湾时，丘逢甲倡言自立，反对割地求和，并领导台湾义军抵抗日军入侵。《岭云海日楼诗钞》、《金城唱和集》多为作者怀念台湾之作。林鹤年的《福雅堂诗钞》对割台一事亦有反映。甲午割台之议起时，林鹤年适在台湾，遂以诗为史，记载刘永福守台、唐景崧被推戴为台湾民主国总统一事。吴德功《让台记》对割台一事有直接记述。光绪二十一年（1895 年）割台时，台湾民众纷起自保，吴德功也组织团练，参加护卫桑梓的浴血斗争。事后，吴德功将自身的所见所闻，参诸公报与他人著述，撰成《让台记》二卷，详细记录割台之后驻台清军（主要是刘永福黑旗军）与台湾人民奋力抵抗日军的英勇事迹，深刻检讨日军之得与清军之失（吴德功《让台记》，《台湾文献汇刊》第六辑）。

另外，日据时期的台湾总督府也形成了一些档案文件，后被译为中文，在台湾出版《台湾总督府公文类纂》，该丛书包括邮政、官制、宗教、教育、卫生、殖产等六部分，共十九本。

除以上所述文献之外，在出版《台湾文献汇刊》的基础上，经过一年多的调研和论证，“台湾文献史料出版工程”正式启动。工程由中国第一历史档案馆、中国第二历史档案馆、厦门大学、福建师范大学与海峡两岸出版交流中心等单位共同实施。

该出版工程由《明清宫藏台湾档案汇编》（二百三十册）、《馆藏民国台湾档案汇编》（三百册）、《民间遗存台湾文献选编》（五十册）、《海外遗存台湾文献汇编》（五十册）四大项目构成，总共六百三十册。其中，《馆藏民国台湾档案汇编》与《明清宫藏台湾档案汇编》已分别于2007年和2009年出版。

《明清宫藏台湾档案汇编》由中国第一历史档案馆编纂，从该馆珍藏的明清时期宫廷最具权威的原始档案中，将其所藏不同时期、不同文种有关台湾的各类原始密档搜罗殆尽，共计一万余件。

该汇编的明朝台湾档案较少，集中于天启、崇祯两朝，汇成一册；其余二百二十七册书均为清朝台湾档案。其中，明朝部分主要选自兵部题行稿，清朝部分主要选自军机处上谕档、军机处台湾档、军机处录副奏折、军机处杂件、军机处电旨电报、军机处来文、宫中朱批奏折、宫中履历引见折、宫中廷寄上谕、宫中雨水粮价单、宫中进单、宫中电旨电报、宫中杂件、内阁题本、内阁史书、内阁敕谕、内阁起居注、内阁乡试录、内务府活计档、御制诗文、满文奏折、外交档、咨文、信函、移会等等。

该汇编所辑明清宫藏台湾档案自明朝天启年间至晚清光绪时期，其内容丰富翔实。举凡郑氏收复、康熙统一、乾隆平定、光绪设省等重大事件及官员任免、移民开发、海疆防务、甲午割让等诸多台地大小政事均有记载。有许多档案是在这次编纂过程中第一次发现，直接生动地反映了明清两朝宝岛台湾的沧桑历史。该汇编全面整理、解密了中国第一历史档案馆所藏明清时期有关台湾问题档案，系统反映了台湾地方与明清两朝中央政府的关系，如实追记了明清政府对台湾的有效管理。这些档案具有极其重要的政治意义，且不论在史学研究、工作参考方面，还是在文物考证、艺术鉴赏等方面都具有不可估量的价值。

后 记

阎崇年

一

《清代台湾》一书，终于杀青雕梓。这是本书的末端、终点。《大学》曰："物有本末，事有终始，知所先后，则近道矣。"本书的本源、始点，我在这里向广大读者做个说明。

2004年10月20日，陈捷先教授提出编著出版《清代与台湾》丛书的重要倡议。

陈捷先教授1932年生于江苏江都，是国际著名清史学家、满学家、方志学家。1956年毕业于台湾大学历史系，1959年获台湾大学历史研究所硕士学位，后应邀到美国加入哈佛大学访问学人计划研究，返台后任台湾大学教授兼历史系系主任、历史研究所所长等职。1980年应聘为美国马萨诸塞州大学客座教授，1990年荣获韩国圆光大学名誉博士学位。退休后任台湾大学名誉教授、台湾佛光大学人文社会学院教授、南开大学历史系客座教授。长期在台湾大学历史系担任清史的教学与研究工作。退休后一面继续研究清史，一面受聘讲授清史。著有《满洲丛考》、《清史杂笔》（一至八辑）、《清史论集》、《清代台湾方志研究》、《东亚古方志学探论》、《努尔哈齐写真》、《皇太极写真》、《顺治写真》、《康熙写真》、《雍正写真》、《乾隆写真》、《慈禧写真》、《满文清实录研究》、《满文清本纪研究》、《Manchu Archival Materials》（满文档案资料概述），主编《努尔哈齐事典》、《宣统事典》等清十二朝事典，《蒋良骐及其〈东华录〉研究》，以及中英文论文百余篇。

陈捷先先生倡议出版《清代台湾》一书。他认为：

> 台湾在明天启四年（1624年）被荷兰人侵占。顺治十八年（1661

年）郑成功从荷兰人手中收复台湾。【附注】郑成功死后，子郑经奉南明正朔。康熙二十二年（1683 年），康熙帝统一了台湾，设台湾府，隶属于福建省，派总兵官一员、率官兵八千驻防台湾。从而加强了中央对台湾的管辖，也促进了台湾经济文化的发展。中经雍正、乾隆、嘉庆、道光、咸丰、同治六朝，台湾的经济文化得到新的发展。光绪十一年（1885 年）九月，清朝“改福建巡抚为台湾巡抚”，正式建立台湾行省，刘铭传为第一任台湾巡抚。刘铭传作为清朝东南台湾省的封疆大吏，在台湾筑炮台、修铁路、架电线、恤民生，发展经济，安定社会。后晋为兵部尚书衔。死后，赠太子太保，建祠祭祀。刘铭传建议并在台湾修建铁路，史称：“中国铁路之兴，实自铭传始。”今台北市公园有郑成功、刘铭传等塑像。

但是，近年来台湾当局鼓吹“台独”，歪曲历史，甚至在学校教科书中将清朝历史列入世界史范畴。台湾有一些人说什么“台湾从来不属于中国，在清朝对台湾的统治也只有八天。”这些论调虽然是违背历史真实，却迷惑了不少缺乏历史知识的民众，特别是对青少年产生严重误导。

我们研究清史的学者，听到这些违背历史的言论，感到十分痛心，也深感责任在肩。我们有责任、也有义务向台湾民众、向海峡两岸人民、向世界人民说明台湾隶属于清朝中央政府的历史真相。

因此，我们建议：由海峡两岸清史学者合作撰写《清朝与台湾》历史丛书。阐述清朝从顺治到宣统，台湾一直在中央政府管辖之下，其社会、经济与文化得以迅速的发展，以及台湾与大陆的关系。本书出版后在中国大陆、台湾、香港、澳门及海外华人地区发行。

【附注】关于郑成功收复台湾的时间，《辞海》（上海辞书出版社）“郑成功”条说：“康熙元年（1662 年）二月一日，荷兰总督揆一投降，台湾重回祖国怀抱。”这种说法欠缺有二：其一，二月一日应是阳历，而不是阴历；其二，1662 年 2 月 1 日，实际上是顺治十八年十二月十三日。康熙元年正月初一日应是公元 1662 年 2 月 18 日。事情虽发生在公元 1662 年 2 月 1 日，却是顺治十八年十二月十三日，本月末为二十九日，这时距康熙元年元旦还有 16 天。因此，从帝王纪年方面，说郑成功收复台湾在顺治十八年（1661 年）可以，说郑成功收复台湾在康熙元年（1662 年）不可以；从公元纪年方面，说郑成功收复台湾在 1662 年可以，说郑成功收复台湾在 1661 年不可以。

陈教授的上述倡议，得到海峡两岸清史同仁、广大民众暨有关领导、出版贤达的赞同和支持。

事情确定之后，我做学术联络。鉴于《清朝与台湾》丛书是一项系统的学术与文化工程，全面完成，需要时日，实际做来，循序行进。为此，决定编辑出版《清代台湾》等著作。王杰总编、张万兴主任，参与策划，多方关切。在陈教授主编下，先是拟定《凡例》，继是制定提纲，接着请人撰稿，尔后编辑加工。稿子上来后，经过一审，提出不足，进行修改。修改稿上来后，进行二审，又做修改。三稿上来后，再行修订。陈先生大部时间在加拿大，往返传真，联通电话，递送意见，每每沟通。三稿校样出来后，时我在台湾佛光大学讲学，请台湾辅仁大学《清代台湾军事与社会》著者许毓良先生审读，提出了诸多宝贵意见。其间，九州出版社编辑仔细阅读，核对史料，加工编辑，审校文字，改进良多。徐尚定社长、黄宪华副社长也极为关心。历时五年，多方协作，认真编修，《清代台湾》一书，终于正式出版。

本书由陈捷先教授撰写《通纪》篇；宋淑玉博士撰写《文化》、《民俗》、《民间信仰》、《妈祖》和《人物》五篇，胡文生博士撰写《移民》、《管理》、《经贸》和《教育》四篇，范正义博士撰写《文献》篇。其中，陈捷先教授的《通纪》篇，为全书之纲，概述清朝以前的台湾历史，重点阐述清代台湾的历史与文化，特别叙述清代台湾与中央政府的关系。原拟由我撰写《结语》篇，但未完成，实为遗憾。

二

清代台湾的历史，从顺治元年（1644 年），到宣统三年（1911 年），共二百六十八年。清代台湾历史演进，可以分作四个时期：

一是荷占时期。明天启四年即后金天命九年（1624 年），荷兰人侵入台湾。到清顺治十八年（1661 年），为荷兰人统治台湾的时期。其中，明天启六年即后金天命十一年（1626 年），西班牙人进入台湾北部，侵占鸡笼港（今基隆）。到崇祯十五年即清崇德七年（1642 年），荷兰进攻鸡笼（今基隆），西班牙人被荷兰人打败，西班牙守军投降，荷兰占据台湾。从此，台湾陷入荷兰人殖民统治的时期。此期，荷兰人建热兰遮城、赤嵌城（今台南市），委官征税，派军驻守。对原住民推行“左手拿《圣经》右手持火枪”的殖民政策。从台湾获取鹿皮、蔗糖、稻米等物资，并使台湾成为荷兰在东方的一块战略基地。

二是明郑时期。清顺治十八年十二月十三日（1662年2月1日），郑成功从荷兰人手中收复台湾。这十八年，加上康熙二十二年（1683年），共四十年的时间，台湾奉南明的正朔，就是用南明的纪年。此期，台湾虽未入清朝版图，但仍是中国的领土，因为南明政权也是中国的一部分。但是，郑成功从荷兰手中收复台湾的当年病故，年仅三十九岁。郑成功是中国历史上第一位从外国殖民者手中夺回失去国土的民族英雄。他为台湾经济、贸易、文化发展做出了贡献。今台北市公园里矗立郑成功塑像，就是对其功绩的肯定与颂扬。成功死后，其子郑经，继承遗位，仍奉南明正朔。郑经曾随应“三藩之乱”，在东南沿海地区，进行军事举动，不利社会安静。康熙二十年（1681年）郑经死，春秋四十岁。其长子被杀，次子克塽即位，年十二岁。到康熙二十二年（1683年）清军入台，克塽降清。台湾明郑时期的历史结束，进入清治时期。

三是清治时期。在清治台湾时期，台湾历史可分作两段：其一，台湾是清朝福建省属下的一个府，我姑且称作“清朝府制时期”；其二，台湾是清朝中央属下的一个省，我姑且称作“清朝省制时期”。下面分开叙述。

清朝府制时期。康熙二十二年（1683年）是台湾历史上划时代的一年。从此开始，台湾地区归属清朝，接受清朝中央政府的管辖。第二年四月，清廷在台湾设一府三县——台湾府（府治在今台南市），下属台湾（今台南）、凤山（今高雄）、诸罗（今嘉义）三县，并在台湾驻军。台湾府隶属于福建省管辖。雍正时增设彰化县、淡水厅、澎湖厅。嘉庆时又在宜兰地区增设噶玛兰厅（今宜兰境）。后来行政建制屡有变更。有一种说法，认为台湾在清代，隶属清朝，不属中国。这不符合历史事实。清朝是中国帝制时代的一个皇朝，它接管了明朝的版图，其版图又被民国所继承。不能因为清朝皇帝不是汉人，就认为清朝不是中国。台湾在清朝府制时期之后，进入省制时期。

清朝省制时期。光绪十一年（1885年）九月，清朝“改福建巡抚为台湾巡抚”，正式建立台湾行省，刘铭传为第一任台湾巡抚。从此，台湾同山东、山西等省一样，是清朝的一个行省。刘铭传在任台湾巡抚期间，推行积极政策，进行各种近代化事业。十二年（1886年），兴建台北火车站，是为台湾最早的火车站。其继任者邵友濂巡抚，将铁路修至新竹，约百里。到光绪十九年（1893年），台北——新竹铁路通车。此期，台湾省首府设于台北。此期，在台湾设清赋总局、邮政总局、茶厘总局、盐务总局、煤务局、轮船局、抚垦局、电报局等，台北—基隆—沪尾电线接通。第三任巡抚唐景崧任期半年，台湾被日本占领。

四是日据时期。甲午战争，清军失败，台湾被割给日本。在日据时期，一方面兴建工厂、公司、学校等，以及城市的市政建设；另一方面，又推动“日语国语化”、教育殖民化。同时日本对台湾资源进行野蛮掠夺。今见阿里山大量原始森林被砍伐，就是一个例证。这个时期，台湾民众或零散或联合反抗日据的斗争，被学者称为“武力抵抗时代”。到 1945 年第二次世界大战结束，日本战败投降，台湾回归祖国。日据台湾，整五十年。但是，日据台湾的时间，在清代只有十六年。

历史事实，雄辩证明：台湾在清代属于清政府管辖的时间是二百一十二年。而清接管台湾之前的台湾四十年，奉行南明正朔，也隶属于中国。日据台湾在清代只有十六年，仅占清朝历史的百分之六；况且台湾民众心向中华，不断进行反抗日据的正义斗争。最后，台湾历史江河经过一个回漩，又归向中华的浩瀚海洋。

三

清代台湾的历史资料，浩如烟海，异常繁富。近年九州出版社出版的“台湾文献史料出版工程”，经过多方努力，取得突出成果：十六开，精装本，六百三十册，其中《台湾文献汇刊》一百册，《馆藏民国台湾档案汇编》三百册，《明清宫藏台湾档案汇编》二百三十册，资料之多，可见一斑。仅以其中清代宫廷档案资料而言，主要收藏在“两宫三院”即北京故宫、沈阳故宫和北京故宫博物院、沈阳故宫博物院、台北故宫博物院，其中以北京中国第一历史档案馆（原故宫博物院明清档案部）和台北故宫博物院文献处为多，还有中国第二历史档案馆、辽宁省档案馆等单位。此外，在台北故宫博物院、台湾“中央研究院”历史语言研究所还珍藏大量有关台湾的档案资料，特别是明代有关台湾的档案资料。最近，《明清宫藏台湾档案汇编》已经出版，十六开，精装本，二百三十巨册，共辑录中国第一历史档案馆藏明清有关台湾档案一万六千二百六十六件，其中明朝台湾档案为二十五件，清宫台湾档案一万六千二百四十一件。在清朝档案中，顺治朝二十三件、康熙朝一百四十二件、雍正朝二百九十一件、乾隆朝五千零九十四件、嘉庆朝二千六百三十二件、道光朝二千八百二十件、咸丰朝四百一十一件、同治朝六百零六件、光绪朝四千二百二十二件等。

档案分类，颇为详细。它包括军机处上谕档、军机处台湾档、军机处录副奏折、军机处杂件、军机处电旨电报、军机处来文、宫中朱批奏折、宫中履历引见折、宫中廷寄上谕、宫中雨水粮价单、宫中进单、宫中电旨电报、宫中杂件、内阁题本、内阁史书、内阁敕谕、内阁起居注、内阁乡试录、内务府活计档、御制诗文、满文奏折、外季档、咨文、信函、移会等。清朝皇帝围绕台湾事宜颁发的谕旨诏令，从顺治帝到光绪帝，总计达两千四百余件。而满文台湾档案，主要集中在清朝前期的顺治、康熙、雍正、乾隆四朝，共有一百九十六件。有意思的是，满文档案中有向清廷进献西瓜的事情。据统计，在康熙、雍正期间，福建地方官员每年正旦（春节）前后，向宫廷进献西瓜的满文奏折有五十余件。

以康熙朝为例。康熙统一台湾后，台湾一府三县的知府、知县都由康熙皇帝任命。《明清宫藏台湾档案汇编》中收录康熙朝档案一百四十二件，其中有任命台湾水师提督施琅、凤山县知县、武会试题名录中台湾县和凤山县中武举人员、福建乡试题名录中台湾凤山县学生名录等档案。还有康熙五十四年（1715 年）二月初六日，福建浙江总督范时崇《台湾进贡西瓜已到浙江皆完好》的奏折。说到台湾西瓜，康熙还有故事。他派员将西瓜子送到台湾，并接受台湾官员进贡的台湾西瓜。康熙五十二年（1713 年）四月，福建巡抚满保派家人回京，返回时家人“赍捧瓜子一匣”，就是康熙帝让带去的西瓜子。康熙帝的意思是，“在台湾地方试种”。满保奏报称：“待其成熟，再行奏闻。”第二年，满保将台湾试种的西瓜呈送康熙皇帝。尔后，又带回宫中优良的西瓜子到福州。五十四年（1715 年），康熙帝赐送的西瓜子，如期在台湾试种。秋后，满保选大些的西瓜恭进到京。此后，每年康熙帝都派人将宫中的西瓜子派员送到台湾播种。浙闽总督范时崇派员进呈的台湾西瓜仅是其中的一例。

西瓜之外，还有芒果。康熙五十八年（1719 年），时满保已晋升为福建浙江总督，他派人将台湾出产的芒果送到京城进贡。康熙帝还将芒果树苗在北京种植，他说：“朕已移植，繁殖甚多，京城各处，均已种植。”

芒果之外，还有水稻。康熙皇帝在西苑（今中南海和北海）种植的水稻。他说自己吃的稻米，都是自己在西苑种植的。康熙帝选出自己培育的优良品种，发到台湾，进行试种。

上面仅以西瓜、芒果、稻米三例，其播种、培育、结瓜、呈送、共享，充分反映出大陆与台湾、中央政府与台湾地方之间，有多么密切、多么亲切的关系。

雍正朝档案收录有二百九十一件。大量档案是官员的任、免、升、转和考察、功过、陛见、谢恩、奖励、处分等。如，雍正元年（1723 年）十月十六日，闽浙总督满保题本，增设台湾府彰化县，获准；并钦命知县。从此，台湾府属台湾、凤山、诸罗、彰化四县。又如，台湾府继续向雍正皇帝进贡台湾出产的西瓜。雍正元年（1723 年）三月二十九日，“御赐西瓜籽带往台湾播种”。（《闽浙总督满保奏折》）二年正月初三日，“进贡台湾产西瓜”（《闽浙总督满保奏折》）。雍正九年（1731 年）十二月十八日，“恭进西瓜十二个”（《福建巡抚赵国麟进单》）。雍正十一年（1733 年）十二月十五日，“恭进西瓜十二个”（《署理福建水师提督陈勇进单》）。

又如，雍正帝继承乃父关心台湾雨水与收成。雍正元年（1723 年）十月十八日，“福建及台湾雨水及收成米价情形”（《闽浙总督满保奏折》）。同年十月二十九日，“台湾地方本年收成粮价”（《福建台湾总兵蓝廷珍奏折》）。雍正五年（1727 年）十月十五日，“台湾所属四县本年秋成分数”（《福建台湾镇副将陈伦炯奏折》）。雍正十一年（1733 年）七月十五日，“台湾入春以来得雨及早稻收成粮价情形”（《福建台湾总兵苏明良奏折》）。雍正十三年（1735 年）十二月初四日，“台湾本年收成分数及米价”（《巡视台湾给事中图尔泰奏折》）。

清朝宫中有关台湾的档案，以乾隆朝为最多，凡五千零五十九件，内容丰富，实证力强，篇幅所限，不予评述。

当然，清代台湾史的研究，以文字来说，中国的有汉文、满文、蒙文、藏文等，外国的英文、日文、法文、西班牙文、葡萄牙文、拉丁文、德文、荷兰文等；以文献来说，有官书如清实录、起居注、史传、方略、志书等，私籍如著述、文集、笔记等，其他资料包括碑刻、契约、谱谍、乡规等。本书的作者广泛搜求大量资料，尽力按历史原貌，客观叙述，公正落笔。这些文献与档案资料，是《清代台湾》的史料坚实基础。

四

《清代台湾》读后，我得到些什么印象呢？

第一，本书旨趣。《清代台湾》一书，在时间上，大致以清代为限，但为了说明台湾历史的发展脉络，对清以前的历史也有追溯，同样明郑政权也被纳入这个叙事脉络而加以处理。全书旨趣在于客观地全面地叙述清代台湾的历史、政治、经济、文化、军事、族群等，主要阐明台湾与清中央的关系，清代台湾历史文化发展与大陆的关系。作者力求为本书定位在介绍清代台湾的历史与发展概况的知识性读物。旨在客观陈述清代台湾与大陆的关系，力求使读者在轻松阅读中，对清代台湾的历史发展有客观、公正、全面、系统的了解。重点叙述清代台湾的历史与文化，特别叙述清代台湾与中央政府的关系。

全书分通纪、移民、管理、经贸、教育、文化、民俗、民间信仰、妈祖、人物、文献等十一个篇章。其中“移民”、“管理”、“文化”、“民俗”、“妈祖”等内容，尤能体现台湾和大陆的密切关系。

第二，殖民觊觎。自明末以来，台湾面临海外殖民势力的挑战与威胁。明弘治五年（1492 年），欧洲人哥伦布抵美洲加勒比海一带。弘治十年（1497 年），达·伽玛航行绕过南非好望角，抵印度西岸。正德五年（1510 年），葡萄牙人开始进入印度。西方大国崛起第一次高潮的西班牙、葡萄牙、荷兰的兴起，直接触及到中国的香港、澳门和台湾。正德十一年（1516 年），葡萄牙人到广州，要求互市。万历三十年（1602 年），荷兰东进，设立东印度公司，并于爪哇巴达维亚设立分公司。清顺治十八年（1661 年），郑成功攻澎湖，郑氏由鹿耳门登陆台湾本岛，陷赤嵌城，进而包围热兰遮城，五月立台湾为东都，荷兰人投降。台湾结束荷兰的统治。西方大国崛起第二次高潮的英国工业革命、美利坚合众国建立、法国大革命，西方的大炮打开清朝的国门。道光二十年（1840 年），鸦片战争，清军失败，尔后签订《南京条约》，清朝割让香港，开放五港。此间，英军犯鸡笼，被清军击退。西方大国崛起第三次高潮的俄国、德国、日本，尤其是日本，南进触角指向台湾。同治十年（1871 年），琉球人漂至台湾八瑶湾，被牡丹社原住民杀死多人。十三年（1874 年）日本借口“牡丹社事件”，派军三千人进攻牡丹社。清廷赔款五十万两白银，日军撤出台湾。光绪十年（1884 年），法军攻入鸡笼港，被清朝守军击退。到光绪二十一年（1895 年），台湾被日本占据。一部台湾近代的历史，就是一部台湾被东西方殖民者觊觎、侵据的历史。历史证明，只有祖国繁荣强盛，台湾才能富强安定。

第三，清代版图。早在元至正二十年（1360 年），元朝设置澎湖巡检司。明兴元亡，台湾在明朝，奉明正朔，隶属明朝。明郑时期，奉南明正朔。清朝接管明朝封疆，继续管辖台湾。清朝盛时版图，约一千三百万平方公里。它东北跨外兴安岭、到库页岛（今俄国萨哈林岛），西北到巴尔喀什湖，西至葱岭，北达贝加尔湖以南以东，东临大海（含乌苏里江以东滨海地域），东南包括台湾等岛屿，西南拥有西藏、云南、贵州，南极曾母暗沙。今内蒙古自治区的土地，其呼伦贝尔盟的面积二十四万平方公里，相当于山东省和江苏省面积之和。其锡林郭勒盟的面积二十余万平方公里。我初作计算，今内蒙古自治区的范围，从东北端到西北端，总长约四千公里。台湾归清，中华金瓯，重新一统。只是在清末，甲午海战，清军失利，台湾地区，割给日本。但是，日本投降，宝岛台湾，回归民国。历史证明：清代台湾是中央政府辖下的一个行省，清代台湾同大陆密切往来，休戚与共，经济、文化、社会均得到发展。

第四，合掌为尚。台湾文化，多源一流。远古时期，台湾先住民的文化，受马来文化的影响。但是，随着大陆移民的逐渐增多，中华文化在台湾地区成为主导文化、主流文化。台湾文化与大陆文化，同文同种，同根同源。以教育而言，据统计，从康熙二十三年（1684 年）在台湾设立儒学起，到光绪二十一年（1895 年）止，二百一十二年间，清廷先后任命府、厅、县学教谕二百六十五人，其中福州籍一百九十人。这些儒生，有进士十七人、举人一百二十三人、贡生五十人。另以沈葆桢为例，“教化之本在学校”，他在台湾大量设立“番塾”，就是在先住民中设学堂。据资料显示：光绪元年（1875 年），在埔里社就设“番塾”二十六处。他还组织编写乡土教材《训番俚言》。在台湾地区，不同文化，相互交流，和融为上。儒家重“和”，孔子曰：“礼之用，和为贵”；佛家也重“和”，星云大师说：“和尚和尚，以和为尚。”世界不同文化，虽有差异，也有冲突，总的趋势，逐渐和合。大陆与台湾的文化，同文同源，取长补短，互利共生，不断发展，百花竞妍。

本人学习清代台湾历史，有点感悟，不当之处，期盼指正。